高等学校课程思政系列教材

土建类专业课程思政建设优秀案例

北京建筑大学　张媛媛　陈红兵　李大伟　主编

中国建筑工业出版社

图书在版编目（CIP）数据

土建类专业课程思政建设优秀案例/北京建筑大学等主编. —北京：中国建筑工业出版社，2022.8
高等学校课程思政系列教材
ISBN 978-7-112-27496-3

Ⅰ.①土… Ⅱ.①北… Ⅲ.①思想政治教育—教案（教育）—高等学校 Ⅳ.①G641

中国版本图书馆CIP数据核字（2022）第101584号

本书是北京建筑大学贯彻落实全国和北京高校思想政治工作会议、全国和北京市教育大会精神，紧密围绕立德树人根本任务，构建"全员育人、全程育人、全方位育人"思想政治工作体系，统筹推进课程思政建设的典型经验和重要成果，为土建类高等教育单位和广大教师开展课程德育建设和实践提供了思路和借鉴。

本书从授课学段课程中摘选已开展课程思政持续建设并进行了授课实践、学生反馈良好的27门课程为例，从课程知识能力与德育目标、德育元素与教学融入设计方法、教学环节设计与进度安排、教学方法运用等维度分条缕析，并以某一知识点课堂教学进行授课情景再现，综合展示了具体课程的德育建设顶层思路和实操方法，供高校教师、教育管理工作者交流学习，为广泛和持续推进土建类高校课程思政建设提供可借鉴、可复制、可传承的典型经验。

为了更好地支持教学，我社向采用本书作为教材的教师提供课件，有需要者可与出版社联系，索取方式如下：建工书院http://edu.cabplink.com，邮箱jckj@cabp.com.cn，电话（010）58337285。

责任编辑：仕　帅　吉万旺
责任校对：姜小莲

高等学校课程思政系列教材
土建类专业课程思政建设优秀案例
北京建筑大学　张媛媛　陈红兵　李大伟　主编
*
中国建筑工业出版社出版、发行（北京海淀三里河路9号）
各地新华书店、建筑书店经销
北京雅盈中佳图文设计公司制版
北京圣夫亚美印刷有限公司印刷
*
开本：787毫米×1092毫米　1/16　印张：15　字数：298千字
2022年8月第一版　　2022年8月第一次印刷
定价：45.00元（赠教师课件）
ISBN 978-7-112-27496-3
（39555）

版权所有　翻印必究
如有印装质量问题，可寄本社图书出版中心退换
（邮政编码 100037）

编委会

主编单位：北京建筑大学

主编：张媛媛　陈红兵　李大伟

编委：（按姓氏笔画排序）

王传涛	王俊岭	王晓虹	卞立波	尹　静
卢崇煜	白会娟	冯　萍	吕　橙	庄　鹏
刘　爽	许　鹰	苏旭东	杜　苗	杜晓丽
李　颖	张　军	张　丽	张　健	张　琳
张有峰	张俊红	张晓然	张艳霞	陈亚飞
周　霞	郝晓赛	俞天琦	袁　力	晁　霞
倪　欣	黄　鹤	靳旭玲		

前 言

党的十八大以来，党中央高度重视高校思想政治工作，围绕"培养什么人、怎样培养人、为谁培养人"这个根本问题，提出了一系列新理念、新思想、新战略、新举措，特别是习近平总书记在全国高校思想政治工作会议、全国教育大会、学校思想政治理论课教师座谈会上发表重要讲话，强调把立德树人的成效作为检验学校工作的根本标准，发挥专业教师课程育人的主体作用，使各类课程与思想政治理论课同向同行，形成协同效应，为全面推进课程思政建设提供了根本遵循。

北京建筑大学紧密围绕立德树人根本任务，积极推动思想政治工作与教育教学融合发展，持续加强和改进课程德育工作，努力构建"全员育人、全程育人、全方位育人"的思想政治工作体系，分"三步走"推进课程思政全覆盖，选取具有代表性和工作基础的课程作为专业试点课，围绕试点课将建设成果逐步推广到课程群，至专业全课程覆盖，着力培养有社会责任感、有创新精神、有实践能力、全面发展的高素质应用型人才。

我们欣喜地看到教师们能够积极发挥聪明才智，开展课程思政教学改革研究，深入挖掘专业课程蕴含的思政元素和所承载的育人功能，开展教学设计与实践，按照课程专业教育和德育目标，融合多种教学方法和具体举措，将社会主义核心价值观、中华优秀传统文化、大国工匠精神、科学研究精神、审美情趣等有机融入专业教学中，形成了课程思政教学大纲、教学计划表、教案等教学文件，不断完善课堂组织设计，丰富教学方法和手段，教师的德育能力和水平得到显著提高。

本书是在学校统筹领导和大力支持下完成的，编辑收录了学校土建类优秀课程阶段性建设成果，王传涛、王俊岭、王晓虹、卞立波、尹静、卢崇煜、白会娟、冯萍、吕橙、庄鹏、杜苗、杜晓丽、李颖、张丽、张健、张琳、张有峰、张艳霞、张俊红、张晓然、周霞、郝晓赛、俞天琦、袁力、晁霞、黄鹤、靳旭玲等课程授课教师投入了极高热情，付出了大量心血，提供了宝贵的课程建设经验，供广大教师交流学习，希望更多教师积极参与到课程思政建设工作中来，发挥课堂教学主渠道作用，进一步落实课堂育人职责，实现知识传授、能力培养与价值引领的有机结合，实现专业课程育人功能的显著提升。

作为学校课程阶段性建设成果的小结，本书是一次工作尝试和探索，难免有些许青涩与不足，敬请各位读者和同仁批评指正，为我们未来工作提供更广阔的思路。在本书即将出版之际，再次向参与学校课程思政建设的广大教师、一直以来支持学校课程思政建设的学院、部门，以及为本书提供指导、参与编写工作的专家和老师们表示崇高的敬意和诚挚的感谢！

2022 年 3 月

目 录

第1章 学科基础类课程
§1.1 高等数学 // 2
§1.2 普通物理 // 8
§1.3 有机化学 // 18
§1.4 材料力学 // 28
§1.5 工程力学 // 37
§1.6 离散数学 // 46
§1.7 管理学 // 53
§1.8 计算思维导论 // 60
§1.9 建筑英语翻译 // 70

第2章 专业基础类课程
§2.1 钢结构设计原理、建筑钢结构设计 // 80
§2.2 建筑师业务基础 // 93
§2.3 绿色建筑设计原理 // 99
§2.4 数字电子技术 // 108
§2.5 软件测试与管理 // 118
§2.6 物流工程 // 125
§2.7 系统工程 // 133
§2.8 刑事诉讼法 // 142
§2.9 大地测量学基础 // 150

第3章 专业技术类课程
§3.1 建筑结构 // 160
§3.2 建筑基础设计 // 166
§3.3 混凝土材料学 // 173
§3.4 固体废物处理与处置 // 186
§3.5 水工程施工 // 195
§3.6 水污染控制工程 // 203
§3.7 面向对象程序设计 // 208
§3.8 老年社会工作 // 216
§3.9 房地产估价 // 223

第 1 章
学科基础类课程

§ 1.1
高等数学

一、课程基本信息

课程名称：高等数学

课程性质：必修课

适用专业：工科类各专业和工创实验班

总学时：176 学时

学分：10 学分

先修课程：无

并修课程：线性代数

后续课程：概率论与数理统计

二、教学目标

（一）知识目标

使学生掌握高等数学的基本概念、基本理论和基本计算方法等知识结构。

（二）能力、思维目标

培养学生具有自主学习的能力、比较熟练的运算能力和综合运用所学知识去发现问题和分析解决复杂问题的能力，同时注意培养学生具有抽象思维能力、严密的逻辑推理能力、空间想象能力和创新能力。

（三）德育目标

1. 通过介绍中国古代数学史上的伟大贡献、当代伟大建筑，激发学生的爱国主义情怀，增强学生"四个自信"。

2. 介绍著名数学家的相关事迹，培养学生实事求是、求真务实、开拓创新、勇于探索、开放协作的科学精神。

3. 充分挖掘高等数学公式定理中蕴含的哲学元素，紧密结合公式定理特点，从中提炼人生哲学思想，使学生树立正确的人生观、价值观和世界观，担负起民族复兴的重任。

三、课程思政教学设计

（一）课程德育元素与融入设计思路

1. 培育爱国情怀，增强文化自信，激发民族自豪感

选择恰当的实例，培养学生的爱国情怀，增强文化自信，激发学生的民族自豪感。例如通过演示魏晋时期著名的数学家刘徽利用割圆术求圆周率的视频教学，使学生通过这一比欧洲早一千多年的圆周率算法，了解刘徽的著作《九章算术注》，体会中国古代数学研究领域取得的辉煌成就，从而激发学生对数学的学习兴趣，增强学生的文化自信和民族自豪感。

2. 科学精神

课程通过欧拉、阿贝尔等数学家在逆境中不忘初心、探索求真的事迹，以及牛顿与莱布尼兹微积分发明权之争引发英国数学家违背科学精神，拒绝使用莱布尼茨的微积分符号及成果，导致英国在数学发展上大大落后于欧洲大陆的反面案例，引导学生深化对科学精神的理解认知，理解其理性、实证、求真、探索、创新、开放、实践等丰富内涵，培养学生实事求是、求真务实、开拓创新的理性精神。

3. 人生哲学

充分挖掘高等数学公式定理中蕴含的哲学元素，紧密结合公式定理特点，从中提炼人生哲学思想，如将圆柱螺旋线的螺旋式上升、函数梯度的几何意义、多元函数条件极值的求解与人生道路、事业发展结合起来，一方面加深了学生对公式、定义和定理的理解，另一方面起到引导学生树立正确的人生观、价值观的作用。

（二）教学环节设计与进度安排

本课程的思政教学环节设计与进度安排见表1.1。

表 1.1 《高等数学》思政教学环节设计与进度安排表

周次	思政教学内容	思政教学环节设计
第一学期 第1周	文化自信和民族自豪感	通过演示魏晋时期著名的数学家刘徽利用割圆术求圆周率的视频教学，使学生通过这一比欧洲早一千多年的圆周率算法，了解刘徽的著作《九章算术注》，体会中国古代数学研究领域取得的辉煌成就，从而激发学生对数学的学习兴趣，增强学生的文化自信和民族自豪感
第一学期 第5周	勇于探索、追求真理的科学精神	以罗尔、拉格朗日和柯西三位数学家之间的有趣故事展现三个中值定理之间的关系：拉格朗日中值定理是罗尔中值定理的推广，同时也是柯西中值定理的特殊情形。引导学生认识到科学理论的创立是一个逐渐发现、不断探索、追求真理的过程，做任何事情都要有锲而不舍的探究精神
第一学期 第10周	开放协作的科学精神	在讲牛顿-莱布尼兹公式时，介绍牛顿、莱布尼兹两位数学大师由于对微积分发明权产生争论，引发欧洲大陆数学家和英国数学家的长期对立，英国数学家一直拒绝使用莱布尼茨的微积分符号及成果，使得英国在数学发展上大大落后于欧洲大陆，以此反面案例引导学生摒弃狭隘的"爱国主义"，树立开放协作的科学精神，善于利用人类已有的文明成果，共同推进人类文明的进步

续表

周次	思政教学内容	思政教学环节设计
第一学期第 11 周	彰显我国综合国力和制度优势	在讲解水压力的计算时，通过建立模型，计算三峡大坝充满水时所受的水压力。点出三峡水库正常蓄水位 175m，防洪库容 221.5 亿 m^3，总库容达 393 亿 m^3，可充分发挥其长江中下游防洪体系中的关键性骨干作用，将发挥防洪、发电、航运、养殖、旅游、南水北调、供水灌溉等十大效益，是世界上任何巨型电站无法比拟的，彰显了我国的综合国力和制度优势，激发学生的民族自豪感
第一学期第 14 周	逆境中不轻言放弃	在讲欧拉公式（$e^{\theta i}=\cos\theta+i\sin\theta$）时，结合欧拉在十多年完全失明、困难重重的情况下坚持研究的事迹，引导学生学习欧拉直面挫折和困苦，不轻言放弃，不颓废消极，在逆境中努力奋起的顽强毅力，孜孜不倦的奋斗精神和永无止境的探索精神
第二学期第 2 周	不忘初心、追求真理的科学精神	介绍创立阿贝尔定理的数学家阿贝尔的生平故事，他在逆境中发现了阿贝尔方程，发展出了阿贝尔群理论，而在他去世后，荣誉和褒奖才踵踵而来，鼓励学生以阿贝尔为榜样，学习他在逆境中不忘初心、追求真理的可贵精神
第二学期第 5 周	笑对人生起起落落，自强不息、发奋图强	由圆柱螺旋线的几何图形引导学生了解"螺旋式上升"，进一步理解"前途是光明的，道路是曲折的"，使得学生能客观面对人生的种种挫折与挑战 将圆柱螺旋线三个坐标变量对应人生道路上的天时、地利、人和，而将参数对应于努力程度，通过增加努力程度，使得个人的人生曲线"螺旋式上升"，引导学生积极向上，奋发图强
第二学期第 7 周	选择正确的人生发展方向	由函数的梯度定义出发，指出函数在一点处沿梯度方向的变化率最大，启发学生思考人生或者事业当中，如何选择前进最快的方向——沿着梯度的方向
第二学期第 8 周	在限制下去追求人生的巅峰	讲解多元函数条件极值的求解时，引导学生思考人生实践当中的各种"成功"都有其对应的约束条件，我们人生道路上的约束条件指的是什么？如何在个人的约束条件下，追求人生的巅峰（极值）

（三）教学方法

1. 启发式、问题驱动式教学

以学生为主体，通过教师提问、启发、诱导，促使学生独立分析、思考，充分调动学生的积极性和主动性。

2. 案例式教学

结合生产生活中常见的案例，引出教学内容，建立高等数学理论与生活、工程实际的联系，拉近课堂教学与现实的距离，引导学生主动思考高等数学在工程实际和现实生活中的重要性，同时适时融入德育元素，激发创新意识，培养学生的科学探索精神，激发民族自豪感，达成课程德育目标。

3. 采用现代教育技术手段与智慧平台相融合的教学方法

通过动画演示和视频教学，便于学生理解，提高学生的形象思维、抽象思维以及逻辑思维的能力；利用数字化教学软件和网络教学平台加强师生交流互动，实现教学资源共享，及时反馈学习效果，提升课程学习的广度和深度。

(四)教学成效

基于本课程对德育元素的挖掘及相关教学环节的设计,通过丰富的科学家故事、工程实例,以及多种教学方法的综合运用,实现了德育知识与专业知识的和谐融入,使学生端正了学习态度,增强了学习自信,激发了学习动力和热情,让学生感受到高等数学知识理论的巨大魅力,树立实事求是、求真务实、开拓创新的科学精神,培养学生的抽象思维能力、逻辑推理能力、空间想象能力以及熟练运算能力,并能综合运用所学知识去分析问题和解决问题。

四、教学展示

(一)知识点

圆柱螺旋线。

(二)德育元素

人生哲学。

(三)教学方法

采用启发式、交互式教学,以及案例式教学方法,综合运用智慧教学平台、多媒体课件,提高教学可视性、学生参与度,加强学生对课程知识的理解。

(四)教学过程

知识点教学过程简表见表1.2。

表1.2 "圆柱螺旋线"知识点教学过程简表

时间安排	学生活动设计	教学过程	教师活动设计
1min	学生倾听、思考	由实例引入、提出问题	1. 知识点引入 向学生提出问题:如图1.1所示的弹簧对应曲线的参数方程如何表示? 图1.1 弹簧 2. 引出空间曲线参数方程的定义 将曲线上的动点坐标 x、y、z 表示成 t 的函数,即 $\begin{cases} x=x(t) \\ y=y(t) \\ z=z(t) \end{cases}$,称它为空间曲线的参数方程
5min	学生倾听,计算验证参数方程的正确性	由圆柱螺旋线的定义推导其参数方程	3. 给出圆柱螺旋线的定义 定义:一个动点沿着圆柱面的母线做匀速直线运动,同时该点又绕圆柱面的轴线做匀速转动,该动点的复合运动轨迹称为圆柱螺旋线

续表

时间安排	学生活动设计	教学过程	教师活动设计
5min	学生倾听，计算验证参数方程的正确性	由圆柱螺旋线的定义推导其参数方程	4. 推导圆柱螺旋线的参数方程 1）知识讲解 依照圆柱螺旋线的定义，可以画出圆柱螺旋线的图形，如图1.2所示。 图1.2　圆柱螺旋线的图形 设圆柱面方程为 $x^2+y^2=a^2(a>0)$。 选择时间 t 为参数，由动点绕圆柱面的轴线 z 轴做匀速转动，可以设转动角速度为 ω，则有 $x=a\cos\omega t$，$y=a\sin\omega t$。 同时动点又沿着圆柱面的母线做匀速直线运动，设速度为 v，则有 $z=vt$。从而可得圆柱螺旋线的参数方程：$\begin{cases}x=a\cos t\\y=a\sin t\\z=vt\end{cases}$ 如果令 $\theta=\omega t$，$b=\dfrac{v}{\omega}$，可得圆柱螺旋线参数方程的标准形式：$\begin{cases}x=a\cos\theta\\y=a\sin\theta\\z=b\theta\end{cases}$。 当 $\theta=2\pi$ 时，上升高度 $h=2\pi b$，称为螺距， 当 θ 增大时，z 增大，此时螺旋线是"螺旋式上升"
2min	学生倾听，思考	将圆柱螺旋线类比学生的人生路，说明人生的前途是"光明的"	2）德育融入 将圆柱螺旋线上的动点坐标 x、y、z 对应人生道路上的三个主要因素：天时（x）、地利（y）、人和（z），参数 θ 对应我们的努力程度，则我们人生函数的参数方程为：$\begin{cases}x=x(t)\\y=y(t)\\z=z(t)\end{cases}$。 当参数 θ 增大时，x、y、z 都发生变化，其中 z 增大，此时人生在"螺旋式上升"
5min	学生倾听、思考，计算验证老师提出的问题	通过计算圆柱螺旋线的导程，说明人生的道路是"曲折的"	5. 圆柱螺旋线的导程 1）知识讲解 依照圆柱螺旋线的参数方程，可以得到参数从0到2π对应的弧长，该弧长又被称为圆柱螺旋线的导程： $$S=\int_{\alpha}^{\beta}\sqrt{x'^2(t)+y'^2(t)+z'^2(t)}\,dt$$ $$=\int_{0}^{2\pi}\sqrt{(-a\sin\theta)^2+(a\cos\theta)^2+b^2}\,d\theta$$ $$=\int_{0}^{2\pi}\sqrt{a^2+b^2}\,d\theta=2\pi\sqrt{a^2+b^2}$$ 2）德育融入 此时螺旋线的导程（动点实际运动的路程）大于螺距 $h=2\pi b$（动点上升的高度），说明我们的人生道路是"曲折的"。 引导学生思考：将圆柱螺旋线对应的圆柱面展开成一个矩形，当矩形的宽是一个螺距（$h=2\pi b$），此时矩形对角线的长度是多少？此时矩形的底边长度是 $2\pi a$，利用勾股定理可得矩形对角线的长度正好是 $2\pi\sqrt{a^2+b^2}$，这说明将一条圆柱螺旋线对应的圆柱面展开成一个矩形，圆柱螺旋线正好是该矩形的一条对角线

续表

时间安排	学生活动设计	教学过程	教师活动设计
2min	思考，动笔计算，给出曲线方程	圆柱螺旋线的应用案例，并给出第一个问题的解答	6. 知识点小结 1）自然界和生活中的螺旋线 圆柱螺旋线除了与我们的人生路有关系外，在自然界和生活中处处可见，例如植物的茎与叶子、高层建筑的盘旋楼梯等，如图1.3所示。 图1.3　自然界和生活中的螺旋线 2）回顾知识点及引入问题 引导学生写出知识点引入时提到的弹簧曲线参数方程

（五）课堂延伸

要求学生结合实际，找出几个包含圆柱螺旋线的生活生产案例，要求每个学生小组选出一个代表在本章习题课上讲述相应案例。

五、课程思政的实践思考

课程思政教学改革实践应始终坚持将知识目标、能力目标与价值目标相统一，寓价值观引导于知识、能力传授之中。要将德育教育内容润物无声地传授给学生，"如春在花、如盐化水"。结合数学发展史、建筑案例、科学家传记等，在高等数学课堂上融入更多的思政教育元素，使学生的知识视野得到更大范围的拓展，人文素养、工程素养得到进一步提升，让更多的学生喜欢高等数学，善于利用数学知识分析解决实际问题、思考人生。教学方式上，除了课堂教学，可采取多种教学手段引领学生进行课外延伸阅读、调研和思考，让知识与相关专业相关实际工程问题紧密结合，激励学生自主学习。

> 学习知识犹如踏上一条"寻宝"之路，作为教师，一是要教会学生本领并引导学生主动采集和汲取知识宝藏；二是要穿针引线，将知识串织成一张融会贯通的网络，使其通达、精深，在这条路上与学生相伴而行，教会他们知识和做人做事的道理，助力他们成长成才。
>
> ——《高等数学》主讲教师　卢崇煜

§ 1.2
普通物理

一、课程基本信息

课程名称：普通物理

课程性质：学科基础课

适用对象：工科类所有专业本科二年级学生

总学时：128 学时

学分：8 学分

先修课程：高等数学

并修课程：高等数学

后续课程：各专业的后续专业课程

二、教学目标

大学普通物理课程旨在为学生系统地打好必要的物理基础，帮助学生树立科学的世界观，提高学生分析问题和解决问题的能力，培养学生的探索精神和创新意识。通过大学普通物理课程的教学，应使学生对物理学的基本概念、基本理论和基本方法有比较系统的认识和正确的理解，为进一步学习打下坚实的基础。在大学普通物理课程的各个教学环节中，应注重学生分析问题和解决问题能力，以及探索精神和创新意识的培养，努力实现学生知识、能力、素质的协调发展。

（一）知识目标

通过本课程的学习，使学生对物理学所研究的力学、气体动理论和热力学、电磁学、振动与波、波动光学等各种运动形式以及它们之间的联系，有比较全面和系统的认识，对大学物理课中的基本理论、基础知识能够正确理解，并具有初步应用的能力。

（二）能力、思维目标

1. 培养学生解决实际问题的能力

本课程以实际问题为导向，通过实际问题模型化、与物理知识相联系、物理知识深入探讨等一步步科学引导，教给学生学习解决实际问题的方法，培养解决实际物理问题的能力。

2. 培养学生自主学习、收集传递新知识的能力

本课程依托雨课堂教学信息化平台，将相关拓展思考以课后讨论的形式在雨课堂教学信息化平台进行。学生在完成课后作业的同时，锻炼了自主学习的能力，在不断的思考和探讨中，培养了知识传递和收集能力。

3. 培养学生科学、发散的思维能力

运用物理学的基本理论和基本观点，通过观察、分析、综合、演绎、归纳、科学抽象、类比联想、实验等方法培养学生发现问题和提出问题的能力，并对所涉问题有一定深度的理解，判断研究结果的合理性，培养学生将已经学习的物理知识与新知识的有机结合的能力，另外通过对物理问题的深入分析培养学生格物求实的思维精神和能力。

（三）德育目标

1. 培养学生理论联系实际的能力

通过课程引例，将具体的问题与知识点相融合，在知识的讲授过程中，通过引导、提问、练习等方式逐步地启发学生解决实际问题，锻炼科学思维，让学生逐步实现从就书本知识开展学习，到从解决实际问题角度开展学习的转变。配合课后实践，进一步锻炼学生理论联系实际的能力。

2. 求实的科学态度

通过课程的设计，使得学生通过从解决实际问题入手，到深入物理问题分析，解释物理现象，到拓展思考应用，逐步学会分析实际问题，从而解决实际问题。通过对已经学习的物理知识的逐步追问和深入探讨，培养学生格物求实的科学态度。

3. 培养学生辩证分析问题的能力

通过普通物理知识的学习，学生会建立起基本的知识和现象的联系，另外通过不同章节的总结和对比的学习，让学生能更清楚地认识事物之间的联系是普遍的、客观的。这些事物本身存在的联系都可以多维度、深层次地激发学生辩证看待问题的能力。

4. 科学美感

引导学生认识物理学所具有的明快简洁、均衡对称、奇异相对、和谐统一等美学特征，培养学生的科学审美观，使学生学会用美学的观点欣赏和发掘科学的内在规律，逐步增强认识和掌握自然科学规律的自主能力。

三、课程思政教学设计

课程思政的教学设计通过教师引导、学生实践、学生自主学习这三种手段融入课堂，从而提升学生的社会认同与责任，培养学生辩证的科学观，进而使学生得到情感的升华，真正实现将课程德育固化于制、外化于行、内化于心。本课程的课程思政教学设计思路框架如图1.4所示。

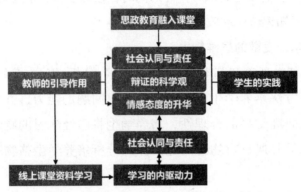

图1.4 《普通物理》课程思政教学设计思路框架

（一）课程德育元素与融入设计思路

1. 激发爱国情怀，增强学生的国家认同感和社会责任心

在课程讲授过程中，通过我国著名物理学家的人物故事、国家物理科学研究概况、国家顶尖科学技术的融入，将知识传授与价值引领相结合，培养学生的科学思维、创新精神、家国情怀、精益求精的工匠精神，强化职业素养和服务社会的责任感，激发学生攀登科学技术高峰的信心，担负起民族复兴的重任。

2. 辩证科学观的培养

通过课程的设计，引导学生从解决实际问题入手，到深入物理问题分析；从解释物理现象，到拓展思考应用，综合运用所学知识，逐步掌握分析、解决实际问题的方法，培养学生格物求实的科学态度。

（二）教学环节设计与进度安排

本课程的思政教学环节设计与进度安排见表1.3。

表1.3 《普通物理》思政教学环节设计与进度安排表

周次	思政教学内容	思政教学环节设计
1	不畏艰难、实事求是的科学态度，精益求精的科学精神	在物理学发展史中，有无数为真理奋斗的物理学家，通过对这些科学家和科学事迹的介绍，培养学生不畏艰难、实事求是的科学态度，以及精益求精的科学精神。例如，在"光学"的教学过程中，通过介绍托马斯·杨的生平事迹和"泊松亮斑"的历史佳话，学习托马斯·杨、菲涅尔等科学家敢于与传统观念作斗争、锲而不舍、追求真理的精神
2	探索和创新精神	在普通物理中，每一个新规律的发现都会带动着一个领域的快速发展，例如磁聚焦、霍尔效应及量子霍尔效应、巨磁阻效应等知识讲授过程中，结合实际的应用，开阔学生思路，激发探索和创新精神

续表

周次	思政教学内容	思政教学环节设计
3	分析问题、解决问题的能力	物理学的各个知识点都可以与实际应用建立联系,例如,在光栅衍射的知识点讲解中,将光栅衍射与雷达知识相结合,引导学生一步步地提出问题、解读问题,培养学生将实际问题模型化,基础知识应用化,从而提高分析问题、解决问题的能力
4	社会责任心和使命感	在热力学的学习过程中,将热机效率与全球的节能减排和减少雾霾的社会热点问题相结合,讨论如何提高汽车发动机的热机效率,减少能源浪费等问题。让学生在学习的过程中,结合社会热点问题的科学解决,培养学生的社会责任心和使命感
5	民族自豪感和社会认同感	例如在"光学仪器的分辨本领"的知识点讲授过程中,引入"天眼"射电望远镜,将我国先进的科学技术以及前沿科学知识引入到课堂中,厚植民族自豪感和爱国主义情怀,使学生树立攀登科学技术高峰的信心
6	辩证的科学观	在知识的讲授过程中,注意从不同的角度引导学生对知识的认识和理解,培养学生辩证的科学观。例如,通过近代物理中 X 射线等知识的讲解,引导学生从 X 射线对人体辐射的危害以及 X 射线在医学上对人类的帮助这两方面辩证分析事物的联系与区别,辩证地看待问题,从而培养辩证的科学观

(三)教学方法

1. 案例导学法

本课程抓住物理学广泛应用于工程技术领域的学科特点,在具体知识点教学过程中,透过具体工程案例看物理知识,一方面帮助学生建立书本知识与实际应用的联系,提高物理学习兴趣,加深知识点记忆和理解;另一方面通过我国大工程、大项目的介绍,进一步以实际案例与物理原理作为知识引入点,将物理知识紧密与问题结合,以案例为导向,提升教学效果。

2. 演示教学法

物理学的教学过程中存在着大量的物理现象,而对于这些物理现象的解释往往通过概念和公式,晦涩难懂。基于这样的问题,我们采用动画、相关视频以及模拟仿真软件等教学演示方法,将晦涩难懂的物理问题更加直观、有效地展示给学生。

3. 对比教学法

本课程虽然从力学、热、电、光、近代物理这几个方面介绍,但是实际上不同知识之间存在着密切的联系。例如,光本身就是电磁波。在教学过程中我们将通过对不同的知识点之间的对比,让学生更加深刻地理解物理规律。

4. 线上线下混合教学

利用雨课堂、mooc 等多种教学手段与传统的课堂教学相融合,采取课前知识激发兴趣、课中教学知识讲授、课后知识巩固三位一体的教学形式,加强师生交流互动,实现教学资源共享,及时反馈学习效果,提升课程学习的广度和深度。

（四）教学成效

本课程通过将基础知识与课程思政的有机结合，以科学技术、生产生活实例、科学家的人物故事等为例，将知识传授与价值引领相结合，培养学生的科学思维、创新精神、家国情怀、精益求精的工匠精神、职业素养和服务社会的责任感，激发学生树立攀登科学技术高峰的信心，担负起民族复兴的重任。

另外通过思政教学的融入，学生对于物理课程的学习有了更大的热情，通过雨课堂的调查问卷显示，学生普遍认为课程思政可以更好地激发学习兴趣，提升教学效果，特别是专业相关课程案例的融入，极大地促进了后续专业课程的学习。

四、教学展示

（一）知识点

衍射光栅。

（二）德育元素

求实的科学态度、民族自豪感、认同感。

（三）教学方法

通过学情分析，针对学生特点，教师在课程定位上坚持以学生为中心，因人施教，提高教学针对性，采用案例导学法、演示教学法以及对比教学法等方法展示教学内容，在完成教学目标的基础上，使得教学更加联系实际，更形象易懂，提升教学效果。

（四）教学过程

根据教学要求和教学计划安排教学进程，"光栅衍射"知识点的教学流程图如图1.5所示。

知识点教学过程简表见表1.4。

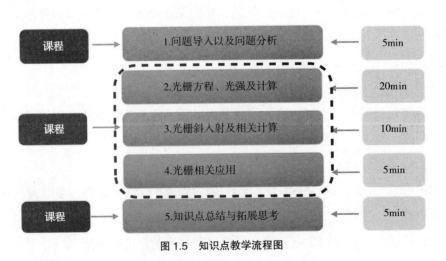

图1.5　知识点教学流程图

表 1.4 "光栅衍射"知识点教学过程简表

时间安排	学生活动设计	教学过程	教师活动设计
5min	学生思考	问题引入，实际问题的模型化	1. 问题引入 从军事前沿、国防热点出发，提出问题，抓住学生兴趣，引入内容。 提问：图 1.6（a）所示传统雷达与图 1.6（b）所示相控阵雷达的区别是什么？ 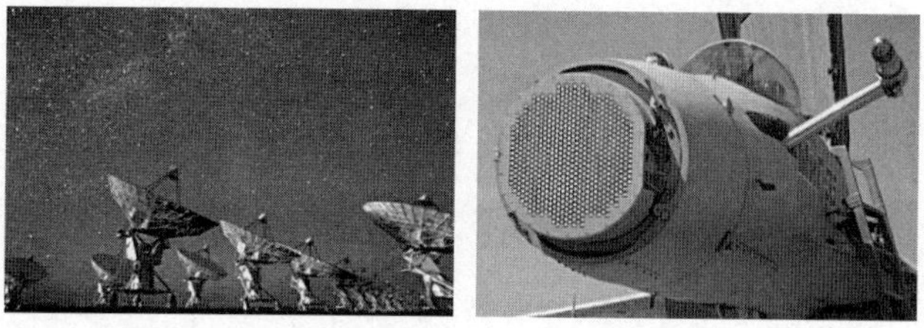 图 1.6 传统雷达与相控阵雷达 思政融入："中国神盾"——相控阵雷达，介绍国家军事发展，激发民族自豪感。 2. 模型化 如图 1.7 所示，将实际相控阵雷达模型化。 相控阵雷达（图 1.7a）→模型化（图 1.7b）→光栅衍射（图 1.7c）→衍射分析（图 1.7d） 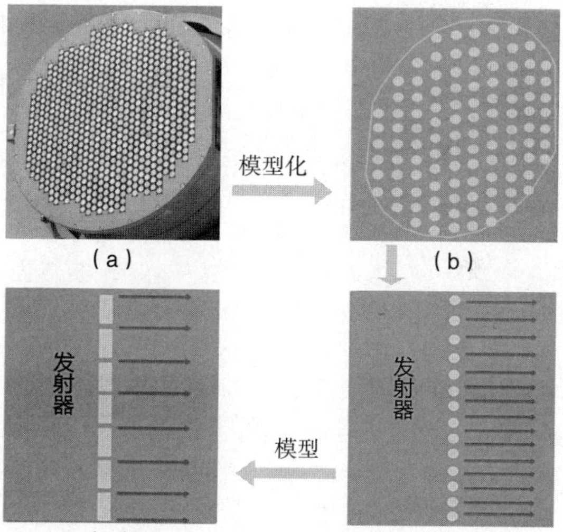 图 1.7 相控阵雷达模型化过程 思政融入：通过引导分析相控阵雷达原理，一步一步将实际问题模型化，培养学生解决实际问题的能力。 物理学上将大量等宽等间距的平行狭缝（或反射面）构成的光学元件称为光栅，于是引入今天的内容光栅衍射
20min	学生与教师互动，参与演示实验和问题分析	光垂直入射时的光栅衍射	3. 知识点讲解——光栅衍射 1）光栅 大量等宽等间距的平行狭缝（或反射面）构成的光学元件，如图 1.8 所示

续表

时间安排	学生活动设计	教学过程	教师活动设计
20min	学生与教师互动，参与演示实验和问题分析	光垂直入射时的光栅衍射	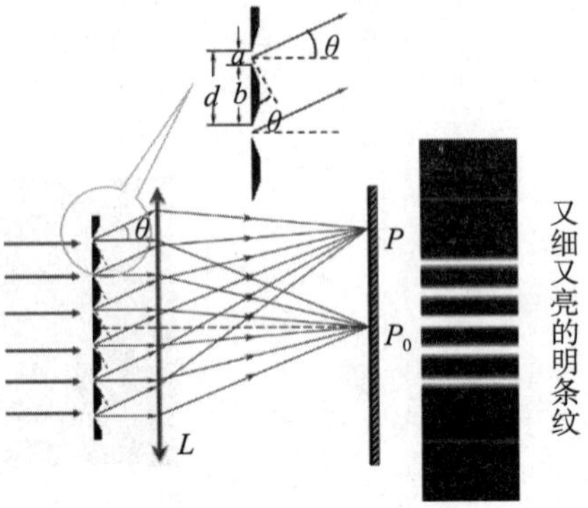 图1.8 光栅衍射的示意图 2）光栅常数 光栅常数：$d=a+b$；a 为透光部分；b 为不透光部分。 4. 知识点讲解——光栅方程 $$d\sin\theta=\pm k\lambda,\ k=0,1,2,3\cdots\cdots$$ 思政融入：本部分内容涉及单缝衍射、多缝干涉等前面内容，两者的调制即为光栅，通过这部分的引导提问，培养学生新旧知识融会贯通的能力。 5. 知识点讲解——光栅衍射的光强公式 1）光强公式 采用振幅矢量法，如图1.9所示，可以得到光强公式： 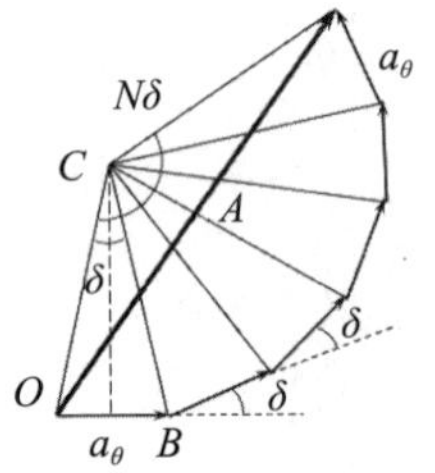 图1.9 振幅矢量法求光强 $$I_\theta=I_0\left(\frac{\sin\alpha}{\alpha}\right)^2\left(\frac{\sin N\beta}{\sin\beta}\right)^2$$ 公式中左侧框中为单缝衍射因子，右侧框中为多缝干涉因子。 其中：$\beta=\frac{\pi d}{\lambda}\sin\theta$　$\alpha=\frac{\pi a}{\lambda}\sin\theta$ 2）主极大的位置 主极大的位置如图1.10所示。 $$d\sin\theta=k\lambda,\ k=0,\pm1,\pm2\cdots\cdots$$ 中央主极大的光强： 当 $k=0$ 时，$I(P)=I_{max}=N^2I_0$。 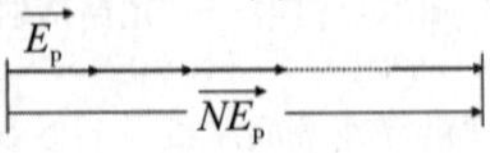 能量：$\vec{E}=N\vec{E_p}$

续表

时间安排	学生活动设计	教学过程	教师活动设计
20min	学生与教师互动，参与演示实验和问题分析	光垂直入射时的光栅衍射	图 1.10 光垂直入射时主极大和次级大的位置 6. 知识点讲解——缺级 1）缺级现象 衍射图样中亮条纹的缺位现象，如图 1.11 所示。 图 1.11 光栅衍射图样和缺级 2）缺级公式 $$\begin{cases} d\sin\varphi = \pm k\lambda \\ a\sin\varphi = \pm k'\lambda \end{cases} \Rightarrow k = \pm k'\dfrac{d}{a}$$ 对于相控阵雷达，扫描物体需要的是中央主极大的位置，中央主极大的位置是我们最关心的。 思政融入：通过已有问题与实验现象的对比，深入探讨，层层分析，培养学生科学的思维能力
10min	学生倾听、思考并互动反馈	光栅斜入射时的光栅方程，解释相控阵雷达	7. 知识点讲解——斜入射时的光栅方程 图 1.12 斜入射光路图 对于所有斜入射的情况（图 1.12），都有光栅方程为： $$d\sin\theta \pm d\sin\varphi = \pm k\lambda, \quad k = 0,1,2,3\cdots\cdots$$ 当 k 确定时，$d\sin\theta = d\sin\varphi$。 那么相邻入射光的相位差： $$\delta = \dfrac{2\pi}{\lambda}d\sin\theta = \dfrac{2\pi}{\lambda}d\sin\varphi \qquad \sin\theta = \dfrac{\lambda}{2\pi d}\delta$$

续表

时间安排	学生活动设计	教学过程	教师活动设计
10min	学生倾听、思考并互动反馈	光栅斜入射时的光栅方程，解释相控阵雷达	结论：改变入射角的角度，改变相邻发射源的相位差，从而改变雷达的扫面方向，相控阵雷达的基本原理如图1.13所示。 图1.13　相控阵雷达原理图 思政融入：通过案例结合实际问题，在学习知识的同时，解决实际问题，培养学生的科学思维以及理论联系实际的能力
10min	学生倾听、思考并互动反馈	光栅衍射知识的应用、总结与拓展思考	8. 课堂互动 生活里面还有没有其他的光栅衍射的应用呢？ 引导：不局限于光学现象本身，电磁波的应用也可以。 9. 举例——晶体结构 将实际的晶体等效为光栅，原子所在位置为不透光部分，没有原子的地方等效为透光部分，利用X射线的衍射可以探测原子之间距离，晶体结构与衍射图谱如图1.14所示。 图1.14　晶体结构与衍射图谱 10. 拓展思考 作为工程师，我们调整光栅常数和波长，可以改变相控阵雷达的精度，如图1.15所示，在优化相控阵雷达的扫描精度上，希望雷达的精度越高越好，请依据本节课内容，查阅文献，设计优化相控阵扫描精度的方案，并将设计方案上传到雨课堂的讨论区。 图1.15　相控阵雷达精度对比 思政融入：学生在完成课后作业的同时，锻炼了自主学习的能力，在不断的思考和探讨中，培养学生自主学习、收集传递新知识的能力

(五)课堂延伸

通过本节内容的讲授,学生对光栅衍射的现象有了更加深入的认识,掌握了光栅方程、缺级、主极大等物理知识,本节课讲授主要是围绕着光栅以及其在相控阵雷达中的应用进行的,为了更加深入地理解光栅衍射,课后教师通过雨课堂布置了新的学习任务,对于光栅的其他应用,如 X 射线衍射、光栅传感器等知识进行分小组讨论,每一小组对相应的专题进行分析、讨论、研究,从而培养学生分析问题、解决问题的能力,同时以小组为单位,也增强了课堂的融合性。此外,教师还通过中国大学慕课、雨课堂教学信息化平台等发送学习视频和学习资料,拓宽学生视野,开阔学生思路,为后续课程做准备。

五、课程思政的实践思考

知识、能力、情感态度价值观作为课程培养的三维目标,一直是我们课程建设和实践的指导思想。课程思政的实践强化了对学生情感态度、价值观的培养。在知识的讲授中培养能力,在能力的养成中塑造人格,这才是教育的根本。《普通物理》作为为各个学科打基础的公共基础课,将人文、情怀、历史、世界观以及严谨的科学态度融入课堂,为培养全面发展的高素质专业人才贡献力量。

> 教学不止,探索不止。作为教师,我时刻以提升教学效果为己任。而课程思政的融入,给整个课程教学增添更加有趣的"灵魂"。
>
> ——《普通物理》主讲教师 崔慧娟

§ 1.3
有机化学

一、课程基本信息

课程名称：有机化学

课程性质：必修课

适用专业：环境工程、环境科学

总学时：32 学时

学分：2 学分

先修课程：无机化学、分析化学

并修课程：普通物理、高等数学

后续课程：物理化学

二、教学目标

（一）知识能力目标

培养学生的化学思维能力以及在实际工作中运用所学化学知识解决相关问题的能力，使学生了解和掌握有机化合物的分类及命名，各类有机物的物理性质、化学性质以及各类物质结构与性质之间的关系的初步理论基础，有机反应的基本类型和重要反应历程；了解有机化学在环境中的应用，为今后的专业学习打下理论及实验基础，培养学生在水处理中用化学方法分析和解决问题的能力。

（二）德育目标

通过打破学科和专业知识体系之间的壁垒，让学生发现专业科学的真、善、美；通过回顾有机化学学科发展历程，培养学生创新意识与家国情怀。

三、课程思政教学设计

（一）课程德育元素与融入设计思路

课程教学将科技创新、工匠精神、绿色可持续发展理念、社会主义核心价值观、唯物主义科学世界观、榜样力量等思政要素有机融入教学中，通过"润物细无声"的方式将其贯穿到课堂中。在教学过程中,围绕习近平新时代中国特色社会主义思想基本理论,在教学过程中就有机化学在环境科学与工程领域中的应用展开论述,强调有机化学在建设生态文明中的作用,引导学生为建设美丽中国做出贡献。

(二)教学环节设计与进度安排

本课程的思政教学环节设计与进度安排见表 1.5。

表 1.5 《有机化学》思政教学环节设计与进度安排表

周次	思政教学内容	思政教学环节设计
1	美丽中国建设、工匠精神	在课程绪论部分,介绍有机化学在环境学科中的应用,采取案例教学,如屠呦呦女士获诺贝尔奖的案例分享;结合党的十九大精神,围绕如何发扬工匠精神,将专业知识运用到工作实践,为建设良好生态环境,实现美丽中国愿景贡献力量;穿插专业发展历史故事、领域专家开展研究工作的真实故事,培养学生的爱国热情、专业热情,开展课堂研讨
2	唯物主义科学世界观	在"饱和烃"知识点教学过程中,介绍三位诺贝尔奖得主——拜耳、哈赛尔和巴顿的人物故事,引导学生更好地运用唯物主义科学世界观分析问题、解决问题
4	环保意识	烯烃的聚合反应可制备具有耐酸、耐碱、抗腐蚀、优良电绝缘性能的塑料,塑料在服务人类发展中做出了巨大贡献,但也由此引发了"白色污染"、微塑料污染等问题,引导学生树立环保意识
5	创新发展时代精神	通过讲授"新材料之王"——石墨烯在诸多领域的重要应用前景,举例石墨烯在国家游泳中心体育馆的应用案例等,使学生感受化学研究与时代发展进步的密切关系,体现了以创新发展为核心的时代精神
6	唯物主义辩证法	通过介绍环氧乙烷的制备方法,介绍环氧乙烷是生产涤纶的重要原料,用来制造杀菌剂,也是一种有毒的致癌物质,从而引导学生认识到任何事物都具有两面性,化学是一把"双刃剑",要科学地利用它,才能更好地为我们服务
7	唯物主义科学世界观	通过对芳香烃定位规则的认识,使学生更好地认识到化学反应都是向着最稳定的方向进行,引导学生更好地运用唯物主义科学世界观解决问题
10	榜样力量	在"卤代烃的化学性质"知识点教学中,以诺贝尔奖获得者、格式试剂的发明者维克多·格林尼亚的真实故事,激发学生的学习热情,发挥学科专家的榜样力量,培养学生良好的学术品德
12	绿色可持续发展理论	在"醇酚醚"知识点教学中,讲解"麻醉药"的发展史,引导学生感受科学研究成果之伟大,体会科学演变之魅力,讲述化学在医药卫生等领域的重要应用,结合绿色可持续发展理论展开讨论
14	人生观、价值观引导	在"有机含氮化合物、亚硝胺类化合物"知识点介绍"冰毒"的化学结构和毒性,列举反面典型案例,引导学生存敬畏、守底线,树立正确的人生观和价值观
16	认知与实践相统一	有机化学理论知识体量大、计算繁杂,本课程的习题课环节,指导学生通过习题演练,进行知识的认识、实践、再认识、再实践,引导学生重视有机化学的实践(实验)环节

(三)教学方法

通过对《有机化学》课程理论知识点的梳理,挖掘其中的思政元素,如唯物主义科学世界观、工匠精神、科技创新、社会主义核心价值观、榜样力量、安全生产、生态文明思想等，充分利用图书、网络等资源，梳理理论知识发展脉络、社会应用等，结合习近平新时代中国特色社会主义思想，对课程蕴含的思政元素进行提炼、融入和实践，综合通过视频演示教学、案例教学、研讨教学等方式，实现专业知识点与德育知识点的和谐融入。

1. 案例教学

从专业知识点引出专业人物故事，图文并茂地开展思政教育，让学生在理解有机化学专业知识的同时，了解人物的学术成就，增进爱国热情，树立专业自信。例如，讲述我国女科学家屠呦呦女士发现青蒿素，有效降低疟疾患者死亡率，挽救了全球数以百万人的生命，最终获得诺贝尔奖的故事，在讲授有机化学提取过程、青蒿素的化学结构式和化学性质的同时，贯穿工匠精神、榜样力量等思政元素，激发学生的爱国热情、专业学习热情；在介绍"芳香烃定位规则"知识点时，讲述化学反应都是向着最稳定的方向进行，使学生更好地运用唯物主义科学世界观解决问题；在讲授"卤代烷的化学性质——格式试剂的合成"知识点时，讲述格式试剂的合成原理及制备应用过程，揭示有机合成对于科技发展的重要性，并介绍有机合成的新型吸附剂在环境保护领域——水处理中的应用，推进生态文明建设。

2. 时事政策金句教学

在专业知识和德育知识讲授过程中，以时事政策金句做思政教学的适当"点题"，例如，"绿水青山就是金山银山""生态环境保护是功在当代、利在千秋的事业""山水林田湖是一个生命共同体"等，提升学生的环境保护意识。引用习近平总书记关于"科学技术从来没有像今天这样深刻影响着国家前途命运，从来没有像今天这样深刻影响着人民生活福祉"的重要论断，将科技创新的重要性渗透至学生思想中。

3. 课外实践教学

通过学科竞赛、科研实践，进一步充实和拓宽课堂教学德育内容，在进一步夯实学生有机化学专业知识的同时，加强学生对课程德育教育的理解认知。例如，教师带领环境专业本科生参与污水、有机废水处理新工艺研发等科学研究锻炼，通过实验方案设计、实验操作、数据分析，提高学生的实践创新能力与团队协作能力；带领本科生参加环境科学与工程相关专业的学科竞赛、学术交流活动，如"挑战杯"、北京市大学生化学实验竞赛、北京市大学生节能节水低碳减排社会实践与科技竞赛、首都大学生资源生态环境论坛等，引导学生深入体会所学专业知识在生态环境保护领域的实际运用，提升了学生的学习动力，夯实了对学科专业的理解认识，培养了实践动手能力。

（四）教学成效

依托"云班课"平台，针对《有机化学》课程思政授课效果，对授课班级学生进行了问卷调查，从学习意向、德育知识点掌握情况、课程德育效果三个方面进行了调查分析。调查显示，学生对《有机化学》授课内容和授课模式普遍认同，98%的学生认为课程思政教学内容能够与时俱进、能够与专业知识融合，97%的学生能较为深入地掌握专业知识点与思政教学内容之间的联系，96%的学生表示通过课程学习"对思政知识有了更加立体的认识，思政内容与专业知识相辅相成，专业知识处处有哲学"，98%的学生表示课程思政教学提高了专业学习兴趣。数据分析显示，课程整体教学效果良好，同时课程思政教学的深度、与理论知识点的融合度还有待进一步提升。

四、教学展示

（一）知识点

卤代烷的化学性质——格式试剂的合成。

（二）德育元素

创新精神、安全生产、生态文明建设。

（三）教学方法

讲述格式试剂的合成原理及制备应用过程，揭示有机合成对于科技发展的重要性，并介绍有机合成的新型吸附剂在环境保护领域——水处理中的应用，综合采用人物故事、案例教学、金句列举等方法，将创新精神、安全生产、生态文明建设等内容和谐融入。

（四）教学过程

"卤代烷的化学性质——格式试剂的合成"知识点教学过程简表见表1.6。

表1.6 "卤代烷的化学性质——格式试剂的合成"知识点教学过程简表

时间安排	学生活动设计	教学过程	教师活动设计
10min	学生倾听、思考、回答问题	通过提问引出本节内容，通过讲解卤代烷的环境效应及应用，进行思政教育：辩证法、科技创新	1. 向学生提出问题：卤代烷指的什么？ 根据回答情况进行讲解：卤代烷指烷烃分子中的氢原子被卤原子取代后的化合物。卤代烷的化学性质非常活泼，常作为改变分子性能的第一步，在有机合成中起着重要的作用。 2. 通过案例进行讲解，引出卤代烷的用途 卤代烷在我们的生产生活中用途非常广泛，如图1.16所示。典型的氟氯烷烃可以用作灭火剂、制冷剂。举例：四氟化碳是目前微电子工业中用量最大的等离子蚀刻气体，可广泛应用于玻璃的蚀刻，此外还应用于制作太阳能电池。二氯甲烷是重要的有机合成试剂。 3. 通过案例进行讲解，引出卤代烷的危害 我国城市地下水、地表水中均有卤代烷检出，监测指标为38项的"三致"和有毒有害组分中，卤代烃占比最高

时间安排	学生活动设计	教学过程	教师活动设计
10min	学生倾听、思考、回答问题	通过提问引出本节内容，通过讲解卤代烷的环境效应及应用，进行思政教育：辩证法、科技创新	图1.16 卤代烷工业用途——等离子烛刻气体CF_4、有机合成试剂CH_2Cl_2、制冷剂、太阳能电池CF_4 4. 对学生进行思政教育 引出辩证法的基本观点即凡事都是有两面性的，有利必有弊。要有效合理利用卤代烷进行有机合成的科技创新，造福人类
8min	学生倾听、思考	进行理论教学，讲解氟利昂破坏臭氧层原理，向学生进行思政教育：绿色可持续发展、生态文明思想	1. 讲解：氟利昂破坏臭氧层原理 氟利昂是一种氟氯代烷烃，它广泛应用于制冷剂、清洗剂，然而人们发现氟利昂可以破坏臭氧层，引发温室效应。氟利昂破坏臭氧层的机理是基于自由基取代反应。氟氯代烷烃在光照的作用下会分解为氯自由基，氯自由基和臭氧分子可以进一步反应，臭氧逐步被消耗。人们逐渐意识到这个问题，自1989年，全球范围内氯氟烃的生产、使用逐渐被禁止。如图1.17所示氟利昂对臭氧层的破坏，可以看到，2000年臭氧浓度非常低，据科学家估计，如果全球各方努力，预计到21世纪中叶，臭氧层将完全恢复。 氟利昂破坏臭氧层反应式： $CFCl_3 + h\nu \longrightarrow CFCl_2 + Cl$ $Cl\cdot + O_3 \longrightarrow ClO\cdot + O_2$ $ClO + O_3 \longrightarrow Cl\cdot + 2O_2$ 图1.17 氟利昂对臭氧层的破坏 2. 从减少卤代烃的污染角度出发，引导学生掌握生态文明建设的思想精髓。 金句列举："生态环境保护是功在当代、利在千秋的事业""把生态环境保护摆在更加突出的位置"

续表

时间安排	学生活动设计	教学过程	教师活动设计
10min	学生倾听、思考、回答问题	通过讲解和提问进行知识点教学：卤代烷的结构及性质	1. 讲解卤代烷的结构 卤代烷，其结构如图1.18所示，卤代烷中的卤素可以是F、Cl、Br、I，烷基则是由C和H组成的。烷基通常用R表示，卤素用X表示。结构决定性质。由于卤素的电负性，也就是吸引电子的能力比C强，所以C-X这个共价键中X显负电，而C显正电。带有正电的C就容易受到含有负电基团的攻击，这一类基团或是带有负电荷、或是含有孤对电子，叫作亲核试剂。随之C-X这个共价键断裂，卤素被Nu取代，以负离子的形式离去，卤素叫作离去基团。而亲核试剂攻击的是整个卤代烷，叫作底物。 亲核取代反应：由亲核试剂进带正电碳而发生取代反应，卤素带走了碳卤间的一对电子，以负离子的形式离开，而碳与亲核试剂上的一对电子形成一个新的共价键。亲核试剂有烷氧基、氨气、氰基、氢氧根等。 图1.18 卤代烷的结构 2. 向学生提问：卤代烷的化学性质？ C-X键及C-H键分别具备什么特征？引出卤代烷容易发生的化学反应
8min	学生倾听	通过讲解、图片演示进行知识点教学：有机金属化合物的性质	通过讲解有机金属化合物的由来，引出卤代烷与有机金属化合物的关系，强调学生应重点掌握C-M键的性质。 有机金属化合物：金属与碳直接键合的一类化合物，用R-M表示。结构决定性质，C-X键非常活泼，可以和许多金属发生作用，比如Li、Na、K、Cu、Mg、Zn、Cd、Hg、Al和Pb，生成有机金属化合物，在有机合成中用途广泛，称为格式试剂。它们是一种金属和碳直接键合的一类化合物，用R-M表示，M表示Metal金属。在这些有机金属化合物中，有机金属镁化合物用途最为广泛，烷基卤化镁（格式试剂）如图1.19所示，是最早发现的一类有机金属化合物，堪称有机金属化合物的鼻祖 图1.19 格式试剂
10min	学生倾听、使用信息化平台进行主题讨论和互动	通过案例教学讲解格式试剂，介绍其由来，向学生进行思政教育，掌握榜样力量、科技创新的精髓，并引导学生使用信息化平台进行主题讨论	1. 案例教学 介绍1912年法国化学家维克多·格林尼亚锲而不舍，合成有机金属镁化合物，即格氏试剂的故事。 格式试剂的发现：格式试剂是由法国的著名化学家维克多·格林尼亚经过大量的实验制备而来的，因此将它命名为格式试剂。维克多·格林尼亚肖像如图1.20所示

续表

时间安排	学生活动设计	教学过程	教师活动设计
10min	学生倾听、使用信息化平台进行主题讨论和互动	通过案例教学讲解格式试剂，介绍其由来，向学生进行思政教育，掌握榜样力量、科技创新的精髓，并引导学生使用信息化平台进行主题讨论	格林尼亚被誉为被嘲讽出来的诺贝尔奖获得者。他出生在一个百万富翁家庭，从小养成了游手好闲、挥金如土的恶习。在他二十一岁的时候，却遭受了一次严重的打击。那是一次宴会上，他看到了一位优雅的女伯爵就上去搭讪，没料到这位女伯爵早已耳闻他的作风，当众说"请离我远点，我最讨厌这样无所事事的花花公子"，这让格林尼亚羞愧难当。于是他改过自新，只身一人来到里昂，发奋求学，整天待在图书馆和实验室里，被著名化学教授看在眼里，并收他为学生，在不懈努力下，他发明了"格式试剂"，并于1912年获得诺贝尔化学奖。他的故事告诉我们，家庭的富有并非个人的荣耀，要赢得真正的尊重，有赖于自己的努力去争取，而且努力付出，永远都不晚。 图 1.20　法国化学家维克多·格林尼亚肖像 2. 主题讨论 在教学信息化平台发布主题，引导学生围绕"格林尼亚励志故事的感悟"进行主题讨论。 对学生进行思想教育：科学研究不是一帆风顺的，要坚定信心、持之以恒、肯于登攀
8min	学生倾听	讲解知识点：格式试剂的制备原理，并通过合成步骤图片演示格式试剂的实验合成方法	1. 讲解 格林尼亚制备格式试剂的具体方法，实验原理。 格式试剂的合成制备： 卤代烷要在 Mg 的作用下和无水乙醚作用，生成烷基卤化镁这个格式试剂。Mg 直接插入到 C—X 键之间。比如溴乙烷和 Mg 可以生成乙基溴化镁，是一种格式试剂。 格式试剂制备反应式： $$CH_3CH_2Br+Mg \xrightarrow{无水乙醚} CH_3CH_2MgBr$$ 2. 演示 合成步骤图片演示格式试剂的实验合成方法
6min	学生倾听、思考、回答问题	讲解格式试剂与氧气反应，并进行提问	格式试剂的广泛用途。向学生提问：通过结构进行分析，格式试剂可能和哪些物质发生反应? 引导学生掌握格式试剂可以发生的合成反应。讲解格式试剂与空气中的氧气即可反应，掌握反应方程式。 1）格式试剂与氧气反应 格式试剂在有机合成中用途非常广泛，可以和空气中的氧气、二氧化碳、水以及其他含有活泼 H 的物质反应。格式试剂的发现大力地推动了有机合成的发展，和氧气反应水解后可以生成醇。 格式试剂氧化后水解反应式： $$RMgX+\frac{1}{2}O_2 \longrightarrow ROMgX \xrightarrow{H_2O} ROH+Mg(OH)X$$ 引发学生思考：在制备格式试剂的过程中需要注意什么

续表

时间安排	学生活动设计	教学过程	教师活动设计
6min	学生倾听、思考、演练写反应式	讲解知识点：格式试剂与活泼氢物质反应。板书出题，让学生上台演练	讲解与含有活泼氢的物质即可反应，掌握反应的通式。 2）格式试剂与含活泼氢物质反应 与含有活泼氢的物质反应可以定量生成烷烃，格式试剂与含活泼氢物质反应如图 1.21 所示。 $$R-MgX + \begin{Bmatrix} \overset{\delta^+}{H}-\overset{\delta^-}{OH} \\ H-OR' \\ H-NH_2 \\ H-X \\ H-C\equiv CR' \end{Bmatrix} \xrightarrow{\text{定量生成}} RH + \begin{Bmatrix} MgX(OH) \\ MgX(OR') \\ MgX(NH_2) \\ MgX_2 \\ R'C\equiv CMgX \end{Bmatrix}$$ 图 1.21　格式试剂与含活泼氢物质反应 演练：板书出题，学生根据通式写出反应方程式
6min	学生倾听、思考、演练写反应式	讲解知识点：格式试剂与二氧化碳反应。板书出题，让学生上台演练	与二氧化碳反应，最终生成羧酸的反应。 3）格式试剂与二氧化碳反应 格式试剂与二氧化碳反应水解后可以生成羧酸，反应式为： $$RMgX \xrightarrow{CO_2} RCOOMgX \xrightarrow{H_2O,\ H^+} RCOOH$$ 演练：板书出题，学生根据通式写出反应方程式
8min	学生倾听、思考、观看视频	讲解知识点：格式试剂的制备。通过观看安全事故视频，对学生进行思政教育，注重安全生产	讲解：格式试剂制备的条件及注意事项。 制备格式试剂一定不要和空气及含活泼氢的化合物接触，不仅制备时所用的试剂无水、无醇，即要用"干醚"，所用的仪器也一定要干燥无水。并且，在制备完成后应立即进行下一步反应，否则格式试剂极易被分解。因此，制备格式试剂须在格式试剂反应釜中进行，如图 1.22 所示。 图 1.22　格式试剂反应釜 列举某合成化工厂由于条件控制不当，引发格式试剂反应釜爆炸事故，如图 1.23 所示，以及实验室由于制备叔丁基锂操作不当引发的爆炸事故，如图 1.24 所示。 图 1.23　某化工厂引发的格式试剂反应釜爆炸事故（左） 图 1.24　某实验室制备叔丁基锂操作不当引发爆炸事故（右）

续表

时间安排	学生活动设计	教学过程	教师活动设计
8min	学生倾听、思考、观看视频	讲解知识点：格式试剂的制备。通过观看安全事故视频，对学生进行思政教育，注重安全生产	事故警示：通过列举实验室安全事故，强调实验中条件控制的重要性，强化安全生产意识。以安全事故案例，结合习近平总书记对安全生产做重要论述和指示，警示教育学生，强化安全生产意识
5min	学生倾听、思考	讲解知识点：有机锂化合物，并进行拓展教学	1. 讲解 与格式试剂类似的有机锂化合物的制备方法。 卤代烷与金属 Li 的反应式： $$RCl+Li \longrightarrow RLi+LiCl$$ 卤代烷与 Li 作用生成有机锂化合物，有机锂化合物是有机合成中的重要试剂。除了 H、O、N、S、X 外，周期表中其他许多元素与 C 直接相连形成的化合物，如有机镁、有机硅、有机磷化合物等，统称为元素有机化合物。元素有机化学是近年来迅速发展起来的一门无机与有机之间的边缘学科，它无论是在理论研究方面或是在合成、应用以至生命活动过程中，都有很重要的作用。 2. 进行拓展教学：元素有机化合物
5min	学生倾听、思考	进行拓展教学，并对学生进行思政教育，融入习近平新时代生态文明思想	1. 进行拓展教学 阐述有机化学合成的重要性，介绍通过有机合成的新型吸附剂，如 MOFs，可以在水处理中得到很好的应用。 MOFs 是金属有机骨架化合物（英文名称 Metal Organic Framework）的简称，MOFs 的结构图如图 1.25 所示。 MOFs 是由无机金属中心（金属离子或金属簇）与桥连的有机配体通过自组装相互连接，形成的一类具有周期性网络结构的晶态多孔材料。MOFs 是一种有机－无机杂化材料，也称配位聚合物（coordination polymer），它既不同于无机多孔材料，也不同于一般的有机配合物，兼有无机材料的刚性和有机材料的柔性特征，在现代材料研究方面呈现出巨大的发展潜力和广阔的市场前景。 图 1.25 MOFs 结构图 2. 进行思政教育 通过金句列举，列举习近平总书记关于生态文明的重要论述，鼓励学生加强知识储备，积极探索创新，为推进生态文明建设做出应有贡献

（五）课堂延伸

在"云班课"平台，针对《有机化学》课程专业知识点与思政知识点进行问卷答题，对学生知识掌握情况进行调研；指导学生参加学科竞赛、科研实践，进一步延伸和强化课程专业知识内容，提高学生动手能力，提升创新意识、生态文明建设和环境保护意识。

五、课程思政的实践思考

实现德育教育在专业课程中的巧妙贯穿，重点在于教师要深入挖掘课程德育知识点，采取有效的教学方式，找到思政教育与专业教育交融的作用点。在新时代中国特色社会主义生态文明建设的大背景下，课程思政建设有助于实现学生的理论素养、思想素质、实践能力的综合提升，专业课堂主渠道作用进一步发挥，对实现全员、全程、全方位育人起到了积极的推动作用。

> 倾心育林若干载，日月春晖恋讲台。诲人不倦路无尽，待到硕果秋满来。
>
> 教学质量的提升永无止境，争做有理想信念、有道德情操、有扎实学识、有仁爱之心的"四有"好老师。希望通过《有机化学》课程思政教学改革实践，学生可以更加清晰地领悟化学知识，积极投身生态文明建设，为建设美丽中国做出积极贡献。
>
> ——《有机化学》任课教师　张晓然

§1.4 材料力学

一、课程基本信息

课程名称：材料力学

课程性质：必修课

适用专业：建筑环境与能源应用工程、车辆工程、机械电子工程、机械工程、机器人、电气工程及其自动化、建筑电气与智能化

总学时：52 学时

学分：3 学分

先修课程：高等数学、理论力学

并修课程：普通物理

后续课程：工程管理、机械原理、机械设计、控制工程基础

二、教学目标

（一）知识目标

1. 掌握变形固体关于内力、应力、变形的基本概念。
2. 掌握研究杆件基本变形时内力、应力、变形分析的基本原理和方法。
3. 掌握分析构件强度、刚度和稳定性问题的理论与方法，并为其设计提供有关的基本理论、计算方法和试验技术，从而合理地确定构件的材料和形状尺寸，以达到安全与经济的目的。

（二）能力、思维目标

1. 通过对结构中的构件进行受力分析，让学生明确力学模型的建立过程，培养学生抽象思维能力。
2. 通过内力分析、应力公式推导，培养学生的逻辑推理能力。
3. 理解"合理假设"这一科学研究方法的思想和内涵。通过材料力学的基本假设、应力均匀分布假设、平面假设等合理假设的提出和应用，激发学生的探究欲望，训练他们严谨求证的精神，形成严谨的科学态度与周密的思考习惯，培养学生的假设能力

与应用意识。

4. 通过强度、稳定性分析和判定，培养学生的工程安全意识，善于抓住工程设计中的主要矛盾，利用所学知识分析、解决实际工程问题的能力。

（三）德育目标

1. 通过介绍力学在中国近现代的发展史和力学知识在现代高科技产业、中国工程建设中的伟大成就，激发学生的爱国主义情怀，坚定"四个自信"。

2. 引领学生深刻理解蕴含在刚体和变形体之间的辩证思想，深刻理解并挖掘现象的本质，培养学生的方法观和认识观。

3. 介绍力学科学家事迹，探讨力学知识的科研方向和科研内容，培养学生发现问题、解决问题的科学思维，激发对科学的求知欲望、探索精神和创新精神。

4. 适当引入典型的、警醒性的工程案例，感悟求真务实、踏实严谨、精益求精的工匠精神，培养学生的职业道德和工程素质。

三、课程思政教学设计

（一）课程德育元素与融入设计思路

1. 培育爱国情怀，增强"四个自信"，树立科学强国理想信念

讲授绪论课的过程中，介绍力学学科在中国近现代的发展史、在建设领域各行业中发挥的重要作用。介绍中国近现代史上力学科学家人物事迹，例如大家熟知钱学森在我国导弹、原子弹、火箭、卫星研制过程中发挥着举足轻重的作用，却鲜少有人知道他是我国力学学科的奠基人之一，由此加强学生对力学课程的重视程度；通过钱伟长院士从物理考试失败逆袭成为中国力学之父，实现自己强国梦的故事，激发学生的爱国情怀，引导学生不断增强"四个自信"，克服初学力学课程阶段的畏难心理。

2. 唯物主义辩证法、方法论

分析和解决实际工程问题时，受力结构和构件究竟是认定为"理论力学"课程中的刚体还是"材料力学"课程中的变形体？本课程注重从辩证唯物主义的认识论角度出发帮助解决学生这一困惑，结合实际工程问题进行讲解。帮助学生建立抓住主要矛盾、忽略次要因素进行理想化力学建模的思想，培养学生运用辩证唯物主义解决问题的能力。

3. 社会主义核心价值观之敬业

通过对桥梁因设计计算错误导致倒塌事故的案例解析，强调严格的理论分析、精确的计算是在校学生应具备的首要能力，工程计算零失误是工程设计师必备的能力。以失败案例作为警示，引导学生意识到扎实地掌握理论知识和计算基本功是工程施工安全的基础保障。

4. 创新意识、工程素质

讲授强度、刚度、平衡、轴向拉压等知识点时，结合轴承的弯曲变形导致齿轮无法啮合、钻孔时钢板的受力变形导致孔的精密度下降等知识点的动画演示，以及大国重器核电站"华龙一号"穹顶的安装过程视频，向学生们展示在解决构件受力变形问题上，我国相关技术达到世界先进水平，凸显我国综合国力的提升，增强学生的民族自信心和自豪感，激发学生的创新意识，追求卓越的工程素质。

5. 科学思维、探索精神

讲授杆件基本变形之扭转、弯曲变形知识点时，通过引入石油钻杆扭转断裂、桥梁弯曲坍塌等工程实例图片和视频，对工程案例进行讨论和反思，使学生意识到扎实的理论基础知识在工程设计、工程施工监管过程中的必要性，培养学生求真务实、踏实严谨的工程素养和责任心。同时，在授课过程中穿插科学小问题，进一步突出课程内容与工程实践的紧密联系，引导学生学以致用，加强学生对工程问题的认识，激发学生对科学的求知欲望、探索精神和创新意识。

6. 辩证思维、创新精神——强度、刚度的要求与工程造价间的矛盾

分析构件基本变形的强度、刚度和稳定性时，通过提出并科学解决构件安全性和经济性间的矛盾问题，从而实现既安全又经济的设计，揭示理论与工程实际的矛盾对立统一的辩证关系，引导学生要用科学的手段、创新的思路解决工程实际问题，说明力学内容的学习来源于实践并服务于实践，生产、生活也离不开基础理论、基础学科的研究。

7. 科学精神、正确思想的引领

"压杆稳定"章节内容的授课过程中，通过压杆临界力欧拉公式的推导和应用知识的讲解，向学生普及科学家欧拉的生平，展现他在双目失明的17年间，以顽强的毅力和孜孜不倦的治学精神，坚持科学研究，产出大量著作论文的动人故事，引导学生不断感悟、汲取榜样的力量，激发科学奋斗精神。同时，通过讲述欧拉公式从无到有、从理论到实际应用的过程，向学生阐明定理（公式）的发现、证明到应用，与社会发展水平息息相关，正确的理念和方法是我们认识世界、改造世界的强大工具。

8. 求真务实、踏实严谨的工匠精神

虽然目前已有了强度、压杆稳定的理论分析和工程实践应用，但仍时有因强度和稳定性导致的工程事故出现，造成人员伤亡和经济损失。通过对工程案例中人为因素、社会背景的讨论和反思，警示学生从事专业工作要心中有戒、引以为戒，使学生更直观地感受求真务实、踏实严谨、精益求精的工匠精神的重要性。

（二）教学环节设计与进度安排

本课程的思政教学环节设计与进度安排见表1.7。

表 1.7 《材料力学》思政教学环节设计与进度安排表

周次	思政教学内容	思政教学环节设计
1	爱国情怀、社会主义核心价值观	介绍力学学科在中国近现代的发展史、在建设领域各行业中发挥的重要作用，以及力学学科人物钱学森、钱伟长先生实现自己强国梦的生平事迹，激发学生的爱国情怀，引导学生不断增强"四个自信"
1	辩证唯物主义思想教育	理论力学静力学的内容总结和材料力学内容引出的过程中，渗透辩证唯物主义的认识论和辩证法的矛盾论在力学学习中的应用，培养学生辩证唯物主义精神
5	创新意识、工程素质	列举核电站"华龙一号"穹顶的安装过程，对涉及的关键力学问题进行提炼和分享，并与国外技术发展进行对比，激发学生的创新意识，追求卓越的工程素质
8	科学思维	在扭转、弯曲变形内容的讲授过程中，穿插科学小问题，加强学生对工程问题的感性认识，引导激发学生对科学的求知欲望和探索精神
11	矛盾论、方法论的应用	由对构件的强度、刚度要求，引出确保安全性同时兼具经济性的选材原则，通过矛盾问题的解决，揭示理论与工程实际的矛盾对立统一和唯物辩证关系
13	科学精神、正确思想的引领	通过科学家欧拉的生平介绍，引导学生建立科学奋斗精神；由欧拉公式的面世到广泛应用，引导学生认识到正确的理念和方法是我们认识世界、改造世界的强大工具
14	求真务实、踏实严谨的工匠精神	通过加拿大魁北克大桥建造坍塌事件等一系列工程案例的分享，对工程设计中的工匠精神进行阐述和强调

（三）教学方法

1. 启发式、问题驱动式教学

以学生为主体，通过教师提问、启发、诱导，促使学生独立分析、思考，充分调动学生的积极性和主动性。

2. 案例式、工程引导式教学

由生活中常见的变形现象、变形破坏失效工程案例引出教学内容，建立课程理论知识与生活、工程实际的联系，拉近课堂教学与现实的距离，引导学生主动思考和分析力学在工程实际和现实生活中的重要性。根据相关知识内容，融入课程思政元素，引领学生的思维方式和哲学素养，引导学生树立正确的人生观和方法观，拓宽科学视野，激发创新意识，培养学生的科学探索精神和创新精神。

3. 教具辅助教学

采用生活中随处可见的构件充当教学教具，例如橡胶棒、钢尺、教鞭、粉笔等教具，增加教学中的可视性，调动学生情绪，开阔学生的视野。

4. 恰当应用现代教育技术与多种教学媒体手段相结合

通过视频、动画演示展示现象和过程，由现象挖掘原理，便于学生理解和接受，提高学生的形象思维、抽象思维以及逻辑思维的能力。

5. 线上线下混合教学

利用数字化教学软件加强师生交流互动，实现教学资源共享，及时反馈学习效果，提升课程学习的广度和深度。

（四）教学成效

基于本课程对德育元素的挖掘及相关教学环节的设计，通过丰富的工程案例、人物故事，以及多种教学方法的综合运用，实现了德育知识与专业知识的和谐融入，进一步坚定学生的学习目标，树立学习自信，激发学习热情，使学生深入体会"力学来源于工程并服务于工程"的理念，树立严谨理性、开拓创新的专业精神，提高运用辩证思想和唯物主义世界观解决问题的能力。

四、教学展示

（一）知识点

压杆临界力的欧拉公式。

（二）德育元素

科学精神、工匠精神。

（三）教学方法

采用启发式、交互式教学，以及案例式、教具辅助教学方法，根据课程学习内容与工程实际的相关性，在讲授过程中穿插工程案例，综合运用教具演示实验、动态多媒体课件等，提高教学可视性、学生参与度，加强学生对课程知识的理解。

（四）教学过程

根据教学要求和教学计划安排教学进程，"压杆临界力的欧拉公式"知识点的教学流程图如图 1.26 所示。

知识点教学过程简表见表 1.8。

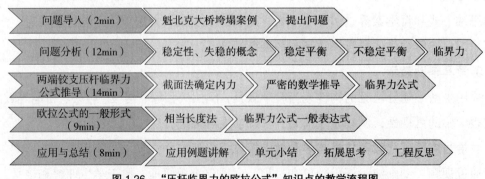

图 1.26　"压杆临界力的欧拉公式"知识点的教学流程图

表1.8 "压杆临界力的欧拉公式"知识点教学过程简表

时间安排	学生活动设计	教学过程	教师活动设计
2min	学生思考	工程案例引入、提出问题	1. 向学生提出问题：构件即使满足了强度条件，就一定安全吗？ 2. 引入1907年加拿大魁北克大桥的坍塌和2020年国内某酒店坍塌工程案例，如图1.27和图1.28所示。通过分析上述两个工程案例的破坏原因和机理，引导学生意识到构件尽管满足了强度要求，也会发生破坏，说明构件的破坏还存在另外一种失效方式。  图1.27　1907年加拿大魁北克大桥的坍塌 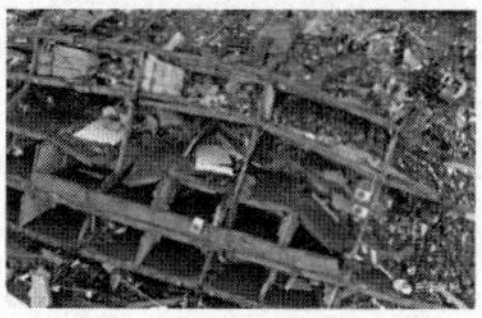 图1.28　国内某酒店坍塌 设计依据：工程案例的引入，激发学生的学习动机和探索意识，这是有效学习的重要因素
12min	学生与教师互动，参与演示实验和问题分析	分析问题，介绍相关概念，明确要解决的关键点	3. 由工程实际图片说明受压杆件在工程结构中的广泛应用，如图1.29所示。向学生提出问题：受压杆件具备什么特点呢？学生分析，教师总结给出压杆的定义。  图1.29　工程结构中的受压杆件 4. 向学生提出问题：正常工作时，钢尺压杆所能承受的最大轴向压力值。 引导学生完成钢尺受压的模拟演示实验，如图1.30所示。 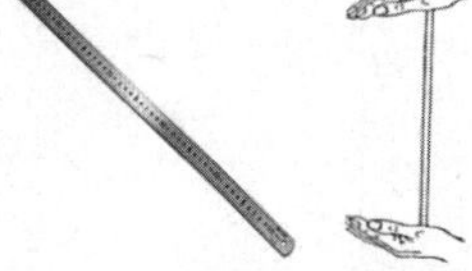 图1.30　钢尺压杆的受力失效演示 引导开展强度计算，对比压杆失效的演示实验现象，说明破坏失效前，压杆已丧失正常工作能力，这是结构的另外一种失效方式。 5. 讲授稳定性、失稳的概念。 通过图1.31中受压杆件的不同状态，引出稳定性和失稳的概念。展示受压构件失稳导致的工程事故案例，如图1.32所示，说明工程中因压件失稳将导致灾难性后果，需要对稳定、失稳现象开展深入研究

续表

时间安排	学生活动设计	教学过程	教师活动设计
12min	学生与教师互动，参与演示实验和问题分析	分析问题，介绍相关概念，明确要解决的关键点	  图1.31 稳定压杆、失稳压杆（左） 图1.32 受压构件失稳导致的工程事故案例（右） 6.利用如图1.33所示的动画演示和图1.34的视频类比，加深对压杆稳定平衡和不稳定平衡概念的理解，反映稳定平衡状态和不稳定平衡状态与压力大小的关系，进而引导学生思考并分析，得出临界状态下的临界压力是压杆失稳的最小载荷，也是判断压杆是否稳定的重要指标。 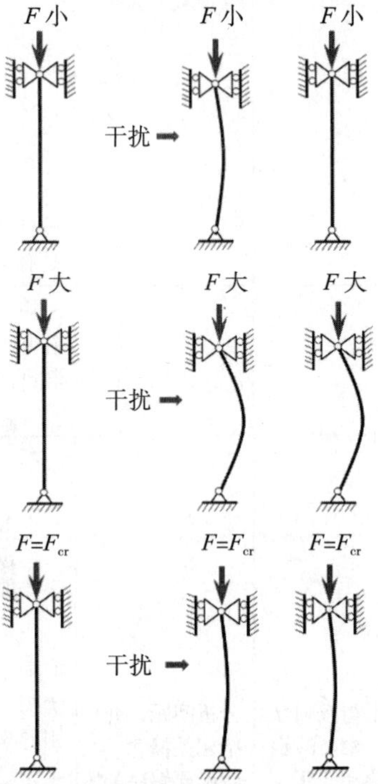 图1.33 压力不同，微小横向干扰对压杆变形和稳定的影响 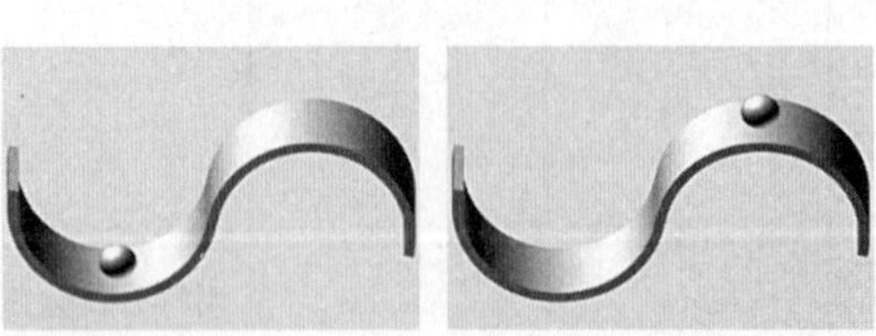 图1.34 稳定和不稳定平衡状态的压杆与凹槽中和凸面上的小球 设计依据：借助压杆演示实验，激发学生探究其机理的好奇心和兴趣。通过问题的深入探讨，聚焦解决问题的关键点，使学生分析、解决问题的能力得到提升

续表

时间安排	学生活动设计	教学过程	教师活动设计
14min	学生倾听、思考并互动反馈	推导两端铰支细长压杆临界力的欧拉公式	7. 教师讲授为主，不断层层提问，并利用动画演示分析、推导过程：以两端铰支细长压杆为例，分析临界状态下压杆微弯变形的挠曲线，进而推导压杆的临界力。 8. 教师提问引导，学生自主思考，对欧拉公式应用分析，指明公式的应用条件。 9. 拓展介绍欧拉的生平事迹，如图 1.35 所示。讲述欧拉在 1744 年推导出欧拉公式，为什么在 1907 年魁北克大桥仍然会发生失稳的历史背景和工程应用背景。 图 1.35　欧拉肖像 设计依据：不断抛出问题，引导学生具有利用已学知识解决新问题的意识，提升学生的逻辑思维推导能力、理论分析和判断的能力。通过欧拉人物介绍和工程拓展内容的分析，唤起学生对科学大家的敬仰之心、对科学的热爱之心、对所学知识的向往。意识到正确的理念和方法是我们认识世界、改造世界的强大工具
9min	学生倾听、思考并互动反馈	推导欧拉公式的一般表达式	10. 向学生提出问题：如何求解其他杆端约束压杆的临界压力？ 11. 教师讲述并动画演示相当长度法的应用，师生互动引导总结得出欧拉公式的一般表达式。 设计依据：通过对比、归纳、总结的教学方法得出欧拉公式的一般形式，让学生体会知识点的连贯性和关联性
8min	动手计算，互动总结，感受并思考	应用与总结，拓展与思考，工程反思	12. 学生对演示实验中的钢尺压杆进行应用计算，计算结果对照实验现象，前后呼应，加深学生对所学内容理解和认可。 13. 总结归纳主要学习内容，建立本次课程的知识体系。 压杆稳定和失稳、临界力的欧拉公式。 14. 布置拓展思考问题，学生课下分组讨论，并在下节课进行反馈： 1）本节内容在挠曲线近似微分方程的基础上推导了欧拉公式，公式应用是否会受到限制？ 2）工程结构中压杆，如图 1.36 所示，压杆横截面都有哪些形状？为什么圆形截面的压杆居多？中空压杆的优点是什么？ 图 1.36　工程结构中的压杆 3）由上一问题结论，分析提高压杆稳定性的措施有哪些？ 15. 工程反思：针对 1907 年加拿大魁北克大桥坍塌和加拿大七大工程学院联合制作"耻辱之戒"，如图 1.37 所示，以及仍偶有发生的压杆失稳工程案例，向将成为工程师的学生们发出警示

时间安排	学生活动设计	教学过程	教师活动设计
8min	动手计算，互动总结，感受并思考	应用与总结，拓展与思考，工程反思	图1.37 魁北克大桥的坍塌和"耻辱之戒" 设计依据：知识学习的过程也是培养使命感、激发创造力的过程，思政元素的融入让知识更具有了生命力。通过反思再次强调了工程师的责任和应有的职业道德，激发学生精益求精的工匠精神

（五）课堂延伸

根据单元讲授内容，学生分组对工程结构中压杆进行调研，观察压杆在工程中的广泛应用，并对压杆的横截面形状进行分析和讨论，教师组织在下节课进行反馈。同时依托"雨课堂"学习平台，教师发送科学家欧拉生平文章链接、压杆失稳的相关工程案例，组织学生进行交流，开展讨论，拓展学生的知识视野，提高学生的人文素养和工程素养。

五、课程思政的实践思考

结合力学史、哲学、工程案例、科学家介绍等，在力学课堂上融入更多的思政教育元素，使学生的知识视野得到更大范围的拓展，人文素养、工程素养得到进一步提升，让更多的学生喜欢力学，善于利用力学知识分析解决工程问题、思考人生。教学方式上，除了课堂教学，可采取多种教学手段引领学生进行课外延伸阅读、调研和思考，让知识与专业相关实际工程问题紧密结合，激励学生自主学习。

> 知识是"肉"，能力是"血"，思想是"灵魂"，教与学就是师生共同塑造一个有灵魂的生命体的过程，立德树人方得以体现。
>
> ——《材料力学》主讲教师 白会娟

§ 1.5
工程力学

一、课程基本信息

课程名称：工程力学

课程性质：必修课

适用专业：交通工程、给排水科学与工程、建筑环境与能源应用工程、环境工程、环境科学、能源与动力工程、工程管理

总学时：48 学时

学分：3 学分

先修课程：高等数学、画法几何、工程制图

并修课程：土木工程概论、计算机图形学

后续课程：各专业课程

二、教学目标

（一）知识能力目标

本课程是为我校工科专业本科生开设的一门基础课，通过本课程的教学，使学生掌握变形固体关于内力、应力、变形的基本概念，杆件内力、应力、变形分析的基本原理，以及分析杆件强度、刚度和稳定性问题的方法，学生能够将实际工程构件抽象为计算简图，并正确地对工程结构进行受力分析，具备分析工程实际问题的能力，为后续的专业学习打下良好的基础。

（二）德育目标

依据本课程的专业知识和授课特点找准课程德育的切入点，充分挖掘和提炼德育元素，将集中体现我国古代科技成就的典籍、工程案例及优秀传统文化内涵融入课程知识点教学，培养学生的民族自豪感，帮助学生进一步树立文化自信、专业自信。把我国重大工程实例引入课堂教学，穿插介绍我国著名科学家及工程师的生平事迹，在潜移默化中培养学生勤奋钻研的科学精神与精益求精的工匠精神。在课程教学中突出辩证思维方法的训练，培养学生严谨治学和勇于追求卓越的优秀品质。

三、课程思政教学设计

（一）课程德育元素与融入设计思路

1. 将集中体现我国古代科技成就的典籍、工程案例及优秀传统文化内涵融入课程知识点教学

中国古代有许多优秀的思想，它们贯穿于中国古代科技发展的整个过程，充分体现了我国先民勤奋钻研的科学精神，非常值得后人尤其是当代大学生学习、继承和发扬。在本课程的讲授过程中，从我国北宋时期沈括所著的涵盖多学科内容的笔记体著作《梦溪笔谈》，以及李诫编著的标志着我国古代建筑达到极高水平的《营造法式》中，提取本课程知识点所涉及的相关案例，结合我国古代建筑工程实例开展课程教学。例如，在"冷作硬化"知识点讲授过程中，介绍中国古代锻造士兵防护盔甲是现代冷作硬化工艺的雏形。在"构件横截面惯性矩的计算"知识点讲授过程中，选取古籍中所述的梁柱尺寸等设计规范，运用所学公式进行科学合理性验证，凸显中国古代科技成就，潜移默化地帮助学生树立文化自信与民族自豪感。

2. 融入优秀工程案例、学科人物故事，强化当代中国工匠精神的育人功能

恰当地运用中国当代工匠精神与科技成就实例感染学生，激发学生的爱国情怀和学好专业知识的使命感，一方面，通过大国重器500m口径球面射电望远镜（FAST）等工程实例，引导学生重视力学、学好力学，踏踏实实搞好基础研究；另一方面，在知识点教学过程中，恰当地引入我国科学家、著名工程师精益求精、砥砺奋进的人物故事，从中汲取精神力量，引导学生传承中华民族的优秀品格，激发学生学好力学、用好力学知识造福社会的动力。

（二）教学环节设计与进度安排

本课程的思政教学环节设计与进度安排见表1.9。

表1.9 《工程力学》思政教学环节设计与进度安排表

周次	思政教学内容	思政教学环节设计
1	辩证唯物主义哲学思想	在课程绪论环节，通过对力学史的回顾，以及对力学在实际生产生活中的应用介绍，向学生阐释，力学的研究和发展离不开理论与实践，比如在实践和反复验证基础上，发现与原有理论的矛盾问题，应研究并修正原有理论，从而推动力学理论的科学发展，正确指导实践、改造世界，透射辩证唯物主义的哲学思想
4	辩证唯物主义哲学思想	指导学生了解平面任意力系简化的方法和目的与唯物认识论的联系。例如，在讲授工程力学静力学部分"物系平衡问题的求解方法"这一知识点时，要求学生注意研究对象整体与部分的相对性，在教学过程中逐步渗透解决力学问题的辩证思想
5	辩证唯物主义哲学思想	工程力学研究对象由简单到复杂的发展变化规律，符合人们认识事物的本质及其发展规律。内力与外力的确定由我们的观察角度即研究对象的不同而不同，因此讲授中要贯穿对立统一思想与相互转化规律在受力分析中的应用

续表

周次	思政教学内容	思政教学环节设计
6	辩证唯物主义哲学思想、文化自信、专业学习志向	工程实际中常常会对构件刚度提出要求。在涉及"拉压杆变形计算"的相关问题时，要让学生体会，拉杆每段的伸长量或缩短量虽然不大，但是积累起来，就是一个不小的数目，积累放大的变形会影响到构件的强度，进而可能影响到整个工程的安全，其中蕴含的深刻的量变与质变的关系，教师要引导学生仔细体会。在讲述"冷作硬化"知识点时，介绍古籍中关于青堂甲锻造工艺，展示中国古代锻造技术的先进性，是现代冷作硬化工艺的雏形，帮助学生树立文化自信与民族自豪感。透过高铁、港珠澳大桥、世界最大单口径射电望远（FAST）镜结构，以及三峡水电工程、航天工程等重大工程项目，展示力学知识在推动工程技术发展中起到的重要作用，弘扬科学精神，引导学生树立专业自信和专业学习志向
7	工匠精神、文化自信、民族自豪感	受扭等直圆轴截面任一点处切应力计算公式的推导，先从观察入手，确定变形几何关系（感性认识），再通过较抽象的物理关系和静力学关系（理性认识）把三者联系起来，最终确定切应力公式。我国先民因地制宜，恰当处理原木、石材等的切割问题，使得其承载能力与经济性达到统一。因此在讲该部分内容的同时，要充分体现中国人的工匠精神，要让学生体会中国古代优秀思想与文化内涵对指导现代科学研究的重要意义，帮助学生树立文化自信和民族自豪感
10~12	文化自信、民族自豪感、工匠精神	我国先民通过大量的生产实践，逐渐总结出了一套实用性极强的关于建筑构件截面形状与尺寸的设计规范，本课程结合知识点教学，恰当选取古籍案例或古籍所述算法，使用现代理论与公式进行合理验证。例如，在讲授"常见截面的几何性质"章节知识时，引用北宋时期李诫编著的《营造法式》一书，计算古籍中所述截面形状惯性矩，并比较不同形状截面惯性矩的大小，从而与古籍中的规范进行对照；运用弯曲正应力计算公式，验证古籍《营造法式》中所述的关于梁构件横截面形状与宽高比的科学合理性，进行强度分析比较。通过这种方法，进一步加深学生对知识的理解，同时，展现我国古代对力学知识的运用和相关研究达到极高水平，引导学生发现中国古代建筑构件设计的合理性与科学性，体会中国历史文化的博大精深，树立文化自信与民族自豪感，树立严谨治学、精益求精的工匠精神
13	辩证唯物主义哲学思想	在讲授"梁的弯曲强度与合理刚度设计的综合运用"时，引导学生理解梁的合理设计除了要考虑其材料的强度，还要考虑刚度。例如，楼梁变形过大，会造成屋顶开裂，灰层脱落；仪器设备构件变形过大，会影响精度；但另一些情形则会利用弯曲变形达到工作目的，例如，汽车的减振设施，可以产生较大变形，才可以更好地起到缓冲减振作用。在知识点教学过程中，贯穿矛盾的对立统一的哲学思想，提高学生运用辩证唯物主义思考科学问题的能力
15	文化自信、民族自豪感、辩证唯物主义哲学思想	细长压杆临界应力的欧拉公式是压杆稳定这一章的重要内容。该公式中的一个重要因数"柔度"又叫"长细比"，决定了受压杆件稳定性的好坏。而早在欧拉之前，我国宋代古籍《营造法式》一书就记载了建筑设计方面类似柔度的概念——直径与柱高之比，并且在书中已有关于柱的断面、高度与建筑尺度关系的相关设计规范，充分体现了中国古代高超的建筑艺术和先进理论研究成果。同时，通过中国古代柱的直径与柱高的比例的变化情况，向学生阐释，比例设置要充分考虑不同材料建筑构件的力学性能、建筑所处的气候环境、功能要求，因地制宜地调整比例，以达到安全稳定性与经济性的统一

（三）教学方法

1. 合理利用现代多媒体信息化教学手段和平台，线上线下教学相结合

根据本课程的教学目标与特点，充分利用现代多媒体信息化教学手段，以课件、板书为主，依托教学信息平台展示课程知识点演示动画、案例视频、延伸阅读资料、古籍

资料图片等为有效补充，采取线上线下互动教学模式，使得力学课程不再枯燥无味。

2. 通过案例教学、视频教学，突出力学学科特色和德育特色

充分挖掘和提炼力学课程中的德育元素，选取我国古籍经典案例、古代力学科技成就、当代伟大工程，以及力学研究领域著名科学家、工程师人物故事等方面的视频、文字资源，在课堂讲授过程中结合知识点，恰当穿插讲解和展示，引发学生学习兴趣、树立专业学习志向。

3. 丰富和延伸课堂及考核形式

通过课堂上，布置课堂作业或小测验等，利用短短的几分钟时间，温故知新，对教与学的效果都是一种及时的反馈和检测。学生在教师的引导下，对工程力学中的基础理论或实际应用问题、重点、疑难点进行分组探讨，相互交流意见，以加深学生对工程力学的理解，鼓励学生有独立的见解。此外，对课后作业的形式加以适当丰富。例如，除传统的作业外，围绕工程力学的某一主题，布置小论文、读书笔记等，并且这些形式丰富的作业以一定的分值比例计入该课程总成绩。

（四）教学成效

1. 形成工程力学课程静力学、变形体力学部分各具特点、连贯完整的课程思政教学体系

工程力学分为静力学和变形体力学两大部分，本课程针对两部分知识特点进行德育特色建设。针对静力学部分，由于涉及大量的受力图画法，以及物体系平衡方程的建立和求解，因此，在课程教学中以辩证唯物主义哲学思想教育为德育主线，强调研究对象整体与部分的相对性，引导学生分析解决实际问题时要抓住主要矛盾，在实践中不断发展理论，从而更好地指导实践。在变形体力学部分，把中国优秀的传统文化与科学技术成就贯穿于课程讲授过程中，将我国古籍经典研究成果、古今重大工程实例、优秀科学家和工程师人物故事等，用以视频教学、案例教学、延伸教学等形式呈现给学生，培养学生的民族自豪感，帮助学生树立文化自信，激发爱国情怀和专业学习的使命感、荣誉感，培养学生严谨治学和勇于追求卓越的优秀品质。

2. 学生的课程学习主动性、学习成绩显著提升

案例教学、视频教学的引入，以及线上线下互动教学的模式大大提高了学生的学习兴趣，例如，在结合知识点教学，采用现代力学公式验证中国古籍中所述建筑构件设计规范过程中，学生展现了极高的专注度和积极性，自发查阅学习平台课程资源库中有关古籍的资料，与教师分享自己对古建筑物实地参观学习的收获和体会。从课程考试成绩上看，在考试试题类型、难易程度基本持平的情况下，学生考试通过率、平均分与往年相比，均有提高，总成绩分析直方图显示为正态分布状，课程思政建设的教学改革实践对课程教学效果的提升起到了积极有益的作用。

四、教学展示

（一）知识点

物体系统的平衡问题——静定与超静定。

（二）德育元素

帮助学生树立文化自信与民族自豪感；培养学生严谨治学的科学精神与精益求精的工匠精神；让学生深刻体会到辩证唯物主义思想与工程力学的紧密联系，以及辩证思维方法对科学研究、解决实际工程问题的重要指导意义。

（三）教学方法

1. 讲授与演示教学法

主讲教师充分用好课堂教学主渠道，板书、课堂实物演示与视频播放相结合，线上线下教学相结合，要注意充分发挥不同教学渠道和手段的优势，挖掘"物体系统平衡"一节内容所蕴含的思想政治教育元素，把文化自信、工匠精神及追求卓越的科学精神和辩证唯物主义思想对科学研究的指导作用生动地有机地融入教学实践中，使学生具有正确认识和分析物体系统平衡问题的能力。同时，培养当代大学生善于发挥主观能动性，理论联系实际，运用辩证唯物主义思想解决问题的能力，帮助学生树立文化自信、工匠精神及追求卓越的科学精神。

2. 问题探究式教学法

教师通过展示桥梁、机械、塔吊的图片、模型等，引导学生积极思考并自己举例，说出日常生活或工程中常见的物体系统的实例。学生自主地抓住问题的特征，通过自然探究体会认识问题由简单逐渐到复杂的过程，进而引入本节课新的概念静定问题和超静定问题。探究式教学培养学生探索新知识的积极态度，激发学生的学习兴趣和主动性，培养良好的科学品格。

3. 任务驱动教学法

给学生分组布置课堂任务，求解物系平衡问题支座约束力。学生讨论后自行得出结论，即对物系整体受力分析后,发现结构整体未知量个数小于独立平衡方程的个数,因此，不能全部求出，必再对物系中任一隔离体列补充方程。教师对学生提出的两种解决方案进行概括，提出第三种方法，并对例题解决方案进行引申与归纳总结，即由观察角度和研究对象的不同，内力与外力也将不同，可以用不同的方案对所求结果进行检验，培养学生严谨治学的态度。

（四）教学过程

"物体系统的平衡问题——静定与超静定"知识点教学过程简表见表 1.10。

表 1.10　"物体系统的平衡问题——静定与超静定"知识点教学过程简表

时间安排	学生活动设计	教学过程	教师活动设计
5min	互动、讨论常见的物体系统实例	回顾，问题的引入与提出	1.问题的引入与提出 教师通过多媒体手段，展示若干物体系实例图片或照片，如图 1.38 所示桁架桥梁、图 1.39 所示工程结构、图 1.40 所示简单机械之绳索滑轮系统。 向学生提出问题：这些常见的工程结构通常是单个刚体还是由多个刚体通过一定的连接形式组合而成的系统？引导学生积极思考。 引入物体系的概念：物体系（物系）即由若干个物体通过适当的约束相互连接而组成的系统。 图 1.38　桁架桥梁 图 1.39　工程结构 图 1.40　简单机械之绳索滑轮系统 在前一节中，我们学习了对受平面任意力系作用的单个刚体的平衡问题进行求解。根据平面任意力系的平衡条件，我们可对其列出 3 个独立的平衡方程，求解 3 个未知数。若受平面任意力系作用的物体系由 n 个物体组成，则最多可以列出多少个平衡方程呢

时间安排	学生活动设计	教学过程	教师活动设计
5min	互动、讨论常见的物体系统实例	回顾，问题的引入与提出	由此可见，我们对问题的认识和求解是从单个抽象刚体开始，接下来是单个实际物体，然后是由若干刚体组成的物体系统，最后才是复杂的实际大工程，即由简单逐渐到复杂，由量变到质变的。这是人们认识事物的自然过程，是符合辩证唯物主义认识论基本原理的
10min	互动、讨论	概念引入，实际工程选讲	2. 静定与超静定结构 1）静定问题 力系平衡时，系统中未知量（力、力偶的大小、方向）个数小于或等于独立的平衡方程个数，未知量可由平衡方程全部求出，称为静定问题。 2）超静定问题 系统中未知量（力、力偶的大小、方向）个数大于独立的平衡方程个数，未知量不可由平衡方程全部求出，称为超静定问题。 如图 1.41（a）、1.41（b）所示，对不同约束类型下的同一杆件进行受力分析后可知，图 4.41（a）为静定问题，图 4.41（b）为超静定问题。 未知量：3，方程：3　　未知量：4，方程：3 静定问题　　　　　　超静定问题 （a）　　　　　　　　（b） 图 1.41　不同约束类型下杆件受力分析 为使结构更加安全稳固，实际工程结构中大多采用超静定结构。如图 1.42 所示的厂房屋架、图 1.43 所示中国天眼主体工程结构，均为超静定结构。 图 1.42　厂房屋架　　　图 1.43　中国天眼主体工程结构 如图 1.43 所示，中国天眼（FAST）的主体建筑结构为穹顶索网结构。它是一种网状柔性钢结构。钢索是只承受拉力的单向受力构件。拉索固定在周边的刚性或柔性支承构件上。该索网坐落于适应山区复杂地形的圈梁上，且为目前世界上跨度最大、精度最高的穹顶索网结构之一。 在讲述时，穿插相应的短视频播放，介绍 FAST 主设计师南仁东的生平事迹，大力弘扬当代中国科研人员严谨治学的科学精神与精益求精的工匠精神。帮助学生树立文化自信与民族自豪感，培养正确的社会主义核心价值观。 同时，使同学们深刻认识到，我们学习、研究、解决的力学问题的顺序是，先从实际问题中简化得到的简单静定问题开始学习，然后是对简单抽象的超静定问题的学习和研究，最后，通过理论与实践的积累和认识的不断深化，知识理论的不断创新，我们可以解决更加复杂的问题。人的认识是一个不断深化的能动的辩证发展过程。在科学研究中我们要充分发挥主观能动性
25min	互动、讨论	例题选讲：问题的提出与解决方案	3. 举例讲解物系平衡问题，求解支座约束力 1）给学生分组布置课堂任务，求解物系平衡问题支座约束力。 例：如图 1.44 所示平面机构，不计各杆自重，求 A、C 两处的约束力

续表

时间安排	学生活动设计	教学过程	教师活动设计
25min	互动、讨论	例题选讲：问题的提出与解决方案	图1.44 平面机构尺寸和受力　　图1.45 整体受力分析 如图1.45所示整体受力分析后，整体未知数个数是多少？怎样解决问题？平衡方程怎么列？ 整体平衡方程（一矩式）：$\begin{cases} \sum F_x=0 & (1) \\ \sum F_y=0 & (2) \\ \sum M_A(F)=0 & (3) \end{cases}$ 引导分析：整体未知数个数大于还是等于独立的平衡方程个数？ 问题的解决方法：列补充方程，使平衡方程个数等于未知数个数。 2）学生讨论得出方案 学生方案一： 除整体平衡方程外，再选取 BC 杆为研究对象，进行受力分析，如图1.46所示，列补充方程： $$\sum M_B(F)=0 \quad (a)$$ 方程（1）、（2）、（3）、（a）联立求解，可全部求出四个未知量。 图1.46 BC 杆受力图 学生方案二： 除整体平衡方程外，再选取 AB 杆为研究对象，进行受力分析，如图1.47所示，列补充方程： $$\sum M_B(F)=0 \quad (b)$$ 图1.47 AB 杆受力图 方程（1）、（2）、（3）、（b）联立求解，可全部求出四个未知量。 3）教师对学生提出的两种解决方案进行概括，并提出第三种方案供学生参考 方案三： 不再做整体受力分析，直接做 AC 和 BC 两杆的受力分析。其中，未知量为：F_{Ax}、F_{Ay}、M_A、F_{Bx}、F_{By}、F_C，未知量总数为6个。 受平面任意力系作用的物体系由2个物体组成，对每个物体分别可列出3个独立平衡方程，共可列6个独立平衡方程。 因此，此方案也可行。 4）提醒学生注意 在画受力图时，注意整体与部分的关系，内力与外力的关系。例如画整体受力图时，F_{Bx}、F_{By}、F'_{Bx}、F'_{By} 不画出，因为它们是整体的内力。而在画隔离体（AC 和 BC）时，这些力就要画出，因为对每部分来说，它们又是外力
5min	倾听、思考	总结	4.总结 1）内力和外力双方在一定条件下共处一个统一体中，失去一方，另一方也不存在。内力与外力可以相互转化，由观察角度不同而不同。 2）从三种方案所得的解应该是相同的，因此，可以用不同方案对所求结果进行检验。培养学生严谨的治学态度。 引导学生深刻体会辩证唯物主义哲学思想与工程力学课程的紧密联系，辩证思维方法对研究科学问题的重要指导意义，并且认识到求真务实、严谨治学的重要性

（五）课堂延伸

学生自由组合，分组对本教学单元所讲授的内容进行课下探讨、调研后，完成一篇论文，可谈谈自己对科学精神的认识及对我国伟大工程的了解，所涉及的课程知识点，让学生真切感受到科学研究的严谨性以及不断追求卓越的优秀品质，同时激发了学生的爱国情怀和使命感。

五、课程思政的实践思考

工程力学是一门理论性极强的工科学生的基础课，首先要按教学大纲的要求，达到相应的知识能力目标，为学生学习后续课程打下良好的基础，同时具备一定的分析工程实际问题的能力。从人才培养的最终目标来看，该课程应不仅帮助学生获得专业知识、技能方面的提升，还要使学生的综合素质得到提升。在教学实践中，还要让学生真切感受到科学研究的严谨性、科学研究的态度观念与方法，培养大学生严谨治学的科学精神与精益求精的工匠精神以及追求卓越的优秀品质，弘扬民族优秀传统文化，树立正确的社会主义核心价值观。

> 每个学生都是一个独特的，广阔田野中的一粒种子。我愿用笔墨耕耘，把热情化为灿烂阳光，把汗水化作默默春雨，滋润大地，静待花开。
>
> ——《工程力学》任课教师　王晓虹

§1.6
离散数学

一、课程基本信息

课程名称：离散数学

课程性质：必修课

适用专业：信息与计算科学

总学时：48 学时

学分：3 学分

先修课程：数学分析、高等代数

后续课程：数据结构、数据库原理及应用、编译原理、计算机网络基础

二、教学目标

（一）知识能力目标

离散数学是研究离散量关系及结构的数学分支，是信息与计算科学的一门重要专业基础必修课程。离散数学所提供的训练十分有益于学生的逻辑推理、抽象概括及归纳构造能力的提高，通过本课程的学习，使学生掌握离散数学的基本概念、理论和方法，为后续专业课程准备必要的数学理论和工具，使学生的抽象思维能力、逻辑推理能力得到锻炼和提高。

（二）德育目标

锻炼学生养成严谨、规范的科学思维习惯，培养学生的家国情怀、创新精神、工匠精神，强化职业素养和服务社会的责任感，强化专业认同，树立专业学习自信心，激励学生勇攀科学技术高峰，担负起民族复兴的重任。

三、课程思政教学设计

（一）课程德育元素与融入设计思路

离散数学教学从"能力导向"出发，深度融入"价值引领"，打破传统"知识传授"的离散数学教学模式，使学生达到知识层面上理解与掌握，德育层面上共鸣与升华，树

立正确的社会主义核心价值观。

1. 辩证唯物主义的思想与科学探究精神的培养结合起来，激发学生科技报国的家国情怀和使命担当

以"做有理想有担当的数学人"为主题讨论，围绕"老一辈数学人的使命与担当""新一代数学人的前进方向"等内容，重点讲述了华罗庚、李大潜等老一辈数学人扎根基础理论研究、服务祖国建设需要，敢于担当、直面时艰的传奇一生，激励学生铭记爱国之心，砥砺前行、勇于担当，继承和发扬老一辈优良作风，以从容坦荡之心踏实勤勉走好自己的人生之路，成为新一代优秀的数学人。

2. 热点追踪引入，激发学生创新意识

从"中兴事件"引出离散数学对软件和信息技术发展的重要作用，讲解我国在信息技术行业取得的巨大进步，从追赶者变为领先者，但我国也面临诸如芯片问题等很多"卡脖子"问题，让学生既认识到祖国的飞速进步，又认识到与发达国家的差距和不足，从而培养学生在逆境中创新发展、锐意进取、坚守职业、勇于挑战、无私奉献和勇攀科学高峰的探究精神。

3. 搭建知识架构，培养学生科研报国的责任感和求真务实的科学精神

针对某个或某几个知识点引入实例或实际应用，让学生真正理解和掌握离散数学各重要知识点，如在离散数学中将数据库中的谓词优化技术与数理逻辑内容相结合；将关系数据库理论和数据关系及表示与二元关系联系起来；将抽象代数内容与人工智能中的遗传算法以及模拟退火算法结合在一起。这些有机联系能培养学生的专业精神和责任担当意识。

4. 知识发展应用，培养学生的工程意识及团队意识

围绕"着色问题""可达矩阵"等图论中的知识点，组织学生以小组为单位，进行"补考科目安排系统"和"北京公交换乘系统"项目实践。通过小组合作交流学习、小组汇报和教师点评与讲解，进行成果展示和有效沟通与交流，培养学生的工程思维和创新意识，严谨细致的工作作风以及精益求精的职业精神。

（二）教学环节设计与进度安排

本课程的思政教学环节设计与进度安排见表 1.11。

表 1.11 《离散数学》思政教学环节设计与进度安排表

周次	思政教学内容	思政教学环节设计
1	创新精神和使命担当	从离散数学是计算机类专业基础类课程引出软件发展对促进综合国力提升的重要性，从中美贸易战中的"中国芯"案例，教育同学们认真学习计算机程序设计，奋发图强，为祖国的腾飞和实现"中国梦"而认真学习

续表

周次	思政教学内容	思政教学环节设计
1	家国情怀、科学探究精神	离散数学中，蕴含着丰富的数学史。教师将定理、公式等的发现同数学家事迹联系起来介绍给学生，重点讲述华罗庚、李大潜等老一辈数学人扎根基础理论研究、服务祖国建设需要，敢于担当、直面时艰的传奇一生，用老一辈的辉煌成就来激发学生的爱国情怀，培养学生树立责任意识，继承科学家的科学精神并就科学探究精神进行主题讨论
2	辩证唯物主义观点	推理过程的证明，对学生逻辑思维能力要求较高，在教学过程中结合教学目标，通过列举实例的推导，帮助学生理解记忆推理定律与推理规则，积极培养学生的逻辑思维能力与对知识的综合应用能力。让学生把握推理证明过程严谨性原则，加深对因果关系、事物发展必然性的理解，能辩证地看待事情的结局，有因才有果，加强对辩证唯物主义观点的体会
4	工匠精神	在讲解可数集的概念时，给学生介绍数学家康托尔对无限集进行定义、分类、度量的艰辛历程，讲述康托尔用 23 年时间冲破传统观念的束缚，革命性地解决了伽利略"悖论"，引导学生认识到任何的成功都来之不易，要进一步强化精益求精的工匠精神
4	树立正确的全局观念	通过讲解集合的基本概念，使学生了解集合中元素与集合之间的关系，引申出个人与集体之间的关系，同时引用雷锋的一句名言"一滴水只有放进大海里才永远不会干涸，一个人只有当他把自己和集体事业融合在一起的时候才能最有力量"，使学生正确认识个人与集体之间的利益关系，并树立正确的全局观念
8	踏实、遵循标准和规范，严谨细致的工作作风	通过分析代数系统 $<R-\{0\}, \times>$、$<R, \times>$ 两者的区别，提醒学生注意两者虽仅仅相差一个小小的"0"，但两者的差别却十万八千里，从而使学生树立踏实、遵循标准和规范、严谨细致的工作作风
12	工程意识及团队意识	以小组为单位，组织学生围绕"着色问题""可达矩阵"等知识点进行"补考科目安排系统"和"北京公交换乘系统"项目实践，培养学生的自信心及勇于自我表现的良好素质

（三）教学方法

1. 借助信息化教学手段展示思政元素

在数学教学中，采取灵活多样的教学方法，借助信息化教学手段展示思政元素。利用微信公众号、学习通软件以及教学课件，推送与教学内容相关的数学史、数学家、数学思想等数学背景知识，对学生开展思政教育。丰富的背景知识可以让学生感受到数学的美妙和数学家勤奋探索的科研精神，让学生认识到数学对科学的推动作用。用数学家严谨踏实的钻研精神来激励学生树立严谨的科学观，脚踏实地，珍惜求学的好时光，迎难而上，学知识，长本领，将来做对社会、对国家有用的人才。同时，通过这种方式激发学生学习兴趣，加强学生阅读习惯的培养，促进课外师生交流与沟通，有效地把"课上"与"课下"联系起来。

2. 通过典型案例融入思政元素

数学中的概念、符号、性质、公理、定理、公式等往往都蕴含着丰富的哲理，很多数学知识和生活都有密切的联系。在数学教学中，可以结合数学知识，通过典型案例融入思政元素，开展对学生的思政教育，加深学生对所学知识的理解，促进学生对所学知识的应用，提高学生的综合素养。

（四）教学成效

基于本课程对德育元素的深入挖掘及相关教学环节的设计，通过概念解释、实例介绍、学生讨论、教师引导等多种教学方法的综合运用，将工匠精神、勇于担当的职业精神等多种思政元素有机地融入相应的专业知识教学之中，真正实现了知识技能教育与思想政治教育的有机统一。

课程思政教育理念与专业教学的自然融合，解决了传统《离散数学》课程教育中理论枯燥乏味的问题，激发了学生学习的兴趣和热情，促使学生端正学习态度，进而转变了学习方式，提高了课程的教学效果。思想政治融入课堂调查问卷统计结果显示，发现绝大多数学生都能记得老师上课所讲的案例，80%的学生认为提升了学习兴趣，70%的学生认为有助于形成严谨认真的科学态度，85%的学生认为在分析和解决问题的能力上有帮助，70%的学生体会到创新精神，70%的学生感受到正确人生观方面的教育。学生们纷纷立志要做一个有责任心的人，一个有担当、有作为的有用人才。

四、教学展示

（一）知识点

命题及其表示。

（二）德育元素

家国情怀和科学探究精神，创新精神和使命担当。

（三）教学方法

采用启发式、交互式教学，以及案例式、教具辅助教学方法，开展对学生的思政教育，加深学生对所学知识的理解，促进学生对所学知识的应用。

（四）教学过程

根据教学要求和教学计划安排教学进程，"命题及其表示"知识点的教学流程图如表1.12所示。

■ 表1.12 "命题及其表示"知识点教学过程简表

时间安排	学生活动设计	教学过程	教师活动设计
10min	倾听	创设意境、导入课程	体会离散数学理论在现实生活中的应用，是信息与计算科学专业多门核心课程的基础，让学生明白《离散数学》课程作用和意义。 1. 从生活应用中理解逻辑推理作用及离散数学学习意义 1）逻辑推理问题范例： 犯罪推理案例

续表

时间安排	学生活动设计	教学过程	教师活动设计
10min	倾听	创设意境、导入课程	2）离散数学是一门可以对逻辑推理规律建立相应的符号运算系统，解决此类问题的科学。 2. 离散数学与其他专业课程的联系 1）涉及多门计算机专业中专业课程，如编程语言、数据结构、操作系统、数据库原理及应用、软件工程及网络等。 2）以"数据库原理及应用"中的"学生档案"为例，总结：计算机在日常生活中的用途是非常大的，进一步说明该课程的任务和教学安排，对学生明确提出课程学习要求
15min	倾听、讨论	讲解	1. 离散数学的发展史 利用多媒体向学生简要介绍离散数学的发展历史，了解离散数学的起源，以及华罗庚、李大潜等人物资料，并由此融入思政元素"使学生坚定对中华文化的自信、对老一辈科学家的敬畏情感"并以"做有理想有担当的数学人"为主题展开讨论。 2. 数理逻辑入门 介绍第一篇数理逻辑的主要内容及在生活中的应用，引发学生对离散数学的兴趣。 1）数理逻辑 逻辑是研究人的思维的科学，它包含辩证逻辑和形式逻辑，第一篇中我们只关心形式逻辑，我们用演绎推理的方法去研究形式逻辑中的推理。数理逻辑是用数学的方法去研究形式逻辑，即建立一套有严格定义的符号，建立一套形式语言，来研究形式逻辑。所以数理逻辑也称为"符号逻辑"。它与数学的其他分支、计算机科学、人工智能、语言学等学科均有密切联系。在数理逻辑中我们将只研究"命题逻辑"和"谓词逻辑"。 2）"命题逻辑"和"谓词逻辑"所要研究的问题 例1：如果天下雨，则路上有水。（一般规律） 　　　天下雨了。　　　　　　（个别事实） 　　　推出结论：路上有水。（个别结论） 符号化： 设 P 表示：天下雨。 设 Q 表示：路上有水。 设 → 表示：如果……，则…… 例1的推导过程表示为： 　　前提1：P → Q（如果天下雨，则路上有水。） 　　前提2：P　　（天下雨了。） 　　结论：Q　　（路上有水。） 例2：大前提：所有金属都导电。（一般规律） 　　　小前提：铜是金属。　　　（个别事实） 　　　推出结论：铜能导电。　　（个别结论） 符号化： 设 $M(x)$：x 是金属。$C(x)$：x 能导电。 设 $\forall x$ 表示：所有的 x。设 a 表示铜。 例2的推理过程表示为： 　　前提：$\forall x [M(x) \rightarrow C(x)]$（所有金属都导电） 　　前提：$M(a)$　　　　　　（铜是金属） 　　结论：$C(a)$　　　　　　（铜能导电） 3）数理逻辑与计算机 从《C语言程序设计》课程我们知道：程序=算法+数据，算法=逻辑+控制，可见"逻辑"对于编程序是多么重要。要想学好、使用好计算机，必须学习逻辑。此外，通过学习逻辑，掌握逻辑推理规律和证明方法，会培养学生的

续表

时间安排	学生活动设计	教学过程	教师活动设计
15min	倾听、讨论	讲解	逻辑思维能力,提高证明问题的技巧,并由此引出华为"中国芯"问题与"中兴事件",鼓励学生认真学习,奋发图强,为祖国的腾飞和实现"中国梦"而认真学习。 4)名人谈"数理逻辑与计算机",榜样的力量是无穷的 钱学森:"正是在数理逻辑中,把人类的推理过程分解成一些非常简单原始的、非常机械的动作,才使得用机器代替人类的推理的设想有了实现的可能。" 戴克斯特拉:"我现在年纪大了,搞了这么多年软件,错误不知犯了多少,现在觉悟了。我想,假如我早在数理逻辑上好好下点功夫的话,我就不会犯这么多错误。不少东西逻辑学家早就说过了,可是我不知道。要是我能年轻20岁的话,我就会回去学逻辑。"
15min	学生与教师互动	突出重点难点念,明确要解决的关键问题	3. 命题与命题的真值 1)命题 命题是一个能确定是真的或是假的判断。 2)命题的真值 一个命题所作的判断与客观一致,则称该命题的真值为真,记作 T(True)。 一个命题所作的判断与客观不一致,则称该命题的真值为假,记作 F(False)。 说明:感叹句、疑问句、祈使句都不能称为命题。判断结果不唯一确定的陈述句不是命题。陈述句中的悖论不是命题。但现在不知道真假,未来有一天必定会知道真假的陈述句是命题。 3)课堂练习 例 3:判定下面这些句子哪些是命题。 2 是个素数。 雪是黑色的。 2030 年人类将到达火星。 如果 $a>b$ 且 $b>c$,则 $a>c$。 $x+y<5$ 请打开书! 您去吗? 4)命题的表示 使用符号来表示命题,通常用 P、Q 或带下标或数字来表示命题常量或者变量。 5)命题的分类 简单命题(原子命题):由最简单的陈述句构成的命题(该句再不能分解成更简单的句子了)。通常用大写英文字母表示。 复合命题(分子命题):由若干个原子命题构成的命题。 结合例 3 内容进行判断
5min	倾听	总结	4. 课程小结 1)说明:如果命题符号 P 代表命题常量则意味它是某个具体命题的符号化,如果 P 代表命题变量则意味着它可指代任何具体命题。如果没有特别指明,通常来说命题符号 P 是命题变量,即可指代任何命题。 2)思考:如何看待我国芯片等领域被卡脖子这一问题?我们应该如何做

五、课程思政的实践思考

1. 思政实践应始终坚持价值性与知识性相统一

继续深挖课程中的思政元素,采用线上线下混合、研究讨论的方式启迪学生思维,通过全方位、多视角、发散性讨论，增加课堂参与度，全面提升学生的学习能力和综合素养。让学生在学习专业知识的同时，深刻理解马克思主义的思想精髓和科学方法论的深刻内涵。

2. 构建协同育人教学团队

在《离散数学》课程思政教学中应充分发挥团队教师的主导作用，挖掘课程的思想政治教育资源，同时要整合各方资源，构建专业教师、企业导师、思政工作者、辅导员共同参与的协同育人团队，开展集体备课、教学研讨、时政要闻学习、人才培养方案编写、实训项目设计、思政元素挖掘与融入技巧探索等课程思政建设活动。

3. 发挥信息与计算科学专业学生践行课程思政育人主体作用

学生是课程思政的直接受众，学生的学习成效是课程思政实效性检验的关键指标。因此，《离散数学》课程思政在实践中不仅要提高教师的教学水平和能力，还要在潜移默化中引导和调动学生的积极性和主动性，将课堂所学在实际行动中予以践行，将课程思政理念落到实处，提升课程思政育人效果。

> 作为教育使者，我教书育人，不求回报；作为老师，我谆谆教导，任劳任怨。在众人聚焦的舞台上，力求以刀尖曼舞者的谨慎、稳重和娴熟，演绎"桃李不言，下自成蹊"的真谛。
>
> ——《离散数学》任课教师　靳旭玲

§ 1.7
管理学

一、课程基本信息

课程名称：管理学

课程性质：必修课

适用专业：工商管理

总学时：48 学时

学分：3 学分

先修课程：经济学

并修课程：社会学

后续课程：组织行为学、管理心理学

二、教学目标

（一）知识能力目标

《管理学》属专业基础课，学生通过本课程学习，提升对管理的全面认识，基本掌握管理的有关概念、基本思想、基本内容、基本原则、基本方法、基本职能以及管理思想的发展过程，为进一步学好专业管理课程奠定坚实基础，加强对中国管理思想及其实践过程的认识和理解，逐步树立管理意识和管理观念。

（二）德育目标

通过课程学习，强化学生的职业道德、工匠精神、社会责任、商业伦理、爱国精神等，树立正确人生观、价值观；培养综合能力强、严守道德底线、德才兼备的优秀人才。

三、课程思政教学设计

（一）课程德育元素与融入设计思路

在《管理学》课程思政建设的具体教学设计中，将社会主义核心价值观、社会责任、商业伦理等德育元素始终贯穿于管理学的理论体系之中。

结合课程特点以及学生成长规律，通过课堂互动环节引入企业社会责任、企业战略规划、企业激励措施等相应的教学案例，通过课堂讨论使学生了解公民责任与企业社会责任之间的异同，强化爱国思想和职业伦理意识。

针对工商管理专业学生的兴趣、困惑和问题，以学生们普遍感兴趣的华为公司作为正面案例，采用正反案例相结合的方式，通过交流研讨、翻转课堂让学生充分认识到依法经营、诚信经营的重要性，牢固树立正确的职业道德。

将理论应用、案例分析、互动参与等教学方式引入课堂，精心设计思政教育内容和挑选相关案例，提升学生对中国特色社会主义理论的认知水平，培养学生的申辩性思维能力。例如，在企业社会责任一章中，通过案例分享、小组讨论的方式，对相关公司的社会责任进行分析，让学生了解社会责任与经营利润、长远发展、企业形象和声誉的正相关性，阐明爱国、民主、公正、法治等社会主义核心价值观对企业的重要意义。

（二）教学环节设计与进度安排

本课程的思政教学环节设计与进度安排见表 1.13。

表 1.13 《管理学》思政教学环节设计与进度

周次	思政教学内容	思政教学环节设计
3	管理道德	结合商业伦理以及全球化时代企业伦理新要求，讲授管理者应具备的管理道德，提升学生商业伦理思维的能力水平；增强其捕捉企业道德现象、开展道德判断和价值思辨的能力；掌握伦理分析与决策工具，增进伦理决策的能力，提高管理道德水平
4	社会责任	结合社会责任的表现形式，讲授管理者应承担的社会责任。通过分析正反典型案例，加深学生对企业社会责任重要意义的认识，确立社会责任与经营利润正相关的管理理念
6	爱国精神	结合企业发展面对的宏观环境、行业环境，分析企业国际化的必要性以及企业国际化可能产生的影响，引入中国制造、中国创造等走出去战略，激发学生的爱国精神
7	战略意识	结合战略计划的重要性，讲授企业战略计划的选择。融入新时代中国特色社会主义建设相关理论与实践，尤其是国家经济战略选择及其指导性意义，培养学生提高战略意识
12	团队合作意识	结合员工发展、员工忠诚度建设对企业可持续发展的重要性，讲授激励理论相关知识。引入国内华为等凝聚力强、企业文化厚重的企业案例，通过课堂研讨、情景模拟等教学方式，加深对企业文化建设、团队建设重要性的理解，培育学生团队合作意识

（三）教学方法

本课程以培养担当民族复兴大任的时代新人为着眼点，将社会主义核心价值观应用于课程教学实践中，通过感染学生、鼓舞学生、引导学生，并逐步转化为学生的情感认同和行为习惯，找到体现社会主义核心价值观要义、适应青年学生心理需要和成长诉求的教育方式，增强学生自主学习能力，提升学生的认知水平和解决管理实践问题的技能，为管理学的教学改革提供新思路。主要的教学方法有：

1. 翻转课堂

通过课前预习、课堂知识传授、知识内化、小组讨论和课后应用等翻转课堂教学环节设计，使学生加深对职业伦理、企业社会责任、企业外部环境等重要性的认识，掌握优秀管理者应具备的品行与素质。

2. 情景模拟

通过模拟情景进行沉浸式体验，突出学生在情景中的角色认知和行为思考，调动学生的学习积极性，让学生带着问题学习，并运用掌握的知识去解决问题。在情景模拟结束之后，学生发表自己的观点，教师根据表现进行点评。

3. 小组讨论

将学生分为若干个小组，每个小组 5 人左右，分组讨论教师提出的问题。要求学生分工合作，围绕各自任务搜集资料，在此基础上每位学生进行发言，由小组代表全面总结。教师根据每位学生的表现和小组任务的整体达成度进行点评。通过该种教学方式激发学生学习的积极性，提高学生理论联系实际、分析解决问题的能力。

4. 启发式教学

教师在教授管理学课程时，采用提问的方式，提升学生的课堂参与度，并根据教学内容，向学生提出延伸性问题，引发学生的思考和探讨，并请学生表达自己的观点。不断丰富学生的想象力，加强学生思维能力锻炼，提升解决问题的能力。

上述教学方法具体应用于以下各个章节：

1. 管理道德章节

引入华为公司、巴斯夫公司、百胜餐饮集团、三星公司的案例，采用课堂讨论的方式让学生分析商业伦理对企业发展的影响，从而增强学生的商业伦理意识，特别是对全球化时代企业伦理压力的感悟，增强其捕捉企业道德现象、开展道德判断和价值辨别的能力，从而掌握伦理分析与决策工具，增进伦理决策的能力，提高管理道德水平。

2. 社会责任章节

引入雏鹰牧业集团、苏宁物流、三鹿集团等公司的案例，采用课堂讨论的方式，让学生认识到社会责任对企业价值的影响，从而强化社会责任意识，积极履行社会责任。

3. 外部环境分析章节

引入阿里巴巴、长虹集团、联想集团等公司的案例，讲授行业环境的"五力模型"，采用课堂讨论的方式，让学生认识到国内外宏观环境、行业环境对企业发展的影响，明确在全球经济一体化的大背景下，企业必须对内外环境有充分的理解、分析和判断，必须遵守国家的法律法规和职业道德，才能获得长远发展。

4. 企业战略选择章节

引入海尔集团、华为集团、健力宝集团等公司的案例，讲授 PEST、SWOT 等理论模型，采用课堂讨论的方式，让学生认识到企业必须明晰自身所处内外部环境，要以习近平新时代中国特色社会主义思想为指导，合理制定企业总体规划、保障体系、战略举措及行动计划，形成完整的战略管理体系，推动企业做大做强，实现可持续发展。

5. 领导理论章节

引入百度集团、格力集团等公司的案例，讲授领导特质理论，领导行为理论，领导情境理论。采用课堂讨论和大作业的方式，让学生认识到领导者自身的特质和领导行为，对组织文化建设、企业核心竞争力构建以及引导、激励和影响员工行为具有的重要意义。

6. 激励理论

引入华为集团、格力集团的案例，讲授马斯洛的"需要层次理论"，赫兹伯格的"双因素理论"，X、Y 理论，亚当斯的"公平理论"，弗鲁姆的"期望理论"，斯金纳的"强化理论"。采用课堂讨论和大作业的方式，让学生认识到员工忠诚度对于企业可持续发展的重要性，要树立以人为中心的现代管理思想，培养团队意识和资源调动能力，开发员工潜能，不断提高工作的绩效和满意度。

（四）教学成效

1. 形成了管理学课程思政的建设体系

从《管理学》课程思政教学建设项目的教学大纲、教案及教学环节设计方面着眼，结合课程教学基本目标任务，合理融入相关思政教育的内容，深化了学生对教学内容的理解。

2. 提升了授课教师开展课程思政的教学能力

通过《管理学》课程思政建设前期探索，加深了教师对课程思政建设理解和认识，对于深化管理学课程思政教学改革、提升管理学理论和思政教育的契合度、推动管理学专业知识与思政教育的结合具有积极意义，为推动专业课思政教育形成由点到线、由线到面的格局，实现思政教育与管理学教学的完美结合，提升学生对管理学理论的理解和运用能力奠定坚实的基础。

四、教学展示

（一）知识点

企业社会责任。

企业除承担法律上和经济上的义务（法律上的义务是指企业要遵守有关法律，经济上的义务是指企业要追求经济利益）外，还应承担对社会有利的长期目标的义务，即企业的社会责任。

（二）德育元素

将社会主义核心价值观中爱国、敬业、诚信、友善融入课程教学中，阐明履行企业社会责任，培育积极向上的企业文化，引导员工树立崇高的价值追求对企业发展的重要意义，让学生树立企业社会责任与经营利润正相关性的管理理念。

（三）教学方法

本知识点的教学采取研讨互动式翻转课堂的方法进行，通过课前阅读雏鹰牧业集团相关资料、课堂知识传授、课中讨论知识内化和课后应用拓展等翻转式教学环节设计，增强学生自主学习的能力，着力提升学生解决管理实践问题的技能，让学生认识到社会责任对企业价值的影响，从而强化社会责任意识，积极履行社会责任。

（四）教学过程

"企业社会责任"知识点教学过程简表见表1.14。

表1.14　"企业社会责任"知识点教学过程简表

时间安排	学生活动设计	教学过程	教师活动设计
5min	学生倾听、思考，并在学习通平台完成基础理论的学习及启发思考	教学导入	1. 向学生提出问题并引导学生思考 1）你认为现代组织——企业之所以存在的意义是什么？ 现代组织之所以存在，就是为了向社会提供某种特定的产品（服务）。 2）作为社会的一份子，企业需要思考有关社会责任的决策吗？ 如何把企业成功和社会责任结合起来，平衡好追求利润与社会责任之间的关系，是每一家企业成长过程中不能回避的问题。 3）如果你是企业的一名管理人员，如何考虑该企业能承担的社会责任的限度？ 管理人员必须系统思考企业的成就能力，以决定企业能承担社会责任的限度。一个企业"做好事"，首先必须"做得好"。在承担社会责任前，管理层最好仔细考虑一下，哪些社会责任适合自己企业的能力，是不是有的社会责任承担可以用具体的目标和可以衡量的成绩来予以实现？如果答案是肯定的，那就可以认真地承担起社会责任。 通过循序渐进的问题设置，使学生熟悉和了解社会责任问题已引起人们的普遍关注。管理者在管理实践中经常会碰到与社会责任有关的决策
10min	学生倾听、思考，并在学习通平台完成基础理论的学习及启发思考	知识点讲授	2. 社会责任成为关注焦点的原因 讲解社会责任的不同观点的时候，使学生认识到虽然我国企业社会责任建设取得了一定进展，但一些企业在生产经营过程中往往会为追求股东利益最大化而滥用权利，忽视企业社会责任建设、轻视劳工权益、严重破坏生态环境等问题，从而损害非股东利害关系人及社会的利益，造成一系列的社会、环境问题。这与当前倡导的社会主义核心价值观严重背离，社会主义核心价值观的融入与认同是中国企业社会责任建设的当务之急，以践行社会主义核心价值观为起点，从价值观决定行为的思路是加强中国国情的企业社会责任建设的关键。 思考：关于企业社会责任的不同观点，你倾向于哪个？说明原因

续表

时间安排	学生活动设计	教学过程	教师活动设计
10min	学生倾听、思考，并在学习通平台完成基础理论的学习及启发思考	知识点讲授	3. 关于社会责任的不同观点 案例教学与讨论分组任务：三鹿集团事件。 三鹿集团事件反映了企业发展中企业社会责任的重要性。 4. 企业承担社会责任具体体现 将社会主义核心价值观之爱国、敬业、诚信、友善融入企业社会责任的具体体现里，如企业对环境的责任、对竞争对手的责任、对员工的责任、对投资者的责任、对顾客的责任、对所在社区的责任等
15min	学生根据老师布置的案例任务开展小组讨论	案例教学	5. 企业社会责任与经营业绩的关系 案例教学与讨论分组任务：雏鹰牧业集团、苏宁物流等公司的案例。 讨论：社会责任与经营业绩的关系？ 坚持将社会主义核心价值观中爱国、敬业、诚信、友善融入企业社会责任的具体体现里面，可以改善企业形象，吸引更多人才，筹集更多的资金，使经营业绩上升，足以弥补企业当初额外支付的成本。培养学生认识社会责任对企业发展的重要意义，确立社会责任与经营利润的关系是正相关的管理理念

（五）课堂延伸

1. 拓展资料学习

通过学习通平台发布拓展学习资料，引导学生课后阅读《海尔·商道》《走进晋商》，撰写读后感，进一步延伸课堂学习。

2. 读书点评

拓展学生的认知，提升理论和实践结合。

3. 研讨交流

布置大作业，要求学生阅读国内外各大企业承担社会责任的资料，结合所学理论和课堂讨论，选择两个企业社会责任的典型案例，提交学习心得，巩固相关知识点。引导学生通过正反两方面的讨论，理解关于社会责任的不同观点，明确企业承担社会责任具体体现的方面，深层次理解企业社会责任与经营业绩的关系。

五、课程思政的实践思考

《管理学》课程思政建设项目必须关注教学方法和教学材料的相得益彰。

首先，在教学方法上，应注重将管理学理论教学与课程思政教学结合起来，结合学生兴趣建立学习小组，构建交互式兴趣激发与强化系统。要使学生自发参与到教学之中，就需要以培养学生的学习兴趣为中心，因此本项目从教学内容安排、教学案例与习题的选择设计等环节出发，注重实景嵌入性，强化学习任务的渐进性、挑战性，鼓励学生从简单的知识获得到对新知识的理解、掌握和运用，在学习小组成员之间的相互交流和启发中，让学生享受获得知识的成就感，在潜移默化中实现价值观引导、职业道德和社会责任等人格培育内容。

其次，管理学教学是科学性和艺术性的统一，即规律性和灵活性的统一。我们既要遵循教育的法则，又要结合学生特点和需求与时俱进，把教学方式与学生变量紧密联系起来，寻求最合适的教学方法。《管理学》课程目前的授课对象是大一新生，课程教学要根据大一新生的知识经验背景而展开。教师要帮助学生对当前学习内容所反映的事物性质、规律以及该事物与其他事物之间的内在联系达到较深刻的理解，帮助学生构建起管理学的整体框架，厘清条块，掌握重点，化繁为简，这是教学过程的最终目标。因此，坚持"紧跟时代、思政引领、夯实基础、提升水平"的总体思路，以培养未来的思想政治过硬的卓越企业管理者为目标，在案例选择方面，选择能代表新时代中国特色社会主义建设的案例，从正反两方面选择与管理道德相关的经典案例进行教学。通过案例分析，引导学生向卓越企业、杰出管理者学习，树立合法诚信经营理念和社会责任意识，在追求经济效益的同时积极为国家和社会做贡献。

> 首先要有"立德树人"的使命感和责任感。作为一名教师，要努力做到"学为人师，行为示范"，加强自身建设，胸怀坦荡、言行一致，具有高尚的道德情操和健康的人格，做到立德树人、教书育人，担当起教书育人的重任。其次需要提升自己的本领，要注重对新时代新知识的汲取和积累，追踪学科研究的前沿成果，不断发现新知识，还要努力获取其他学科的相关知识。"深入"方可"浅出"，"厚积"才会"薄发"。加强教学的艺术性，不断激发学生对学习的兴趣，力求取得理想的教学效果。
>
> ——《管理学》任课教师　张有峰、张丽

§ 1.8 计算思维导论

一、课程基本信息

课程名称：计算思维导论

课程性质：必修课

适用专业：非计算机专业

总学时：课内 32 学时，课外 32 学时

学分：1.5 学分

先修课程：无

后续课程：C 语言程序设计基础

二、教学目标

（一）知识能力目标

课程目的是运用计算机科学的基础知识进行问题求解、系统设计并让计算机理解人类行为。通过学习，获得计算机的硬件和软件等基本知识，掌握计算机网络技术和数据库技术，初步掌握逻辑推理方法、计算思维求解问题方法以及数据挖掘技术和大数据分析方法。培养学生像拥有阅读、写作和算术等基本技能一样，拥有计算思维技能，并能自觉地应用于日常的学习、研究和工作中；同时能促进计算思维与各专业的工程思维、数学思维和逻辑思维交叉融合形成复合型思维，为今后设计、构造和应用各种计算系统求解学科问题奠定思维基础。

（二）德育目标

本课程以习近平新时代中国特色社会主义思想为统领，遵循立德树人为本、知识为经、思政为纬、素质提升为关键、项目实施为驱动的思政建设方向，提高学生的思想道德修养，培育家国情怀，加强对工匠精神的理解认知，树立专业学习自信心，强化科技强国的使命担当。

三、课程思政教学设计

（一）课程德育元素与融入设计思路

1. 思政元素融入方法——思政层次渐进法

本课程思政层次渐进法简图如图 1.48 所示。

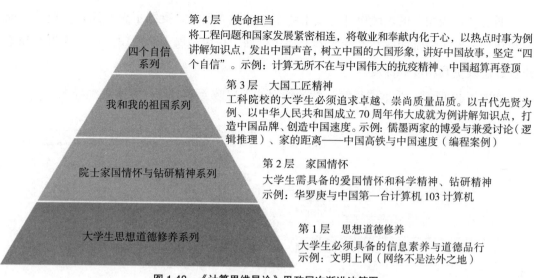

图 1.48 《计算思维导论》思政层次渐进法简图

1）第一层为"大学生思想道德修养"系列,帮助学生理解计算机领域相关政策,了解计算机领域中的约定俗成,例如代码规范、文明上网等。

2）第二层为"院士的家国情怀和钻研精神"系列,以计算机领域的院士、科学家为例,让楷模成为学生的榜样,伴随他们成长,如在课程中融入华罗庚与中国第一台计算机 103 机的故事。

3）第三层为"我和我的祖国"系列,以中华人民共和国成立 70 周年伟大成就为例讲解知识点,引导学生感受中国制造和中国速度,体会大国工匠精神,如列举"家的距离——中国高铁提速"的编程案例。

4）第四层为"四个自信"系列,将工程问题和国家发展紧密相连,以热点时事为例讲解知识点,讲好中国故事,坚定"四个自信",强化学生学好知识,成就中华民族伟大复兴"中国梦"的使命担当,如列举"计算无所不在与伟大的抗疫精神"案例。

2. 思政元素融入模式——点线面设计与线上线下思政相结合

首先,结合知识点内容,深挖知识点内涵,将相关知识点串成一条线,进而将知识线辐射到一个知识面,即从一个知识点的思政,延伸到一条知识线的思政,再辐射到一个知识面的思政,例如,以"CPU 性能指标——我国纳米之路"为"点",到"计算机发展史——从 1957 年第一台计算机到超算排名"为"线",再到"超算能做什么——国家发展之重器"为"面"。

其次,设计融入模式,将课程思政设计为线上思政和线下思政两种,其中,线上思政多为案例背景素材,知识点解析等,设计为学生自主学习;线下思政为课堂学习与讨论,多为典型案例融入思政后的思维训练或编程训练。

通过"点线面"的思政设计与线上线下思政融入模式，凝练了思政元素，提升了思政视角，激发了教师团队在教学策略上守正创新，让思政融入具有层次性、连贯性和系统性，思政更具精度和深度。

如图 1.49 所示，为本课程第一章的线上线下思政元素与设计方案思维导图。

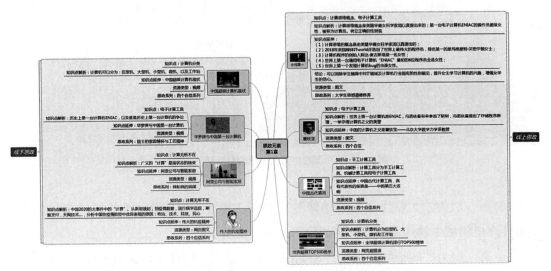

图 1.49　本课程第一章线上线下思政元素与设计方案思维导图

3. 思政元素融入评价方法——"德能并重"的多元评价体系

首先通过教学活动的展开，帮助学生能够将知识与思政建立深层次关联，建立知识思政；然后要求学生能够对复杂问题进行基于思政的分解，主动将思政碎片糅合到问题分析中，形成思政融入的整体合力，建立能力思政；最后将思政与家、国结合，建立人生思政，体会"实现个人梦想，离不开国家的发展和进步"理念，进而实现高校为党育人、为国育才的使命。

在评价内容上，不仅考核学生对课程知识和计算机技能的掌握程度、学生对知识的应用能力与信息素养，还要考核学生的道德思想品德。在评价标准上，过程性考核、表现性考核和总结性考核并重。在评价模式上，兼顾量与质。在评价主体上，引入教师评价、学生自评、学生互评以及小组之间互评等方式，充分体现以学生为中心。本课程"德能并重"多元评价体系简表如表 1.15 所示。

表 1.15　《计算思维导论》课程"德能并重"多元评价体系简表

成绩组成		考核评价环节		比例	考核 / 评价细则
平时成绩 50%	过程性考核	平台表现	课程视频（含思政视频）	20%	课程网站设置任务点的视频

续表

成绩组成			考核评价环节	比例	考核/评价细则
平时成绩 50%	过程性考核	平台表现	章节测验（含思政案例分析）	10%	课程网站上每一章的单元测验
			章节学习次数	5%	线上学习行为表现
			讨论（含思政讨论）	5%	每个知识点内嵌的主题讨论
		课堂表现	签到	5%	课堂教学出勤率
			课堂互动（含思政讨论、问卷）	10%	课堂教学过程的各种交流互动（投票、选人、抢答、评分、随堂练习、问卷）
		单元考试	测验（含思政案例分析、思政推理、思政编程）	15%	第1次 计算基础模块 第2次 信息获取模块（期中考试） 第3次 思维训练模块
	表现性考核	综合表现	平时上机作业（含思政习题）	20%	每个知识点内嵌的巩固练习、课后作业、上机实验、PBL个人项目
			PBL分组任务（含思政思维导图）	10%	根据小组项目设计报告、小组成员互评、综合评价学生的各项能力
		思政表现	思政表现	奖励积分	课堂讨论、实验、课后作业中的突出表现，此项不占比例，每次2个课堂积分，根据学生表现累加
期末成绩 50%	总结性考核（期末考试）		期末考试卷面成绩（含思政案例分析、思政推理、思政编程）	100%	根据课程教学目标和学时安排，主要考核基础知识和思维训练综合题

（二）教学环节设计与进度安排

本课程的思政教学环节设计与进度安排见表1.16。

表1.16 《计算思维导论》思政教学环节设计与进度安排表

周次	思政教学内容	思政教学环节设计
1	图1.48所示课程德育系列1~4	第一章绪论，讲述计算与计算思维，从微信支付引出计算无所不在，从"健康宝"扫码到科学防疫手段，从而引出中国伟大的抗疫精神。鼓励学生坚定"四个自信"，体会个人发展和祖国发展息息相关，鼓励学生为中华民族伟大复兴而读书
2	图1.48所示课程德育系列4	第二章计算基础，第一次课，讲述"进制转换"这一知识点时，从"半斤八两"成语引出16进制概念，从伏羲八卦图引出二进制概念，以"老鼠吃药"案例引入，阐释新冠病毒混检中二进制原理的应用
3	图1.48所示课程德育系列2、3	第二章计算基础，第二次课，讲述"汉字编码"这一知识点时，从四大发明印刷到铅字印刷，引出北京大学两院院士王选与汉字激光照排技术，并实操Windows附件/系统工具中的专用字符编辑程序，讲解文字识别技术，以及人脸识别技术，畅谈中国人脸识别技术的现状和未来
4	图1.48所示课程德育系列3、4	第三章计算平台，讲解"计算机硬件与软件基础知识与计算机工作原理"；软件方面，讲解"操作系统功能"时，引出阿里国产操作系统发展现状；硬件方面，讲解CPU，引出芯片制作过程，深入讨论华为事件带给我们的启示

续表

周次	思政教学内容	思政教学环节设计
5	图 1.48 所示课程德育系列 1~4	第四章计算机网络技术，介绍计算机网络的发展，观看《中国网事 20 年》视频，畅谈中国互联网发展；讲解通信技术，从 5G 技术到中美贸易战，畅谈如何突破卡脖子技术；讲解网络安全，重点谈棱镜门事件、谷歌退出中国事件，以及公安部的净网行动，最后深入探讨文明上网行为规范
6	图 1.48 所示课程德育系列 1~4	第五章数据库技术，讲"数据库设计步骤"，以及"两个模型"，即概念模型和数据模型时，以华裔科学家陈品山为例，激发学生爱国主义情怀和科学精神。讲解"规范化设计数据库"时，首先讲解范式的概念，构造数据库必须遵循一定的规则，即范式，讲解关系数据库的六种范式包括第一范式（1NF）、第二范式（2NF）、第三范式（3NF）、Boyce-Codd 范式（BCNF）、第四范式（4NF）和第五范式（5NF），引导学生深刻理解"没有规矩，不成方圆"的含义，注重良好习惯的养成。讲解"完整性约束"时，引入思政元素"祖国必须统一，也必然统一"，探讨当代青年的使命担当
7	图 1.48 所示课程德育系列 1~4	第六章逻辑思维与逻辑推理，观看《百家讲坛》栏目易中天教授的讲座视频《博爱和兼爱》，领悟古代先贤的智慧与逻辑；讲解"命题符号化和用真值表进行逻辑推理步骤"时，采用案例教学法，案例背景是美国前国务卿鲍威尔在联合国安理会上的"洗衣粉"事件，案例题目如下：A、B、C、D 四个国家在联合国大会上辩论，调查后得到如下结论。 结论 1：A 没有说谎。 结论 2：如果 C 说谎，那么 B 就一定也说谎。 结论 3：如果 C 没有说谎，那么 D 就是说谎者。 结论 4：或者 A 是说谎者，或者 B 不是说谎者。 若以上结论全部正确，且只有一个国家说谎，问 A、B、C、D 哪个国家说谎?要求学生用真值表进行逻辑推理
8	图 1.48 所示课程德育系列 3、4	第七章问题求解，第一次课，讲述"算法和算法描述""程序设计方法"。这一章主要内容为 Raptor 编程，将包含课程思政元素的案例融入习题中，例如神舟飞船、思政图形绘制、中国高铁提速、中国制造 2025，通过这些案例习题的演练，引导学生感受中华人民共和国成立 70 周年以来取得的伟大成就，进一步坚定"四个自信"
9	图 1.48 所示课程德育系列 3、4	第七章问题求解，第二次课，讲述"经典计算机算法"之枚举算法、递归算法、递推算法、迭代算法，主要结合习题案例，如吹沙填海、中欧班列、亚丁湾撤侨、中国 GDP 快速增长等，引导学生感受中华人民共和国成立 70 周年以来取得的伟大成就，进一步坚定"四个自信"
10	图 1.48 所示课程德育系列 3、4	第七章问题求解，第三次课，继续讲述"计算机经典算法"之分治算法、贪心算法、动态规划、回溯算法，主要结合习题案例，如红梅赞、东方红一号、东风快递、中国维和部队等，引导学生感受中华人民共和国成立 70 周年以来取得的伟大成就，进一步坚定"四个自信"
11	图 1.48 所示课程德育系列 3、4	第八章数据挖掘基础，第一次课，讲述"数据质量分析""数据特征分析""数据预处理"等知识，案例多为计算题，结合嫦娥五号、西部大开发、人均 GDP、援鄂天使团、奥运选手选派等思政案例，引导学生感受中华人民共和国成立 70 周年以来取得的伟大成就，进一步坚定"四个自信"
12	图 1.48 所示课程德育系列 3、4	第八章数据挖掘基础，第二次课，讲述"数据挖掘技术"之预测、分类、聚类和关联规则等知识，案例多为计算题，结合新冠疫情分区、家电下乡、人均 GDP、港版国安法、垃圾分类等思政案例，引导学生感受中华人民共和国成立 70 周年以来取得的伟大成就，进一步坚定"四个自信"

（三）教学方法

通过课程思政教学，将计算机知识、方法技能的传授与价值引领、信息素养培育结合起来，在明确课程教学大纲、细化授课内容的基础上，采用思政层次渐进法、点线面思政与线上线下思政相结合以及"德能并重"的评价方法，通过短视频、图文教学等多种形式，使学生在学习计算机技能、培养信息素养的同时，直观感受思政教育，帮助他们树立正确的人生观、世界观和价值观；强化社会使命感，深刻体会国家发展与个人命运密切相关，鼓励他们为中华民族伟大复兴而读书。

（四）教学成效

将思政培养目标落实到课程教学目标，并细化至课程教学大纲、课程教学方案中，充分结合知识点，挖掘思政资源、拓展教学内容，通过课程思政，学生端正了学习态度，提高了学习积极性，增强了使命感、自豪感。

四、教学展示

（一）知识点

计算与计算思维。该知识点隶属于第一章计算思维概述，该知识点为两个部分，一个是广义的计算；另一个是计算思维。

（二）德育元素

1. 生活中的计算有哪些？——系列4："四个自信"。

2. 智能机器人——系列3：工匠精神。

3. 树立正确的性别观——系列1：大学生思想道德修养。

4. 生活中的计算思维——系列2：家国情怀与科学精神。

（三）教学方法

该知识点的讲解采用 BOPPPS 教学模式。

1. 课前

发放预习通知，布置预习任务；发放调查问卷和投票活动；收集学生反馈，进行学情分析。

2. 课中

1）引入（B）

生活中都有哪些计算？

2）明确学习目标（O）

通过学习，能识记和阐述普适计算概念，能举例说明计算无所不在思想，阐述和区分计算无所不在的五个 Any 含义。

通过学习，能识记和阐述计算思维的概念，能举例说明计算思维的本质。

3）前测（P）

发布活动，观察学生预习情况完成前测。

4）参与式学习（P）

讲解知识点的过程中，通过案例展开参与式学习。

讲解普适计算概念，组织讨论现实生活中的计算有哪些？

首先，列举微信支付，讲解普适计算概念；其次，引入思政元素，讲解新冠疫情中的科学防疫手段，对比西方的反智行为；再次，鼓励学生坚定"四个自信"，讨论伟大的抗疫精神，体会自身发展和祖国发展息息相关，鼓励学生为中华民族伟大复兴而读书；最后，观看阿里智能家居视频，感受人工智能带来的便捷，体会计算无所不在思想，感受中华人民共和国成立70周年伟大成就。

案例导入，讲解计算思维概念，组织学生讨论计算思维和数学思维的区别是什么？如何用计算思维求解专业问题？

首先，通过从我校到天安门旅游案例，分析用到了哪些计算思维方法，同时树立爱国情怀和钻研精神。其次，讲解计算思维概念，介绍美籍华裔女科学家周以真，并引入思政元素，树立正确的性别观。再次，通过猜年龄问题，分析计算思维和数学思维的异同点。从次，通过案例七桥问题和取咖啡问题，理解计算思维本质。又次，通过阶乘问题，理解思维的多样性和算法设计的重要性。最后，讨论如何用计算思维求解专业问题？计算思维和我的专业联系。

5）后测（P）

观察学生讨论情况，通过课堂互动进行后测。

6）总结（S）

总结该知识点内容。

（四）教学过程

"计算与计算思维"知识点教学过程简表见表1.17。

■ 表1.17 "计算与计算思维"知识点教学过程简表

时间安排	学生活动设计	教学过程	教师活动设计
2min	课堂互动	热身	1. 课前导读 检查预习情况，展示网页模块，介绍教学方法、学习方法与考核方法。 课堂互动1：问卷"你是否清楚课程的考核方法？"
5min	听讲、参与讨论	提出问题、头脑风暴	2. 案例导入 生活中的计算有哪些？ 计算无所不在

续表

时间安排	学生活动设计	教学过程	教师活动设计
5min	听讲、参与讨论	提出问题、头脑风暴	什么是计算？ 狭义计算和广义计算。 普适计算与"五个 Any"，即 access any body, any thing, at any time, via any device, via any where. 任何人在任何时间、地点，可以通过任何设备访问任何事务。 3. 主题讨论 思政元素 1：从计算无所不在，到中西方文化对比，到伟大抗疫精神，"四个自信"。 图 1.50 伟大的抗疫精神 生活中的计算如口算（狭义计算）、微信支付（广义计算）。尤其是本次新冠疫情中国采用了很多科学防疫手段，如"健康宝"扫码、行程码跟踪等。对比西方防疫中的反智行为，最后总结伟大的抗疫精神，如图 1.50 所示，从而引导学生坚定"四个自信"，建立民族自豪感和当代青年使命感
10min	听讲 课堂互动	广义计算应用	4. 视频教学 思政元素 2：阿里公司智能家居视频。 观看阿里智能家居视频，如图 1.51 所示，体会计算无所不在的思想，感受人工智能带给我们生活的便捷，感受中华人民共和国成立 70 周年伟大成就，树立大国工匠精神。 图 1.51 阿里智能家居视频 课堂互动 2： 随堂练习：计算无所不在是指从长远的观点看，计算机会消失，这是指什么
5min	听讲 思维训练	案例带入思维训练	5. 计算思维典型案例 思政元素 3：从学校到天安门的路线。 从学校前往天安门参观，如何设计规划路线，在这一过程中用到了哪些计算思维方法？如图 1.52 所示。 路径检索：自动化。 路径推荐：算法模型。 路径选择：决策分析。 路径调整：最优化。 路径的归纳整理：抽象。 阅读教材：生活中还有哪些计算思维

续表

时间安排	学生活动设计	教学过程	教师活动设计
5min	听讲 思维训练	案例带入 思维训练	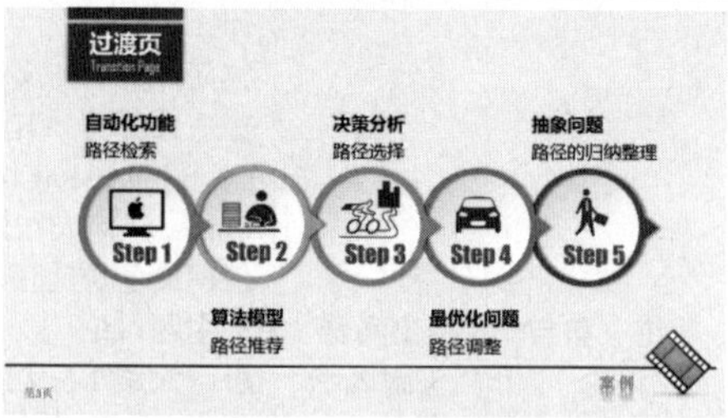 图1.52 计算思维方法
20min	听讲 课堂互动 主题讨论 思维训练	思维训练	6.计算思维概述 1）什么是计算思维 思政元素4：树立正确的性别观。 美籍华裔女科学家周以真教授提出计算思维概念；第一台计算机ENIAC的操作员都是女性，被称为计算员……通过诸多女性案例，消除学生对IT领域固有的性别偏见，提升女生学计算机的兴趣，增强女生的信心。 2）计算思维问题求解方法 猜年龄问题：某个数学家遇见多年未见的朋友。朋友说"我的三个孩子都是今天的生日，你能算出他们的年龄吗？他们三个的年龄之积是36，年龄之和是那栋房子的窗户数。"数学家看过房子说"我还需要一点信息。"朋友说"我大儿子的眼睛是蓝色的。"数学家说"好的，我算出来了。" 分析计算思维和数学思维求解问题的异同点，举例说明解决这些问题的方法。 课堂互动3：主题讨论，计算思维与数学思维异同点？计算思维和专业关系？ 3）计算思维本质 4）三个典型案例 A.七桥问题（抽象），如图1.53所示。 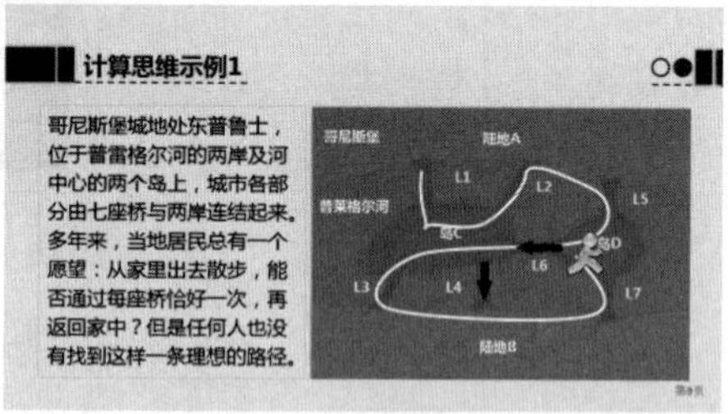 图1.53 七桥问题 讲解抽象的概念与欧拉定理，探讨如何构建数学模型，如何用计算思维求解问题； B.取咖啡问题（自动），如图1.54所示。 讲解自动的概念与最优化问题，探讨如何高效设计算法，培养工程思维。 C.阶乘问题（思维多样性） 讲解思维的多样性，探讨算法效率评价方法。 课堂互动4：主题讨论，如何才能高效地取咖啡？ 5）计算思维的特征 课堂互动5：抢答，计算思维的本质是什么

续表

时间安排	学生活动设计	教学过程	教师活动设计
20min	听讲 课堂互动 主题讨论 思维训练	思维训练	图 1.54 取咖啡问题
3min	听讲	总结	知识点总结

（五）课堂延伸

依托超星课程网站开展线上思政，一方面发布慕课视频、图文教程，学生可自行观看；另一方面开展线上巩固练习、主题讨论等，延伸知识点，强化思政育人。

进行案例实践，安排学生观看周以真在 2012 亚洲教育峰会上的讲座视频，要求学生独立完成超星课程网站上的课后作业和上机实验。

五、课程思政的实践思考

百年大计，教育为本。课程思政要坚持"八个相统一"，即课程思政要坚持政治性和学理性相统一、价值性和知识性相统一、建设性和批判性相统一、理论性和实践性相统一、统一性和多样性相统一、主导性和主体性相统一、灌输性和启发性相统一、显性教育和隐性教育相统一。

《计算思维导论》课程是面向非计算机专业大一学生的计算机公共课。课程以价值引领、学科渗透、专业融入和思维拓展为教学目的，培养具有强学科认知、高创新能力、厚复合思维、大爱国情怀的高质量人才。通过课程思政的改革探索，丰富认识课程的内涵，构建课程思政的内容模块，改革教学实施路径，改善教学效果，提高人才培养质量。

> 大学阶段是人生发展的重要时期，是世界观、人生观、价值观形成的关键时期，作为新时代的教师，应担当起时代赋予的责任，做好学生人生的引路人。
>
> ——《计算思维导论》任课教师 吕橙

§ 1.9
建筑英语翻译

一、课程基本信息

课程名称：建筑英语翻译

课程性质：必修课

适用专业：建筑类相关专业

总学时：32 学时

学分：2 学分

先修课程：大学英语

二、教学目标

（一）知识能力目标

通过本课程学习，使学生全面、系统掌握英汉翻译理论及基础知识；深入了解学习中西方语言及非语言层面的差异；熟练运用英汉翻译技巧，初步达到准确翻译建筑类文本、术语的应用水平。

（二）德育目标

通过课程讲授、翻译实训等教学活动，实施隐性思政教育，引导学生践行工匠精神，重视并弘扬中国优秀文化，增强文化自信和民族自豪感。

三、课程思政教学设计

（一）课程德育元素与融入设计思路

在课程讲授过程中，结合翻译理论知识学习、中西方对比学习及翻译技巧实训等不同环节的教学特点，梳理、凝练本课程的思政教育元素，融入在课前导学 – 课中研学 – 课后展学的各个环节，让学生在课前带着问题学，在课堂上对比分析学，在课后延伸拓展巩固学，将思政教育与知识能力培养统一起来，实现德育目标。总体教学流程设计，如图 1.55 所示。

1. 在翻译理论及基础知识教学环节，以介绍典型中西方著名翻译家严复、鲁迅、钱

课前	课上	课后
精选典型凸显中国建筑文化特色的文本材料	对比中西方文化差异，重点介绍中华优秀文化，引领学生建立文化自信	拓展学习中国优秀建筑的特色及其所蕴含的文化内涵，强化学生民族自豪感

图 1.55　《建筑英语翻译》课程思政教学流程设计示意图

钟书和尤金·奈达等人的生平、作品及翻译理论作为导入，探讨中外翻译家在完成翻译作品过程中体现出的孜孜不倦、精益求精、追求完美的工匠精神。

2. 在中西方语言及非语言层面对比教学环节，引入中西方思维、文化、习俗、历史、社会心理、审美等方面差异的主题讨论，引导学生挖掘、感受中华民族文化之美，以批判性的视角赏析中西方不同文化，引导学生弘扬中国优秀传统文化，增强文化自信。

3. 在英汉翻译技巧及建筑文本翻译实训教学环节，在反复修改、完成翻译文本材料的过程中，强化精益求精的工匠精神；在对中国优秀建筑文本翻译材料分析的过程中，引导学生深入发掘中国建筑的文化内涵，珍爱、传承、弘扬中国优秀文化。

（二）教学环节设计与进度安排

本课程的思政教学环节设计与进度安排见表 1.18。

表 1.18　《建筑英语翻译》思政教学环节设计与进度安排表

周次	思政教学内容	思政教学环节设计
1、2	工匠精神	在翻译理论及基础知识部分，教师以简要介绍翻译理论及中西方著名翻译家作为导入，启发学生探讨中外翻译家在完成翻译作品中体现的工匠精神
3、4	工匠精神	学生以小组为单位完成教师推荐或自选的翻译家或翻译理论的英文介绍任务，进行时长不超过 5min 的课堂 PPT 展示。展示完毕，教师进行补充和点评，学生深入讨论。要求学生课后围绕翻译家践行工匠精神提交一份心得报告
5~7	文化自信	教师讲解中西方思维、文化、习俗、历史、社会心理、审美等方面的差异及对翻译实践的影响，通过课堂讨论，完成上述各方面逐一深度比较，精选中国优秀传统文化的例子穿插在讨论环节中，引导学生不仅了解西方文化，更要重视并弘扬中国优秀传统文化。课后拓展布置学生查找更多中西方差异的例子，让学生通过自主查找资料及翻译练习，深入比较中西方文化差异，巩固翻译知识学习效果，强化中西方历史文化学习主动意识，树立文化自信，增强民族自豪感

续表

周次	思政教学内容	思政教学环节设计
8	文化自信	就前期教师布置的任务，学生按照中西方思维、文化、习俗、历史、社会心理、审美等方面划分不同主题及小组，各组以 PPT、表演等形式展示本小组相关主题研究成果；围绕各自主题讨论、总结中西方差异；教师进行点评及总结。 通过学生活动展示，让学生在活动中进一步体验、学习、重视中西方文化差异，增强文化自信
9~11	民族自豪感	在翻译技巧的讲解部分，选取并翻译富含中国建筑文化特色的案例材料，引导学生发现中国建筑中凝结的民族智慧、古代伦理道德、思维观念及文化特征，增强民族自豪感。在课后拓展环节，通过观看故宫、颐和园、苏州园林等中国古建视频资料；查找国家体育场、国家游泳中心等优秀现代建筑的英文介绍资料，将建筑文化知识融入课程教学，增强学生民族自豪感
12~16	爱国情怀、践行工匠精神	点评拓展翻译作业，展示范本译作，讨论、修正翻译作。通过大量中国古今特色建筑的翻译实践，强化学生对中国优秀传统文化的认知，激发学生爱国情怀，努力践行工匠精神

（三）教学方法

本课程采用讲授与学生实训相结合的方式，将思政元素与学生实训有机地结合在一起，针对不同的教学环节综合运用启发式、讨论式、体验式、翻转课堂、线上线下混合式教学等多种教学方法，使学生在本课程中不仅学习英语翻译知识、技巧，而且在潜移默化中接受了隐性思政教育。具体如下：

1. 在翻译理论及基础知识教学环节，主要采用启发式、讨论式教学方法。以介绍典型中西方著名翻译家作为案例讨论，探讨中外翻译家在完成翻译作品中体现的工匠精神。

2. 在中西方语言及非语言层面对比教学环节，教师主要采用翻转课堂、体验式的教学方法，让学生自主选择中西方对比主题，分小组研讨并完成课堂主题展示，在活动过程中体验、感受中西文化差异。

3. 在英汉翻译技巧及建筑文本翻译训练教学环节，主要采用云平台课前发布翻译初译材料，课后提交修正后的文本材料，并利用云平台上传拓展学习的视频及文本资源，实现线上线下混合教学。

（四）教学成效

学生从最初的认为英语课仅仅是学习英语语言，只重视英语"听、说、读、写、译"这五项基本技能，逐步认识到了解中西方文化的重要性。通过开展英语课隐性思政教育，使学生重视对中华民族优秀文化的学习、传承和弘扬，提高文化自信，增强民族自豪感，实现了英语课程思政教育的教学目标。

作为建筑类高校本课程不仅提高了学生的建筑文本翻译水平，做到专业翻译精准，也提高了学生建筑文化知识及人文素养，有助于培养学生成为社会需要的复合型人才。

四、教学展示

（一）知识点

翻译技巧——定语从句的翻译。

（二）德育元素

通过对比与本节课定语从句的翻译技巧相联系的中西方思维方式差异，再次重申英汉语翻译中，学习、积累中西方非语言层面文化背景知识的重要性；通过强调中国悟性思维、整体性思维对语言的重大影响，引导学生深入了解中国传统文化，帮助学生建立文化自信，增强民族自豪感，激发学生爱国情怀，促其努力学习，刻苦奋斗，为实现中华民族的伟大复兴而奋发图强。

（三）教学方法

课前通过"雨课堂"平台布置本次课前试译材料；课堂上教师采取启发式的教学方法，组织学生讨论回答中西方思维方式差异及对定语从句翻译语序处理的影响；通过翻译故宫、天坛、埃菲尔铁塔等建筑文本材料，以及课后拓展中国典型建筑的英文资料学习，引导学生独立思考、挖掘、体验中国传统建筑所蕴含的文化特点；学生分小组讨论修正翻译作品，实现启发式、讨论式、体验式及线上线下混合式的多种教学方法的综合运用。

（四）教学过程

"翻译技巧——定语从句的翻译"知识点教学过程简表，具体如表 1.19 所示。

表 1.19　知识点教学过程简表

时间安排	学生活动设计	教学过程	教师活动设计
课前一周	学生结合前期所学翻译技巧及中西文化背景知识进行教师布置的文本材料初译，在线提交初译作业	课前预习：课前布置学生完成含有思政元素的试译材料	1. 课前试译 课前选取中国传统建筑天坛和故宫的文本材料作为学生课前试译材料，让其提前思考定语从句的翻译方法。 1) 英译汉试译材料 The committee came to the conclusion that firstly, the Temple of Heaven is a masterpiece of architecture and landscape design which simply and graphically illustrates a cosmogony of great importance for the evolution of one of the world's great civilizations. 2) 汉译英试译材料 均衡对称常常给人一种严肃庄重的感觉，增加崇高的美感。故宫作为一个完整的建筑群非常均衡对称，其中每座建筑物都是在一条由南到北的中轴线上展开，整个建筑群的中心是高大的太和殿，以此为中心由南向北伸展。 思政元素融入：结合课前试译，选取典型凸显中国建筑文化的文本材料

时间安排	学生活动设计	教学过程	教师活动设计
5min	学生思考、讨论、回答老师的提问	课堂复习导入：对比与本节课相关的中西方文化、思维方式的差异，结合学生的回答，教师给出和本节课知识相关联的具体例子，总结英汉思维在语言方面所体现出的不同，引出本节课的教学内容	2. 课堂复习导入 对比与本节课相关的中西方文化、思维方式的差异。 提问：中西方的思维方式有哪些差异？举出例子。 讲解：结合学生的回答，教师给出和本节课知识相关联的具体例子，总结英汉思维在语言方面所体现出的不同，引出本节课的教学内容。 1）汉语语言为竹式结构，呈左端开放，是中国人悟性思维的体现；英语为树式结构，以简单句基本结构为主干，通过词、短语、从句为枝杈进行扩充。 汉语： 一朵花；一朵玫瑰花；一朵红玫瑰花；一朵戴在姑娘胸前的红玫瑰花；小女孩儿想要一朵戴在姑娘胸前的红玫瑰花。 英语： A boy bought a book yesterday. A naughty boy bought a cartoon book yesterday. The naughty boy who is my classmate's Brother bought the cartoon book which is published newly when I met him yesterday. 2）汉语的语序体现整体思维；英语的语序体现分析性思维。整体思维常从全局出发，从整体到部分，分析思维则注重个体的独立性，表现在语言上是不求全面周到，但重视结构上的严谨性。 空间、时间表现： 中国北京市西城区展览馆路1号。 No.1 ZhanlanRoad XichengDistrict, Beijing, China. 思政元素融入：对比与本节课相关的中西方文化、思维方式的差异，强调中国悟性思维、整体性思维对语言的重大影响。 知识要点： 汉语——悟性思维、整体思维；竹式结构。 英语——逻辑思维、分析性思维；树状结构。 通过提问、讨论的形式，启发学生思考
25min	学生倾听，思考并在雨课堂完成抢答、主题讨论活动	新课讲授：定语从句的翻译技巧	3. 新课讲授——定语从句的翻译技巧 讲练结合：教师讲授限定性定语从句和非限定性定语从句的翻译技巧，教师讲解翻译方法随即让学练习翻译同类型句子。 要点：非限制性定语从句为英语语法特征之一，英译汉时要谨慎处置。教师要重点讲解。教师PPT展示与学生到黑板书写相结合，讲练结合，以提高学生听讲的注意力。 英语定语从句的译法主要涉及限制性定语从句的译法和非限制性定语从句的译法。此外，有些英语定语从句和主句之间还存在着状语关系，对这种定语从句的译法亦值得探讨。 1）限制性定语从句 限制性定语从句对所修饰的先行词起限制作用，与先行词关系密切，不用逗号分开。翻译这类句子时往往可以用。 （1）前置法 把英语限制性定语从句译成带"的"的定语词组，放在被修饰词之前，从而将复合句译成汉语单句。 例：I was, to borrow from John Le Carre, the spy who was to stay out in the cold. 借用约翰·勒卡雷的话来说，我成了一个被打入冷宫的间谍了。 例：It is a consolation to know that they will surely carry on the cause for which Edgar Snow strove so faithfully all his life

续表

时间安排	学生活动设计	教学过程	教师活动设计
25min	学生倾听，思考并在雨课堂完成抢答、主题讨论活动	新课讲授：定语从句的翻译技巧	了解到他们一定会把斯诺终身为之奋斗不渝的事业继承下来，这是一件令人快慰的事情。 （2）后置法 上述译成前置定语的方法大多适用于限制性定语从句，但一般用于译比较简单的英语定语从句，如果从句结构复杂，译成汉语前置定语显得太长而不符合汉语表达习惯时，往往可以译成后置的并列分句。 ①译成并列分句，重复英语先行词。 例：He unselfishly contributed his uncommon talents and indefatigable spirit to the struggle which today brings them (those aims) within the reach of a majority of the human race. 他把自己非凡的才智和不倦的精力无私地献给了这种斗争，这种斗争今天已使人类中大多数人可以达到这些目标。 例：They are striving for the ideal which is close to the heart of every Chinese and for which, in the past, many Chinese have laid down their lives. 他们正在为实现一个理想而努力，这个理想是每个中国人所珍爱的，在过去，许多中国人曾为了这个理想而牺牲了自己的生命。 ②译成并列分句，省略英语先行词。 例：A good deal went on in the steppe which he - her father - did not know. 草原上发生了许多事情，他——她的父亲——并不知道。 例：He managed to raise a crop of 200 miracle tomatoes that weighed up to two pounds each. 他居然种出了二百个奇迹般的西红柿，每个重达两镑。 （3）溶合法 溶合法是指把原句中的主语和定语从句溶合在一起译成一个独立句子的一种翻译方法。由于限制性定语从句与主句关系紧密，所以溶合法比较适用于翻译限制性定语从句。英语中的 There be ……结构汉译时往往就是这样处理的。 例：There are many people who want to see the film. 许多人要看这部电影。 例：There was another man who seemed to have answers, and that was Robert Mc Namara. 另外一个人似乎胸有成竹，那就是麦克纳马拉。 此外，还有些带定语从句的英语复合句，译成汉语时可将英语主句压缩成汉语词组作主语，而把定语从句译成谓语，溶合成一个句子。 例："We are a nation that must beg to stay alive," said a foreign economist. 一位外国经济学家说道，"我们这个国家不讨饭就活不下去"。 例：We used a plane of which almost every part carried some indication of national identity. 我们驾驶的飞机几乎每一个部件都有国籍的某些标志。 2）非限制性定语从句 英语非限制性定语从句对先行词不起限制作用，只对它加以描写，叙述或解释。翻译这类从句时可以运用如下方法。 （1）前置法 一些较短而具有描写性的英语非限制性的定语从句，也可译成带"的"的前置定语，放在被修饰词前面，但这种处理方法不如用在英语限制性定语从句那样普遍。 例：The sun, which had hidden all day, now came out in all its splendor. 那个整天躲在云层里的太阳，现在又光芒四射地露面了

续表

时间安排	学生活动设计	教学过程	教师活动设计
25min	学生倾听，思考并在雨课堂完成抢答、主题讨论活动	新课讲授：定语从句的翻译技巧	例：The emphasis was helped by the speaker's mouth, which was wide, thin and hard set. 讲话人那又阔又薄又紧绷绷的嘴巴，帮助他加强了语气。 （2）后置法 ①译成并列分句 在译文中把原文从句后置，重复英语关系词所代表的含义。在译文中从句后置，省略英语关系词所代表的含义。 例：I told the story to John, who (=and he) told it to his brother. 他把这件事告诉了约翰，约翰又告诉了他的弟弟。 例：He saw in front that haggard white-haired old man, whose eyes flashed red with fury. 他看见前面那个憔悴的白发老人，眼睛里愤怒地闪着红光。 ②译成独立句 例：He had talked to Vice-President Nixon, who assured him that everything that could be done would be done. 他和副总统尼克松谈过话。副总统向他担保，凡是能够做到的都将竭尽全力去做。 例：One was a violent thunderstorm, the worst I had ever seen, which obscured my objective. 有一次是暴风骤雨，猛烈的程度实为我生平所仅见。这阵暴风雨遮住了我的目标。 思政元素融入：结合新课，对比与本节课相关的中西方文化、思维方式的差异，重申中国悟性思维、整体性思维对语言的重大影响。 要点：要求学生注意区分英汉定语的语法区别
10min	学生讲解自己的翻译作业，讨论、修正译文作业；课堂练习埃菲尔铁塔的建筑文本翻译	点评、修正，纠正学生的翻译错误；讲析范本翻译	4. 讲评、修正学生课前完成的初译作业 讲解：纠正学生的翻译错误；讲析范本翻译。 讨论：结合翻译理论部分所学的翻译标准，分析学生试译作品与范本译文的差异。 修正：要求学生从语法、用词及英汉语表达特点三方面修改自己的课前试译作品。 练习：课堂练习埃菲尔铁塔的建筑文本翻译。 例：The committee came to the conclusion that firstly, the Temple of Heaven is a masterpiece of architecture and landscape design which simply and graphically illustrates a cosmogony of great importance for the evolution of one of the world's great civilizations. 展示天坛祈年殿图片，如图1.56所示，并引导学生作出相关翻译。

图1.56 天坛祈年殿

续表

时间安排	学生活动设计	教学过程	教师活动设计
10min	学生讲解自己的翻译作业，讨论、修正译文作业；课堂练习埃菲尔铁塔的建筑文本翻译	点评、修正，纠正学生的翻译错误；讲析范本翻译	译文：世界遗产委员会高度概括了天坛作为文化遗产的标准："一、天坛是建筑和景观设计之杰作，朴素而鲜明地体现出对世界伟大文明之一的发展产生过深刻影响的一种极其重要的宇宙观。" 例：均衡对称常常给人一种严肃庄重的感觉，增加崇高的美感。故宫作为一个完整的建筑群非常均衡对称，其中每座建筑物都是在一条由南到北的中轴线上展开，整个建筑群的中心是高大的太和殿，以此为中心由南向北伸展。 展示故宫建筑群图片，如图 1.57 所示，并引导学生作出相关翻译。 译文：Balanced symmetry often gives people a solemn and serious feeling and adds sublime beauty. The Imperial Palace, as a complete group of buildings, is very balanced and symmetrical, each of which is carried out on a central axis from south to north, and the center of the whole buildings is a tall Taihe Hall stretching from south to north. 练习：In 1880, France just got rid of the humiliation in the Prussian War. In order to show the national strength, from May 5th, 1889 to November 6th, Paris, France, would hold World Expo again, the main part of which was to celebrate the victory of the French Revolution 100th anniversary. 展示埃菲尔铁塔图片，如图 1.58 所示，并引导学生作出相关翻译。 图 1.57　故宫建筑群　　　　图 1.58　埃菲尔铁塔 译文：1880 年法国刚刚摆脱普法战争中的耻辱，为了显示国力，1889 年 5 月 5 日至 11 月 6 日，法国巴黎将再次举办世博会，场馆的主体部分是庆祝法国大革命胜利 100 周年。 思政元素融入：介绍故宫、天坛的建筑特色及所蕴含的文化内涵，通过中西方对比，强化学生重视中国传统文化的意识。 要点：分析文本材料中的建筑文化特点，强调中国传统建筑所蕴含的文化内涵
5min	学生倾听、思考	课堂总结。归纳本节课重点、难点总结	5. 知识点总结 总结归纳本节课主要的学习内容，建立本次课程的知识体系。 重点及难点：定语从句英汉互译的语序处理；分析英汉语序差异是中西方思维方式差异体现，强调重视中西方文化知识的学习积累。 思政元素融入：再次强调思维方式对语言的影响，要求学生重视中西方文化知识的学习

（五）课堂延伸

1. 观看故宫、天坛、埃菲尔铁塔的视频及图片拓展学习资源。

2. 组织学生小组讨论对比中式建筑（故宫、天坛）和西方建筑（法国埃菲尔铁塔）等中西方建筑特色及差异。

3. 查找国家体育场、国家游泳中心等优秀现代建筑的英文介绍资料，总结中式建筑的特点及所反映的文化内涵，从提升民族自豪感方面完成小组总结报告，并在"雨课堂"平台线上提交。

五、课程思政的实践思考

立德树人，培养社会主义建设者和接班人是学校教育的根本任务，其中思想政治理论课发挥着主渠道作用。但仅靠思政课对学生进行思想政治教育是不够的，思政教育应该如春雨般润物无声，全学科覆盖，在方方面面影响学生，这样才会真正触及心灵，培养学生成为道德高尚的人。习近平总书记提出思政课教育教学要坚持"统一性与多样性相统一""主导性和主体性相统一""灌输性和启发性相统一""显性教育和隐性教育相统一"，这不仅仅对思政课提出要求，更是对学校教育提出的要求。课程思政充分体现每一门课程的育人功能、每一位教师的育人责任，提高全体教师育德能力和育德意识。思政教育与英语学科相结合，通过中西方各个方面的深入对比，促进学生批判性的接受不同文化，珍视中国优秀传统文化，不盲目崇洋，建立文化自信。

> "学高为师，身正为范"，作为一名大学教师不仅要教授学生知识，更应身体力行成为学生学习、生活中的典范。用教师无尽的热爱，让学生身心健康，积极乐观的学习、成长，教导学生勇于面对困难，刻苦学习，不负韶华，成为对国家、社会的有用之才。
>
> ——《建筑英语翻译》任课教师　杜苗

第 2 章
专业基础类课程

§ 2.1
钢结构设计原理、建筑钢结构设计

一、课程基本信息

课程名称：钢结构设计原理

课程性质：专业核心必修

适用专业：土木工程

总学时：32 学时

学分：2 学分

先修课程：材料力学、结构力学、土木工程材料

并修课程：混凝土结构设计原理

后续课程：建筑钢结构设计

课程名称：建筑钢结构设计

课程性质：专业方向必修

适用专业：土木工程

总学时：16 学时

学分：1 学分

先修课程：材料力学、结构力学、钢结构设计原理、工程结构抗震

并修课程：工程结构抗震

后续课程：高层建筑结构

二、教学目标

（一）知识能力目标

《钢结构设计原理》是土木工程专业的主干课程，是一门理论与实践紧密结合的专业基础课程。通过本课程的学习，使学生熟悉和掌握钢结构材料、钢结构基本构件的设计和钢结构的连接及节点设计的知识，通过课程中我国钢结构重点工程、应急救灾工程、典型工程失事案例、经典理论研究脉络等知识讲解，培养学生的社会

责任感、职业精神与家国情怀，为学习《高层建筑结构设计》等后续专业课及毕业设计打下基础。

《建筑钢结构设计》课程是土木工程专业的专业方向课，是一门实践性很强的专业课，是帮助学生掌握新型钢结构设计理论和方法必备的专业课。通过该门课程的学习，使学生能够在钢结构设计基本原理基础上，掌握民用和工业建筑中常用建筑钢结构房屋的特点、基本设计方法、计算简图与内力分析、钢构件设计和连接节点设计的知识，并能按有关专业规范或规程进行钢结构的整体设计、截面计算和构造处理，为毕业设计和毕业后从事相关工作奠定初步的基础。

（二）德育目标

通过科研最新成果和工程案例的引入，调动学生主动学习、研究性学习的积极性，培养学生求真务实、主动探索的创新精神和不断追求卓越的工匠精神，提高工程实践创新能力，成为全面发展的时代新人和大国工匠。

三、课程思政教学设计

（一）课程德育元素与融入设计思路

1. 家国情怀、民族自豪感和职业责任感

带领学生考察北京大兴国际机场等国家重点工程，收集国内重点工程建设视频，打造课前环节"超级工程15min"，培养学生家国情怀与时代使命感；讲解雷神山与火神山医院建设等应急救灾工程，激发学生民族自豪感及对土木工程专业的热爱；深度讲解我国"天眼FAST"等重大工程，研讨加拿大魁北克大桥等工程失事案例，强化学生工程伦理教育，培养学生职业责任感。

2. 课程知识转化能力和大国工匠精神

结合团队近十年完成的近百个大型钢结构新体系节点、整体结构试验，构建钢结构科研试验库并与教学内容紧密结合。在帮助学生消化理论知识的同时，让学生明白科研试验与理论知识的关系。开展钢构件性能有限元分析等研究性项目，将有限元数值模拟与专业教学创新融合，建设以学生为中心的互动式课程活动，培养学生课程知识转化能力和精益求精的大国工匠精神。

3. 科研思维和探索精神

结合北京大兴国际机场等重大工程、全螺栓装配式钢结构振动台试验等试验模型以及自主研发的大型球型自平衡加载装置等试验装置，整合并建设学校钢结构科研实践教学平台，为学生搭建理论联系实际的桥梁。以力学概念及钢结构基础理论为主线，讲解科研创新思想与关键问题解决思路等内容，初步建立起学生的科研思维。

4. 低碳环保理念、科学精神和创新意识

积极鼓励本科生参与北京新机场航站楼钢结构体系研究等科研项目中，研发大型试验装置，完成航站楼钢结构 C 形柱关键节点试验，培养学生探索未知、追求真理、勇攀科学高峰的责任感和使命感。积极鼓励并指导本科生参与到"科技冬奥"重点专项中，研发北京冬奥会临时设施搭建与运维关键技术，并参与"挑战杯"科技冬奥专项竞赛等学科竞赛，培养学生低碳环保理念、科学精神与创新意识。

（二）教学环节设计与进度安排

《钢结构设计原理》《建筑钢结构设计》的思政教学环节设计与进度安排分别见表 2.1、表 2.2。

表 2.1 《钢结构设计原理》课程思政教学环节设计与进度安排表

周次	思政教学内容	思政教学环节设计
1	培养学生家国情怀及对土木工程专业的热爱	课外带领学生考察北京大兴国际机场、国家速滑馆等国家重点工程；收集国家体育场、中国"天眼 FAST"等国内重点工程建设视频，在课前 15min 播放超级工程建设视频，培养学生家国情怀和对土木工程专业的热爱
1	培养学生家国情怀及对土木工程专业的热爱	课上讲解雷神山与火神山医院建设等应急救灾工程，通过讲述土木工程专业如何为国家突发应急救灾工程作出贡献，不断激发学生民族自豪感及对土木工程专业的热爱
2	培养学生主动探索和创新意识	贯穿课程教学全过程，突出问题引导式、探索式学习，将课前预习作为正式作业布置给学生，学生带着引导问题，有目标地开展课前预习。教师在课堂教学过程中通过不断提出设问，引导学生思考并回答问题，提高学生的学习兴趣，培养分析问题、解决问题的能力和创新意识
3	培养学生职业责任感	深度讲解中国"天眼 FAST"等重大工程，研讨加拿大魁北克大桥等工程失事案例，以失稳事故分析警示学生钢结构稳定的重要性，告诫学生要肩负起社会安全稳定的重大责任，强化学生工程伦理教育，培养学生职业责任感
4~5	培养学生科研思维和探索精神	利用学校钢结构科研实践教学平台，在钢结构课程教学中，以力学概念及钢结构基础理论为主线，讲解科研创新思想与关键问题解决思路，培养学生科研思维和探索精神。引入 ABAQUS 有限元软件模拟作为教学手段，针对"钢结构构件失稳问题"这一课程教学难点，让学生自主学习软件，完成钢结构构件失稳全过程数值模拟，并与试验现象进行对比，进行课堂展示和研讨交流，培养学生求真务实、精益求精的工匠精神
6~8	培养学生课程知识转化能力和精益求精的大国工匠精神	在讲解钢结构连接时，运用箱形柱全螺栓连接技术讲解高强度螺栓连接计算理论，让课程知识更加生动形象，助力学生加深对基础理论的理解，培养学生课程知识转化能力和精益求精的大国工匠精神
1~8	培养学生低碳环保理念、科学精神与创新意识	在课内积极鼓励学生参与科学研究，例如鼓励学生参与研发大型试验装置，完成航站楼钢结构 C 形柱关键节点试验，培养学生探索未知、追求真理、勇攀科学高峰的责任感和使命感

表 2.2 《建筑钢结构设计》课程思政教学环节设计与进度安排表

周次	思政教学内容	思政教学环节设计
9	培养学生主动探索和创新意识	通过南美洲尼加拉瓜中央银行大厦和美洲银行大厦实际工程案例，介绍两幢建筑物抗震能力的差异，向学生强调建筑布局和结构体系的合理选择，即概念设计在抗震设计中的重要性，告诫学生创新既要"仰望星空"也要"脚踏实地"
10~12	培养学生课程知识转化能力	引入实际工程案例——首都师范大学附属中学通州校区教学楼结构设计，帮助学生掌握钢结构设计计算、基本流程和分析方法，培养学生课程知识转化能力
9~12	培养学生低碳环保理念、科学精神与创新意识	在课内积极鼓励学生参与科学研究，例如鼓励学生参与研发大型试验装置，完成航站楼钢结构 C 形柱关键节点试验，培养学生探索未知、追求真理、勇攀科学高峰的责任感和使命感

（三）教学方法

1. 现代化教学手段与专业教学高效融合的教学方法

线上精选中国大学 MOOC 国家精品课程和 50 余集钢结构微课教学资源，为学生提供融入国内外行业新技术与新成果的结构试验库与重点工程施工案例等信息化资源库。线下开展北京大兴国际航站楼节点试验的轴心受压构件整体稳定计算的课程研讨活动、装配式钢结构全螺栓高效连接体系案例的螺栓连接计算课程研讨活动等多种形式的课堂互动，引导学生自主思考，助力学生自主架构专业知识体系。

2. "理论教学–有限元模拟–试验验证"一体化教学方法

在课堂理论教学基础上，教师将大型通用有限元软件引入课堂活动，开展钢构件性能有限元分析研究性项目，指导学生运用有限元软件 ABAQUS 进行数值模拟，并与试验结果进行对比。通过布置《ABAQUS 研究性学习报告》研究性作业、讨论与汇报等活动，引导学生自主分析问题、提出方法、解决问题，培养学生求真务实、实践探索、自主创新的工匠精神。

3. 将团队科研试验成果融入课程的教学方法

结合团队近十年完成的近百个大型钢结构新体系节点、整体结构试验，构建钢结构科研试验库并与教学内容紧密结合，例如以自主研发的箱形柱全螺栓连接技术等结构试验现象、科研创新成果讲解高强度螺栓连接计算理论，将抽象的理论形象化，助力学生加深对基础理论的理解，培养学生课程知识转化能力和精益求精的大国工匠精神。

4. "课程案例教学——课程设计"连贯式教学方法

在学生掌握专业理论知识的基础上，紧密围绕课程知识点，将案例教学与课程设计贯穿融合，例如，通过列举实际装配式工程项目"首都师范大学附属中学通州校区教学楼设计"案例，讲解钢结构设计原理和技术要点，指导学生学习并运用结构设计软件进行结构设计，与大学生创新创业中心合作，制作钢结构框架模型，提高学生将理论运用于实践的能力，培育工匠精神。

（四）教学成效

1. 学生自主探索、解决复杂工程问题的能力显著提高

在课堂教学中融入科研试验和工程案例，打通课堂与行业的"最后一公里"。结合北京大兴国际机场航站楼节点试验及装配式钢结构工程全螺栓高效连接体系案例，引导学生了解学科发展动态，使学生将理论知识与工程实践相结合，建立起清晰的工程概念，养成学思结合的优良习惯，在实践中增强创新精神，使学生养成分析问题和运用知识解决实际工程问题的能力。

2. 学生主动学习能力和课程知识应用能力显著提高

开展钢构件性能有限元分析研究性项目课程活动，突破了传统"单向传播"的教学模式，与学生进行"双向互动"，促进学生积极思考，使其从被动的知识吸收者转化为主动的知识获取者。通过案例教学与课程设计的贯穿融合，学生在课程设计环节能完成钢结构四层办公楼的设计与分析，能够自主完成高质量的优秀课程设计成果，知识应用能力、解决复杂实际工程问题能力、实践创新能力得到了有效提升。

3. 学生主动参与学科竞赛，专业精神品质得到提升

通过课程探索式学习实践，强化了学生创新意识，学生能够积极主动地参与学科竞赛和科研项目研究。截至 2021 年，200 余人次本科生深度参与装配式建筑、智能建造、科技冬奥等主题的科技竞赛，获得第十六届"挑战杯"全国大学生课外学术科技作品竞赛、第四届中国"互联网+"大学生创新创业大赛、首都大学生课外学术科技作品竞赛"科技冬奥"专项赛北京市一等奖、全国铜奖等高水平科技竞赛奖项。

4. 示范效应凸显，推广效果良好

2019 年《钢结构设计原理》课程科研进课堂在《中国科学报》刊登报道；2020 年中国教育电视台（CETV1）《全国教育新闻联播》栏目以"'二神山'医院进课堂 疫情热点成为高校思政素材"为题，介绍张艳霞教授围绕学生关注热点，从抗疫医院的建设中挖掘课程思政元素，运用在《钢结构设计原理》课程教学中。新模式成功推广至土木学院建筑工程系赵曦、谢志强等老师主讲的《钢结构设计原理（双语）》《混凝土结构设计原理》等课程中。

四、教学展示

（一）知识点

钢结构轴心受力构件整体稳定基本理论。

（二）德育元素

针对课程教学难点钢结构轴心受力构件稳定及失稳问题，引入实际工程案例、科研试验和有限元仿真模拟辅助教学，强化学生探索意识和创新精神。

（三）教学方法

将工程案例、科研试验、有限元分析模拟有效融入课堂教学中。通过剖析加拿大魁北克大桥因轴心受压杆件失稳发生的坍塌事故，引出实腹式轴心受压构件整体稳定的重要性；将轴心受压柱弯曲失稳试验引入课堂，进行柱弯曲失稳破坏理论分析，以及柱弯曲失稳临界力及公式推导；通过理论结果与试验结果的对比，使学生深入理解轴心受压构件的受力机理，强化理论知识与实践的融会贯通；通过算例讲解，帮助学生初步掌握轴心受压构件整体稳定的计算，并基于理论值和试验值计算结果开展两者对比分析的探讨交流；开展基于北京大兴国际机场航站楼节点试验的轴心受压构件整体稳定计算的研讨活动，帮助学生深化理解整体稳定极限承载力的计算。

（四）教学过程

"钢结构轴心受力构件稳定基本理论"教学过程设计表如表 2.3 所示。

表 2.3　"钢结构轴心受力构件稳定基本理论"教学过程设计表

时间安排	学生活动设计	教学过程	教师活动设计
15min	学生观看并思考	学生课前观看超级工程建设视频	1."课前超级工程 15min"环节 播放纪录片《腾飞——北京大兴国际机场》。选取建筑工程库国家重点工程北京大兴国际机场建设纪录片，如图 2.1 所示，通过展示北京大兴国际机场建设时期的生动故事，聚焦机场建设者的奉献与担当、智慧和汗水，展现中国智慧和大国实力，培养学生家国情怀和时代使命。 图 2.1　纪录片《腾飞——北京大兴国际机场》
5min	学生倾听	量化评价学生学习效果，反馈并个性化辅导学生	2. 向学生反馈课前预习任务完成情况 课前预习任务与学生完成情况反馈如图 2.2 所示。 图 2.2　课前预习任务与学生完成情况反馈

续表

时间安排	学生活动设计	教学过程	教师活动设计
5min	学生倾听、探讨、交流	通过剖析重大事故与重大工程试验，引出实腹式轴心受压构件整体稳定的重要性	3. 案例教学——加拿大魁北克大桥因轴心受压杆件失稳发生的坍塌事故 探讨交流：与学生共同剖析事故发生原因，强调钢结构稳定的重要性。1907年，加拿大魁北克大桥缀条不能有效地将四部分分肢组成具有足够抗弯刚度的受压弦杆，分肢屈曲在先，随之弦杆整体失稳，9000t重的钢桥全部坠入河中，有75名员工遇难，如图2.3所示。 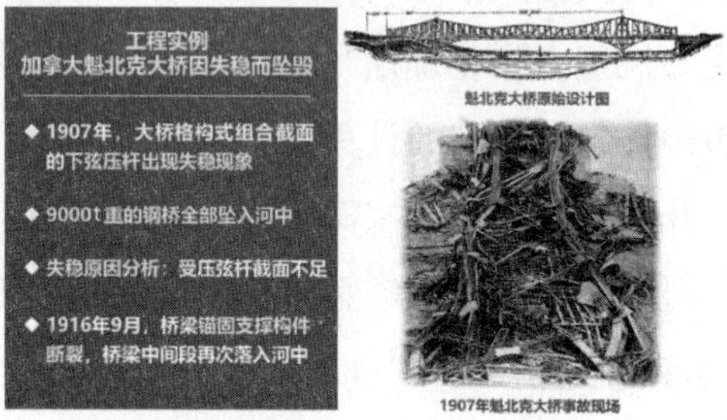 图2.3 加拿大魁北克大桥案例 向学生展示"工程师之戒"，如图2.4所示。以失稳事故分析强调钢结构稳定的重要性，告诫学生要肩负起社会安全稳定的重大责任，要始终铭记工程师的职责与义务、道德与使命。  图2.4 工程师之戒 4. 剖析北京大兴国际机场航站楼C形柱关键节点足尺试验 结合"课前超级工程15min"环节播放纪录片关于北京大兴国际机场建设情况的介绍，引出在北京大兴国际机场中心区屋盖的8根C形钢柱中最复杂、最关键的C形柱的详细节点构造（图2.5）。分析其中轴心受压构件的足尺试验现象，由此引出轴心受压构件的整体稳定性。（试验加载制度及加载装置如图2.6所示，试验现象如图2.7所示）  图2.5 北京大兴国际机场航站楼C形柱关键节点构造

续表

时间安排	学生活动设计	教学过程	教师活动设计
5min	学生倾听、探讨、交流	通过剖析重大事故与重大工程试验，引出实腹式轴心受压构件整体稳定的重要性	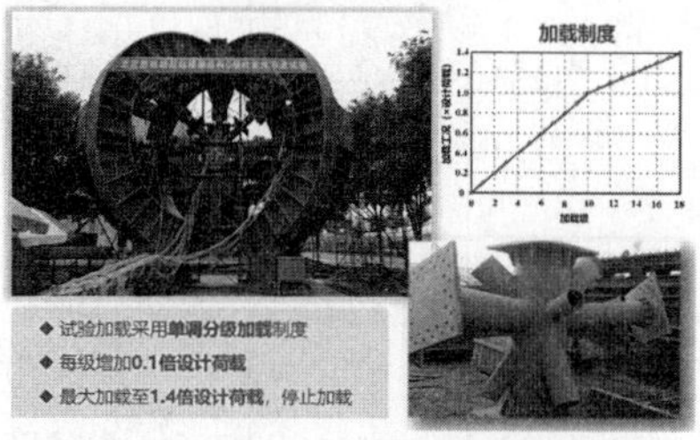 图 2.6　试验加载制度及加载装置  图 2.7　C 形柱发生整体失稳的试验现象
5min	学生倾听探讨交流	帮助学生理解实腹式轴心受压构件整体稳定的基本概念	5. 以工字形截面（双轴对称截面）为例，讲解不同轴力作用下的杆件变形，引出整体稳定的基本概念，如图 2.8 所示。 探讨交流：向学生提问临界状态的荷载如何计算？引出理想轴心受压构件临界力理论推导。 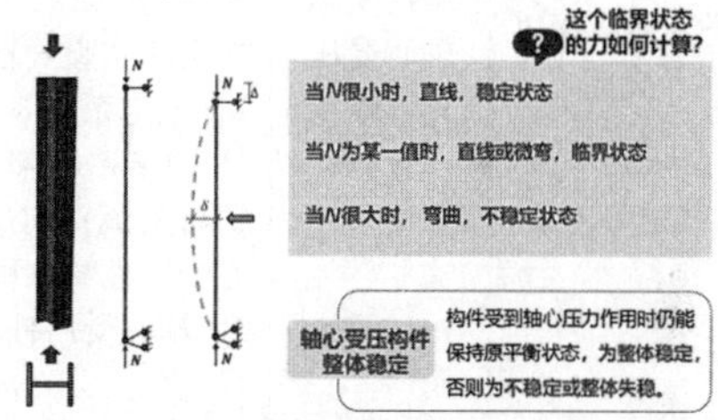 图 2.8　轴心受压构件整体稳定的基本概念
5min	学生倾听	讲述并探讨理想轴心受压构件临界力计算和理论发展历程	1）理想轴心受压构件临界力理论推导 探讨交流：结合《材料力学》等课程知识，引导学生自行推导轴心受压构件理论公式。 临界应力为：$\sigma_{cr理论}=\dfrac{N_E}{A}=\dfrac{\pi^2 EI}{l_0^2 A}=\dfrac{\pi^2 E}{\lambda^2}$ 式中，l_0 为计算长度；λ 为计算长度系数。 2）临界力理论发展历程 向学生介绍轴心受压构件临界力 N_{cr} 计算理论复杂而变换的历史。以轴心受压构件整体稳定理论的发展为例，讲述经典理论的研究脉络，如图 2.9 所示，引导培养学生批判性与创新性思维。 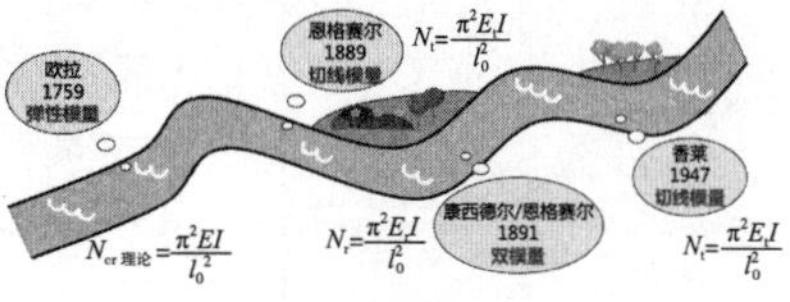 图 2.9　临界力理论研究脉络示意图

续表

时间安排	学生活动设计	教学过程	教师活动设计
10min	学生倾听探讨交流	帮助学生掌握实际轴心受压构件临界力计算	6. 影响轴心受压构件整体稳定的因素 探讨交流：向学生提问"影响轴心受压构件整体稳定的因素可能有哪些？"以图解的形式，帮助学生从概念层次上理解实际轴心受压构件的初始缺陷对轴心受压构件承载力的影响，如图2.10、图2.11所示。 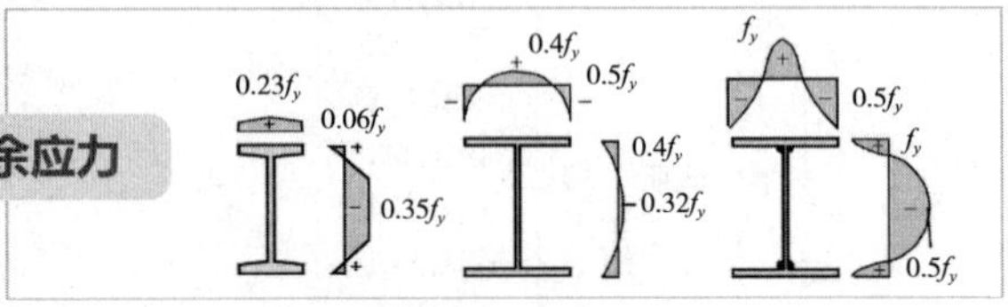 图2.10 残余应力图解 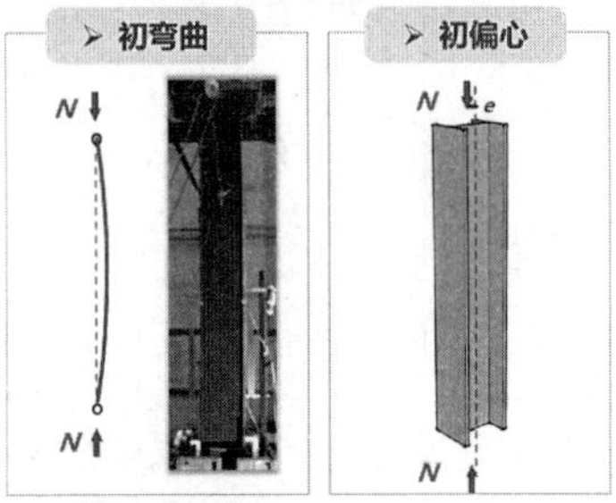 图2.11 实际轴心受压构件的初始缺陷对轴心受压构件承载力的影响 7. 实际实腹式轴心受压构件极限承载力 1）稳定系数 φ 柱子曲线（φ-λ_n 曲线）。 探讨交流：向学生提问"稳定系数 φ 的作用是什么？如何确定实际轴心受压柱整体稳定计算公式？" 2）轴心受压柱整体稳定公式推导 $$S \leq R \longrightarrow N \leq N_u \longrightarrow N \leq \varphi A f \quad \varphi = \sigma_{cr}/f_y$$ 3）截面分类查询方法 探讨交流：向学生提问"根据所学知识，讨论实际轴心受压构件临界力计算过程？" 根据学生回答的结果，总结实际轴心受压构件临界力计算过程，如图2.12所示。 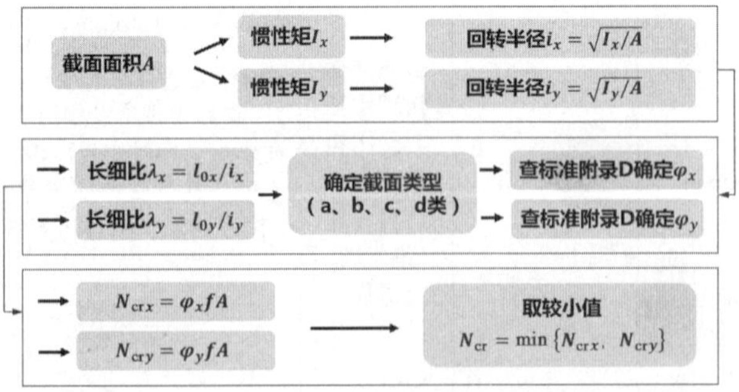 图2.12 实际轴心受压构件临界力计算过程

续表

时间安排	学生活动设计	教学过程	教师活动设计
10min	学生倾听、课堂计算	通过算例讲解帮助学生掌握轴心受压构件整体稳定的计算	8.引导学生分别从理论、试验两个方面对比分析同一构件的临界力 1）轴心受压构件临界力的试验 举例往届学生完成的钢结构轴心受压构件的试验，分析试件承载力，如图2.13、图2.14所示。 图2.13 钢结构轴心受压构件试验 图2.14 试件荷载-位移曲线 2）轴心受压构件临界力的理论值 课堂计算：引导学生计算轴心受压构件临界力的理论值，如图2.15所示，并与试验值对比分析。 $A = 6960 \text{mm}^2$ $I_x = 1.086 \times 10^8 \text{mm}^4$　　$I_y = 1.60 \times 10^7 \text{mm}^4$ $i_x = \sqrt{I_x/A} = 124.92 \text{mm}$　　$i_y = \sqrt{I_y/A} = 47.96 \text{mm}$ $\lambda_x = l_{0x}/i_x = 3000/124.92 = 24.02$　　$\lambda_y = l_{0y}/i_y = 3000/47.96 = 62.55$ $b/h = 0.68 < 0.8$ a类截面　　$b/h = 0.68 < 0.8$ b类截面 $\varphi_x = 0.963$　　$\varphi_y = 0.812$ $N_{crx} = \varphi_x A f = 2044 \text{kN}$　　$N_{cry} = \varphi_y A f = 1723 \text{kN}$ 图2.15 轴心受压构件临界力理论值计算过程 经过理论值和试验值两者的对比后发现，计算结果误差小于5%，理论公式计算结果可靠

续表

时间安排	学生活动设计	教学过程	教师活动设计
5min	学生研讨交流	结合实际工程项目，帮助学生深化理解整体稳定极限承载力的计算，运用理论知识解决实际工程问题	9. 课程研讨 1）研讨主题 基于北京大兴国际机场航站楼节点试验的轴心受压构件整体稳定计算。 2）研讨实施 结合课程之前介绍未设加劲肋的C形柱加载到5220kN（1.2倍设计荷载）主管外凸，发生整体失稳的试验现象，引导学生讨论提出避免轴心受压构件的整体失稳的解决方案，如图2.16所示。 图 2.16 避免轴心受压构件的整体失稳的解决方案 问题讨论：如何避免C形柱发生整体失稳？ 根据轴心受压计算公式反向推导增大钢柱轴心受压承载力的办法为减小计算长度。 3）研讨互动 在保证构件截面尺寸不变的情况下，计算长度如何减小？ 最经济的办法为增设加劲肋。 图 2.17 增设加劲肋对节点承载力的影响 如图2.17所示，通过增设加劲肋明显提高节点承载力58.3%

（五）课堂延伸

1. 学生完成数值模拟，开展钢构件性能有限元分析研究性项目课程活动

教师将大型通用有限元软件引入课堂活动，布置钢构件性能有限元分析研究性大作业。通过构件复杂受力过程的形象化再现和研究分析，加深了学生对理论内容的理解，强化了学生自主运用软件工具进行分析研究的能力，培养了学生实事求是、精益求精的精神品质。

要求学生运用课堂中所学的理论原理和课外搜集的资源,运用所学新知识,在课堂上通过小组合作讨论的方式共同完成任务,共同找到解决问题的方法、策略。讨论结束后,学生需要公开展示学习成果,通过"小组提问""团队展示"和"教师提问"方式进行考核,教师与学生进行知识技能互动和探讨,教师给出相应的评价和改进意见。开展钢构件性能有限元分析研究性项目课程活动如图2.18所示。

(a) (b)

图2.18 钢构件性能有限元分析研究性项目课程活动
(a) 结构仿真分析研究性项目学生汇报;(b) 结构仿真分析研究性项目汇报现场

2. 带领学生参观北京大兴国际机场和航站楼钢结构C形柱关键节点试验

与课堂教学内容紧密衔接,带领学生校外参观北京大兴国际机场等装配式工程项目,如图2.19所示,走进实际工程项目中,让学生亲身感受C形柱的结构设计,体会轴心受压构件整体稳定性的重要性;带领学生校内参观航站楼钢结构C形柱关键节点试验装置,如图2.20所示,介绍试验过程,使学生将理论知识与科研试验结合,初步建立学生的科研思维,培养学生解决复杂工程问题的能力。

图2.19 学生参观北京大兴国际机场施工建设现场

图2.20 带领学生学习航站楼钢结构C形柱关键节点试验

五、课程思政的实践思考

1. 课程思政建设需充分发挥学科专业的特色优势，以学科专业课程为主渠道，充分发挥课程思政的协同育人效应。

课程思政建设需根据各专业课程的特色，充分挖掘和提炼专业课程中的德育元素，依据学科专业特点，选择鲜明扼要的切入点。以土木工程专业技术类课程为例，培育求真务实、实践创新、精益求精的工匠精神则是该类课程的突出特色和理想切入点。在此基础上，充分发挥学科专业课程的载体作用，形成课程思政与专业技术融合协同的育人体系，着力培养具有社会责任感的实践应用型人才。

2. 课程思政建设需充分发挥教师的引导作用，并调动同学的积极主动性，切实保证课程教学的效果。

能否充分发挥教师在课程思政建设过程中的引导作用决定着改革实践工作的成败，富于改革实践精神的教师往往能够以身作则，将德育工作贯彻落实到教学环节的方方面面，引发学生共鸣，激发学生的专业责任感、奉献精神和远大志向，调动师生群体参与课程改革实践的积极性和主动性，达到最优的课程教学效果。因此，课程思政建设需要着力打造一支具有较强思想政治素养、富于创新改革精神的教师队伍。

3. 课程思政建设需制定系统的教学大纲、教学计划、教学方案等，并在探索实践过程中不断优化和改革。

无规矩，难以成方圆。课程思政建设的顺利进行还需制定科学系统的"规矩"，而教学计划、教学方案和教学大纲即为课程思政建设的"规矩"。引入思政元素，却不加以总结归纳，课程思政建设成果就无法得到有效地巩固和延续，更无法形成清晰系统的培养体系。因此，教师应在合理有效融入思政元素的基础上，从教学大纲、教学计划、教学方案的更新完善、课外拓展教学等方面不断探索优化，将优秀的教学实践成果固化传承下去。

> 师者，传道授业解惑也。做好课程授业，造就社会优才；传承思政大道，培育行业巨匠。课程思政建设，需要教师充分挖掘专业课程思政元素，激发学生内心的社会责任感，切实做好工匠精神的传承工作。
>
> ——《钢结构设计原理》《建筑钢结构设计》任课教师　张艳霞

§ 2.2 建筑师业务基础

一、课程基本信息

课程名称：建筑师业务基础

课程性质：必修课

适用专业：建筑学

总学时：32 学时

学分：2 学分

先修课程：《建筑设计》系列课程及相关的专业技术、专业史论、专业实践等课群中的必修课程

后续课程：《建筑师业务实习》

二、教学目标

（一）知识能力目标

作为大学本科专业学习与就业工作实践的有效衔接，本课程以建筑师执业相关法律、规范、规定及业务主要内容、基本流程的介绍为重点。知识能力目标如下：

1. 通过对"建筑师职业与职业准则"的讲解，使学生了解建筑师对社会所负有的法律和道义责任，为他们今后从事建筑师业务时能够具备良好的职业道德和职业素质打下基础。

2. 通过对"建筑法规"的讲解，使学生具有法律意识，了解建筑工程设计的现行主要规范，理解建筑法规的合理性和重要性，增强执行规范的自觉性。

3. 通过对"建筑设计业务管理及工程设计实务"的讲解，使学生具有职业意识，对建筑设计行业及建筑师业务进行较为全面的了解，并初步掌握从事建筑师业务所必须具备的基础知识和基本技能。

4. 通过对"城市规划管理及建筑经济"的讲解，使学生理解城市规划管理的必要性及合理性，理解常用建筑技术经济指标的含义及评估方法。

（二）德育目标

1. 结合"建筑师职业与职业准则""城市规划管理及建筑经济"的讲解，开展思想、政治和道德教育。建筑反映社会的伦理文化和价值观念，蕴含巨大的教育意义，因此，通过课程思政，使学生具有公共意识，了解建筑师除了遵守常规的建筑师职业准则，完成好业主代理人、政府建筑法规与规范执行人职责外，其建筑设计作品也同样具有社会教育功能，通过建筑创作传递正确价值观、反映新时代社会伦理文化。

2. 结合"建筑法规""建筑设计业务管理及工程设计实务"的讲解，使学生了解建筑师除了具有契约精神，还应具有创新精神和精益求精的工匠精神。从国际建筑师协会界定的"七大建筑师核心业务"出发，使学生切实了解建筑设计实践所面临的国情，深入了解建筑业运作过程和建筑师如何在这一复杂过程中向社会提供建筑设计服务，掌握建筑师向社会提供服务的最佳途径和建筑业如何更好地为经济发展服务的方法。

三、课程思政教学设计

（一）课程德育元素与融入设计思路

本课程包含五个知识单元、23个知识点，其中与课程德育联系紧密的知识点包括"勘察设计行业的职业道德准则""建筑师的权利""建筑师的义务""建筑师的法律责任""建筑法与城乡规划法"等，针对这些知识点，本课程进行了如下教学设计：首先以建筑学的专业特点入手，找准与建筑师执业基础知识相关的课程思政切入点，通过教学组织设计，形成有机融入课程思政的专业课程教学大纲、教学计划、教学方案等；其次采取多样的有效教学方法，结合建筑师职业生涯和作品案例分析，生动有趣、有理有据地展开讲授，从而引发学生共鸣、达成充分共识。

（二）教学环节设计与进度安排

本课程的思政教学环节设计与进度安排见表2.4。

表2.4 《建筑师业务基础》思政教学环节设计与进度安排表

周次	思政教学内容	思政教学环节设计
7	传统建筑文化传承、工匠精神、从事开创性工作的主动精神	在第九讲"建筑师在城市规划中的角色与任务"的讲授过程中，融入优秀建筑师职业生涯与作品案例分析，进一步加深学生对建筑学专业内涵的理解。例如，以我国著名建筑家和教育家梁思成先生为例，通过展示其古建测绘、建筑创作手稿，讲述他在战时极端艰苦条件下，仍不畏困难、研究与保护中国传统建筑文化，并将研究成果运用到自己的建筑设计实践中，实现对传统建筑文化的开创性传承的事迹，引导学生开创性传承优秀传统建筑文化，树立正确的价值观念，通过建筑创作传递正确价值观、反映新时代社会伦理文化

续表

周次	思政教学内容	思政教学环节设计
7	建筑师职业的社会责任、时政要素	在第十讲"我国城市规划的管理体制和程序"的讲授过程中,通过"城市规划为什么由人民政府来管理?"问题的提出,使学生了解到城市规划编制过程中各个利益主体必然形成的博弈,由政府主持公平的必要性,从而理解建筑师在设计中严守上位规划条件进行设计的意义;通过介绍城乡规划主管职能由住房和城乡建设部转为自然资源部统筹的时政内容,使学生了解政府部门职能重组是国家推进生态文明建设、由建设转向保护的具体举措,要求学生从事专业应时时关注社会发展趋势,做到"家事国事天下事,事事关心",树立从事专业工作的大格局
9	中国优秀传统文化教育、技术创新主动精神	在第十一讲"城市规划设计要求",从城市规划设计的若干要求中选取"用地规划要求""建筑规划要求""绿化环境规划要求"和"历史文化保护规划要求"四项内容进行重点讲解,以教师在扬州地区的设计实践"苏北人民医院"项目为例,将中国优秀传统文化教育融入其中,使学生理解历史文化保护规划的重要意义,从而引导学生自觉主动地采用技术创新解决遇到的建筑设计问题
10	职业道德和社会责任感	在第十三讲"建筑业在国民经济中的地位和作用"的讲授过程中,围绕如何从建筑市场角度衡量建筑设计价值的问题,以建筑设计的产品观为切入点,引导学生具有公共意识,深入理解建筑师可以通过设计用最少费用建造出最有价值的建筑物,以及建筑不是用来实现建筑师、某业主的个人追求和表达之物,否则会让空间丧失意义、功能和公平的深刻内涵
10	职业道德和社会责任感	在第十四讲"我国基本建设程序"的讲授过程中,在国际建设视域下,审慎列举案例进行对比,讲述畸形政绩观和GDP追逐症影响下城市大拆大建的建筑乱象,强调建筑师具备项目策划知识体系、积极参与项目建议书、编制可行性研究报告进行项目评估等职业活动的重要性,使学生了解严谨科学的建筑策划在建设程序中的重要意义,培养建筑师的社会责任感

(三)教学方法

1. 翻转课堂

本课程除将相关国家法规文件、课程教学课件等资源上传至信息化学习平台外,教师还进一步扩充了课外阅读文献,如《梁思成传》《给青年建筑师的信》《安藤忠雄连战连败》《工艺之道》《建筑养成记》《从"Best Buy"到"Nucleus"医院模式——英国经济型医院建筑设计演进与启示》等著作与文献,通过布置文献检索和扩充阅读作业,设置学习小组进行主题演讲,引导学生将所学文献知识总结凝练并讲述出来,进一步加深学生对课程知识内容的理解,提高学生的职业人文素养水平。

2. 调研作业

布置课外作业,以"我的职业发展计划"为题,要求学生结合课堂学习成果,选定优秀建筑师、优秀建筑事务所主持人等进行人物访谈,通过项目管理方法和SWOT方法的运用,分析当前建筑行业的从业环境和能力素质要求,从自我特点、优势与短板入手,制定切实可行的职业生涯发展计划,以图文并茂的千字小文的形式呈现,从而使调研作业成为课程的延伸和补充,引导学生进一步端正专业学习态度、树立职业发展自信,明确学习目标和职业规划。

（四）教学成效

1. 为学生指明了未来职业发展方向，引领学生树立正确的专业价值观

本课程精选优秀建筑师作品案例，透过案例解析其蕴含的丰富的精神文化资源，融入专业价值观教育，在为学生指明未来职业道路的同时，强化了学生肩负建筑师社会责任的自觉意识，培养了学生实事求是、精益求精的工匠精神。

2. 贯彻专业人才培养目标，融入优秀传统文化和技术创新精神

为实现培养中国优秀文化与建筑技术复合型专业人才的培养目标，进一步巩固和发展国家级教学成果奖一等奖《注重中国优秀文化传承的建筑学专业人才培养体系研究与实践》成果，将优秀传统文化和技术创新精神作为建筑师职业素养基本内容，从思想意识、知识结构、业务技能三个方面入手明确了教学内容和方案。

综合上述，本课程展现出鲜明的时代特色与地域特色。在以正确的环境伦理和建筑史观为先导的先修课程群教学的基础上，本课程为后续课程，如《建筑师业务实习与评审》《毕业设计》等的学习奠定了坚实基础。

四、教学展示

（一）知识点

建筑师在城市规划中的角色与任务。

（二）德育元素

建筑师的爱国主义和民族意识、专业价值取向，以及包括专注、敬业、精益、创新等内涵的工匠精神。

（三）教学方法

采用了调研调查和课程作业的教学方法。

（四）教学过程

"建筑师在城市规划中的角色与任务"知识点教学过程简表见表2.5。

五、课程思政的实践思考

在本课程的教学实施过程中，学生表现出对优秀建筑师工匠精神、职业生涯、实践案例等的强烈兴趣，这些引人入胜的建筑师职业生涯故事、创造性解决实际难题的充满智慧的设计实践案例，成为课程专业知识的有效拓展内容，解决了课程大纲中建筑法规文件等必学知识枯燥问题，提高了学生对专业知识的记忆效率，学生能够透过故事和案例，深入理解建筑法规和相关文件的内涵，体会建筑师的职业价值，懂得未来如何更好地遵循法律法规开展职业实践，取得了良好的教学效果。

■ 表 2.5 "建筑师在城市规划中的角色与任务"知识点教学过程简表

时间安排	学生活动设计	教学过程	教师活动设计		
			案例	知识点	思政引入
5min	对建筑学专业内涵、职业建筑师定义、城市规划与城市设计等课程知识回顾	复习、导入、延伸	建筑学专业的内涵	建筑学是研究建筑及其环境的学科，横跨工程技术和人文艺术领域，涉及社会、文化、技术和经济等知识，包括建筑历史与理论、历史建筑保护、建筑设计、城市设计、旧城更新改造、居住区规划设计、建筑物理、建筑构造技术、室内设计和装饰等内容。 此外，建筑学还涉及建筑结构、建筑设备、建筑环境设施、建筑防灾减灾、建筑节能等相关技术领域	在课程内容中引入优秀建筑师职业生涯介绍与作品案例分析，加深学生对建筑学专业内涵的理解。例如，以我国著名建筑家和教育家梁思成先生为例，通过展示梁先生的古建测绘、建筑创作手稿，讲述他在战时极端艰苦条件下，仍不畏困难、研究与保护中国传统建筑文化，并将研究成果运用到自己的建筑设计实践中，实现对传统建筑文化的开创性传承的事迹，引导学生树立正确的职业价值观念，为后续学好专业知识奠定良好的思想基础
			建筑师的职业内涵	在国际建筑师协会所界定的建筑师"七大核心业务"领域里，建筑师不能只满足于做好设计，而应从前期策划、规划、设计、督造、管理、运维，到使用后的评估这七大核心业务环节都应掌握，才可以成为一名合格的职业建筑师	
			城市规划	城市规划是对一定时期内城市的经济和社会发展、土地利用、空间布置以及各项建设的综合部署、具体安排和实施管理，是建设城市和管理城市的基本依据，在确保城市空间资源的有效配置和土地合理利用的基础上，是实现城市经济和社会发展目标的重要手段之一。 讲授《城市规划基本术语标准》GB/T 50280-1998	
			城市设计	城市设计主要研究城市空间形态的建构机理和场所营造，是对包括人、自然、社会、文化、空间形态等因素在内的城市人居环境所进行的设计研究和工程实践活动	

续表

时间安排	学生活动设计	教学过程	教师活动设计		
			案例	知识点	思政引入
10min	记笔记	知识点讲授	城市规划的时效性及城市规划的对象	物质空间规划	以北京市城市规划的变迁为例,讲述中华人民共和国成立以来,北京的城市规划经历先后8次修编,以此引导学生深入理解城市规划时效性的推动因素。 基于对城市规划专业新趋势的理解角度出发,通过建筑师的社会责任的分析,引导学生深入理解和运用规划理论和规划方法来指导设计工作
				社会发展规划(非物质空间)	
			城市规划专业的新趋势	物质空间和社会系统的现实关联造就了规划专业的新趋势。随着对城市规划认识的发展,城市研究逐渐分化为作为物质结构、作为社会组织系统、作为态度和观念的整体等三个层面的研究,使城市规划从单纯的物质空间形态规划向特定政治、经济和社会产物转变,呈现出社会规划的特征,规划师们更多地承担着发展商、政府部门和公众之间不同社会团体利益协调者的角色	
5min	倾听	总结	建筑师在城市规划中的任务就是正确地理解相关专业的规划意图,合理地进行空间的布局和设计,完美地将抽象的规划变为现实。 同时,建筑师应具备主动、有效地与相关利益群体沟通协调的能力,在尊重各方诉求、协调各方利益的前提下,实现建筑设计价值的最优化		

> 有位教育家说过"品德基础的建立不靠长篇大论的说教,而是用榜样的砖石一天天地铺砌",培养品德优异,具有宏观视野、进取协作精神、治学严谨的未来城市建筑师,我一直为此努力并立志成为他们的领路人。
> ——《建筑师业务基础》任课教师　郝晓赛

§ 2.3
绿色建筑设计原理

一、课程基本信息

课程名称：绿色建筑设计原理

课程性质：必修课

适用专业：建筑学

总学时：24 学时

学分：1.5 学分

先修课程：建筑与环境认识实习、建筑物理环境、建筑设备（水、暖、电）

二、教学目标

（一）知识能力目标

通过本课程的学习，要求学生了解有关绿色建筑的基本知识、了解可持续发展的建筑设计观念和理论；理解绿色建筑设计安全耐久、健康舒适、生活便利、资源节约、环境宜居等基本设计原则；掌握绿色建筑"通风系统""采光系统""遮阳系统""供暖系统""节水系统"等的设计原理、设计方法、技术措施等，通过实践案例的解析，使学生熟悉绿色建筑设计的过程和方法。

（二）德育目标

国家主席习近平在第七十五届联合国大会上明确提出，中国将于 2030 年前实现"碳达峰"与 2060 年前实现"碳中和"的目标。随后，习近平总书记多次在重大国际、国内场合就"双碳目标"发表重要讲话，国家各部委也颁布了多项有关文件。全国上下、各行各业，都在为这个伟大的目标而努力。2021 年 4 月，在"世界地球日"到来之际，国家主席习近平出席领导人气候峰会并发表题为《共同构建人与自然生命共同体》的重要讲话，深刻分析了气候变化的发展形势和严峻挑战，以"六个坚持"为共建人与自然生命共同体擘画了美好蓝图，清晰阐明了中国坚持绿色发展的国家战略和履行国际责任的实际举措，为国际社会应对气候和环境挑战提供了中国方案。

绿色建筑类课程，不仅需要构建新的专业知识体系，而且要引导学生建立正确的生态观和价值观。未来的建筑师、规划师、设计师担负着城乡可持续发展的重要责任，他们将是推动"人、建筑、环境"三者和谐共生的实践主体。因此，本课程旨在引导学生构建"可持续发展观""绿色实践观""全球治理观"三个重要价值观，结合绿色建筑专业知识，培育"人与自然和谐共生"的建筑思想，使专业知识与思政内容形成协同效应，从而使绿色建筑教育逐层落地，逐步深化。

三、课程思政教学设计

（一）思政元素融入教学设计

本课程从课程思政建设的角度，将习近平总书记关于"人与自然生命共同体"的理念为引领，深入剖析该理念的核心思想，将其内涵分解成"可持续发展观""绿色实践观""全球治理观"三个重要价值观，结合绿色建筑专业知识，设定课程思政的教学目标：培育"人与自然和谐共生"的建筑思想，培育知行合一的实践能力，培育"包容发展、权责共担"的责任精神。建构"1-3-7"的课程思政体系，将绿色建筑专业知识梳理成七个专题式教学内容，通过"融-教-学-践-评-思"的实施路径，使思政内容与专业内容同向同行，且逐步深化，形成有广度、有深度、有温度的专业育人文化。

课程思政教学体系设计框架如图2.21所示。

1. "1-3-7" 课程思政体系

1）"1理念"

以"人与自然生命共同体"理念为课程思政建设的总领，以"怎样形成绿色低碳的建筑思想？""怎样建设绿色宜居的城乡生活？""怎样积极应对全球环境治理？"这三个问题作为绿色建筑设计原理课程要解决的核心问题，以及本课程德育的重要精神内涵。将核心问题与核心内涵关联，使思政内容与专业内容同向同行，思政理念引领课程体系的构建。

2）"3内涵"

将核心理念的主要思想凝练成3个精神内涵，即强化建筑师的"可持续发展观"、加强知行合一的"绿色实践观"、建立权责共担的"全球治理观"。这三项精神内涵将贯穿七个专题始终，在专业知识讲授的同时，树立生态观和价值观。

3）"7专题"

将课程内容凝练成七个专题板块进行讲授。通过完善课程内容，将原有的单线式教学，重新梳理为七个相对独立的教学板块。这种方式，使每个专题都能形成课程知识与思政内容的闭环，不仅使专业知识的学习更有针对性，而且使思政内容与专业知识紧密关联。

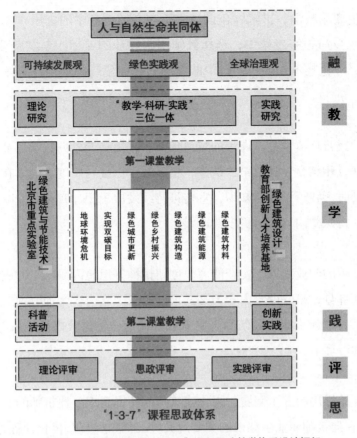

图 2.21 《绿色建筑设计原理》课程思政教学体系设计框架

2. "融-教-学-践-评-思"课程思政实施路径

1)"融"

以"人类命运共同体"的理念为课程思政的主轴。坚持问题导向,挖掘思想内涵,将发展观、实践观、治理观融入课堂,渗透进每个教学环节。

2)"教"

教学团队依托"绿色建筑与节能技术"北京市重点实验室和"绿色建筑设计"教育部创新人才培养基地,"科研-教学-实践"三位一体,以科研引领教学,以实践反哺教学,为绿色建筑领域教学、科研、实践,奠定强有力的基础。绿色建筑方向的科研实验室与教学培养基地凝聚了一批绿色建筑方向的教师,形成强大的教学团队。

3)"学"

第一课堂的践行环节是本课程的特色环节,主要选择教师亲历的实践项目,通过教师的"践行",不仅使教学内容更加贴近实际应用,而且提供了现场教学的在地环境。如,在绿色城市更新专题中,选择教师团队设计的北京胡同红色会客厅实践项目作为案例，带领学生现场教学，讲解绿色设计方法在老城更新中的应用，同时感受北京红色文化。在绿色乡村振兴专题中，选择教师团队设计的希望小学实践项目作为案例，讲解绿色材料、绿色技术在乡村建设中的应用，宣传建筑师在公益事业、扶贫攻坚中的责任与担当。

4)"践"

第二课堂的践行环节也是本课程的特色环节。将第一课堂的教学环节与本校学团组织的特色第二课堂相结合，通过第二课堂，拓展教学深度与广度。同学在参与科普活动和创新实践活动时，践行了课堂知识，宣传可持续发展思想，宣传节能减排在城市与乡村中的重要性，将课堂内容带给更多普通人。

5)"评"

综合评价学生的职业素养、实践能力、创新精神等思想内涵。平时成绩包括第一课堂和第二课堂两部分，第一课堂内容为必选项，第二课堂内容为加分项。期末成绩，采用评审团的方式，领域专家、建筑师与甲方联合评审，将思政内涵纳入考核评审范围，评审环节也是学习环节。

6)"思"

回答课程开始提出的三个问题，强化建筑师的环境意识、建筑师的实践能力、建筑师的担当精神，在建筑师职业生涯中的重要意义。反思教学过程，优化课程思政教学体系。

(二) 主要教学环节设计与进度安排

本课程的思政教学环节设计与进度安排见表2.6。

表2.6 《绿色建筑设计原理》思政教学环节设计与进度安排表

周次	思政教学内容	思政教学环节设计
1	可持续发展观——"绿色建筑和可持续性设计是21世纪建筑师的必经之路"	首先，指出环境危机带给地球及人类的重大灾难，海平面上升、全球变暖、生态环境破坏、流行病肆虐、极端天气频繁出现等环境问题与日俱增。其次，指出建筑在这场环境危机中扮演重要角色。建筑产业消耗地球大量能源；造成地球严重污染；对生物（如鸟等）造成巨大危害。最后引出，绿色建筑和可持续性设计是21世纪建筑师的必经之路。少拆除、多利用，延长建筑的使用寿命，是最大的节能环保；少人工、多天然，应用适宜的技术，是最应推广的节能环保；少装饰、多生态，引导健康的生活方式，是最人性化的节能环保
2	可持续发展观——实现"双碳目标"	中国2030年前碳达峰和2060年前碳中和，意味着中国作为世界上最大的发展中国家，将完成全球最高碳排放强度降幅，用全球历史上最短的时间实现从碳达峰到碳中和，中国将提高国家自主贡献力度，采取更加有力的政策和措施
3	可持续发展观——"绿水青山就是金山银山"	首先，通过党的十九大报告提出的"必须树立和践行绿水青山就是金山银山的理念，坚持节约资源和保护环境的基本国策"，指出可持续发展观的重要性。其次，通过对2020年全国人民代表大会政府工作报告中关于"实施重要生态系统保护和修复重大工程，促进生态文明建设"内容的讲解，使学生深入理解"绿水青山"的重要意义

续表

周次	思政教学内容	思政教学环节设计
4	绿色实践观——城市建设中绿色实践的意义	建设绿色城镇、绿色社区,是我国实现双碳目标行动中的重要内容。因此,推动建立以绿色低碳为导向的城乡规划建设管理机制,制定建筑拆除管理办法,杜绝大拆大建等,都是绿色建筑知识在城市更新中的应用
5	绿色实践观——乡村建设中绿色实践的意义	实施乡村振兴战略,对全面建设社会主义现代化国家,具有重要意义。乡村振兴有七条重要路径,其中一条即是"必须坚持人与自然和谐共生,走乡村绿色发展之路"。因此,推进农村建设和用能低碳转型;推进绿色农房建设,加快农房节能改造;持续推进农村地区清洁取暖,因地制宜选择适宜取暖方式等,都是绿色建筑知识在乡村建设中的应用
6	绿色实践观——国家级大型建设项目中的绿色理念	以近年来我国重大建设项目为例,如上海世博会、北京奥运会、北京冬奥会场馆等大型项目,介绍这些建设过程中使用的绿色设计方法、技术措施等,同时介绍几次盛会在绿色实践中表达的绿色理念,展示大国实力、大国担当,以及我国在绿色减排领域技术的进步和所做出的努力
7	绿色实践观——我国对绿色建筑的推广具有强大的决心和信心	通过向学生介绍我国近期颁布的绿色建筑标准、导则、规范及行动指南,使学生真正感受到我国对于绿色建筑的推广工作具有强大的决心和信心,从而使学生意识到建筑师在这场"绿色革命"中所扮演的重要角色
8	绿色实践观——勇于实践、敢于创新的精神是新时代学生的重要品质	我国太阳能资源丰富,国家正在大力推广光伏发电技术,光伏与建筑一体化设计已经走上历史舞台。国家《2030年前碳达峰行动方案》中指出"加快先进适用技术研发和推广应用""集中力量开展复杂大电网安全稳定运行和控制、大容量风电、高效光伏,加快氢能技术研发和示范应用,探索在建筑等领域规模化应用",鼓励学生对绿色建筑的新技术推广应该持有开放的精神,且要在科研、实践中勇于创新
9	绿色实践观——建设节约型社会,谋求可持续发展	"把水还给河川,把养分还给土壤"。绿色建筑的水循环设计,就是建立居住环境可持续水资源利用的智慧,是我国绿色低碳发展的重要途径
10	全球治理观——推广绿色建筑材料应用,建设绿色地球	建筑产业是一个高污染的产业。目前全球的建筑相关产业,是地球环境污染的最大来源。推广绿色低碳建材,推动建材循环利用,加强县城绿色低碳建设,推动建立以绿色低碳为导向的建筑拆除管理办法,杜绝大拆大建
11	全球环境治理观——开发绿色建筑构造,建设绿色地球	我国对于新型采光构造、采光材料的开发及应用,已经跻身世界前列,在绿色建筑采光领域,发挥重要作用。加快推进新型建筑工业化,大力发展装配式建筑,推广钢结构住宅强化绿色设计和绿色施工管理,对建设"绿色地球"有重要意义
12	全球治理观——为实现绿色地球做好准备	建筑领域节能要作为重点节能领域持续加强。全面执行建筑节能标准,开展超低能耗、近零能耗建筑示范,推动既有居住建筑节能改造,提升公共建筑能效水平,加强可再生能源建筑应用。中国已为"绿色地球"做好准备

（三）教学方法

1. 线上学习与线下学习结合

发挥教学手段的先进性、互动性和针对性。团队教师经过在科研与教学领域的长期积累,建设了完善的线上网络课堂,构建了丰富的特色资源库,学生可以通过慕课等网络资源进行课前、课后自主学习,有针对性的、个性化的课外补习,减少课上讲授时间,增加讨论、模拟的教学实践和环节。

2. 第一课堂与第二课堂结合

强调第二课堂作用，专题内容与实践内容结合，组织学生参与科普活动和建造创新实践活动，强化绿色设计的践行能力。与本校学团组织的特色主题活动相结合，通过第二课堂，拓展教学深度与广度。如在绿色城市更新专题中，组织学生参加首都志愿服务项目"垃圾分类宣讲进中小学校园"获得铜奖；参加首都大学生节能节水低碳减排社会实践与科技竞赛"疫情期间城市生活垃圾潜在污染物追踪系统设计"；参加暑期"三下乡"活动"北京市乡村人居环境整治调研"等一系列的科普活动和创新实践活动。践行课堂知识，宣传可持续发展思想。

3. 虚拟教学与现场教学结合

利用团队自主研发的"工程化建筑节点"教学软件开展互动性教学。利用VR技术，虚拟仿真建筑物理环境，形成虚拟场景的真实体验。带领学生参观实际工程并开展现场教学。在教学过程中，选择合适的在京实际项目，带领学生参观，请工程师讲解。如在讲授绿色建筑围护体系部分，带领学生参观威卢克斯总部，请该项目工程师讲解该建筑运用的绿色技术，现场演示，现场测量，从而深化学生对相关知识的理解。

与此同时，团队长期深入贫困农村，深入调研或驻点工作的村落多达百余个，带领学生参与乡村慈善公益事业，成为课程思政的课外延伸，培养了学生社会责任感和祖国认同感，该方式起到了很好的示范带动作用，获得了业界的高度评价，及多家主流媒体的报道。

（四）教学成效

1. 教育理念、课程体系得到同行的广泛认可

目前，《绿色建筑设计原理》课程已成为北京市高校课程思政示范课程，课程负责人被评为北京市课程思政教学名师，教学团队亦成为北京市优秀教学团队。本课程的慕课，已经登陆"学习强国"，目的是使更多人了解、掌握绿色建筑相关知识，产生了广泛的社会影响及示范作用。

2. 课程正向引导，受到学生广泛好评

学生在评教中，广泛表示该课程设计优于传统方式，正向引导作用显著，收获很大。近五年，学生在国内外绿色建筑设计竞赛中，获奖30余项。课程负责人带领学生去美国、新加坡等地开展绿色建筑设计国际联合工作营，展示中国绿色建筑成就，弘扬人类命运共同体的核心理念，教学成果显著。

3. 扎根基层，脱贫攻坚，多家主流媒体报道

团队长期深入贫困农村，深入调研或驻点工作的村落多达百余个。为此，多家主流媒体先后多次报道了团队开展的扶贫建设工作，多次受邀进行专题演讲，团队成员获得多项省部级荣誉称号。

4. 教科融合，完成多项工程项目，斩获殊荣

由团队设计并指导实施建成的多项实践成果，先后获得十余项国内外专业奖项，形成了非常广泛的社会影响及示范作用。

四、教学展示

（一）知识点

绿色建筑设计原理——绿色建筑材料应用。

（二）德育元素

建立绿色建筑材料的发展观、实践观、治理观。

（三）教学方法

1. 问题牵引法

针对难点问题，在课堂讲解时先从问题入手，引导学生辨析绿色建材与传统建材的核心差异，通过设问的方式层层牵引，从而加深学生对建筑材料对环境影响的深刻认识，主动寻找知识点的异同之处。

2. 案例代入法

针对建筑材料信息复杂等问题，课堂讲解时选取宁波历史博物馆"废旧瓦片的再利用"、上海世博会万科馆"农业废弃物的再利用"等经典作品，以建筑师的视角，引导学生进入案例的真实场景，通过层层剥离、由外及内、由浅入深的方式，将"材料——空间——技术"建立关联，通过简化图的方式将抽象关系清晰化、具体化。

（四）教学过程

"绿色建筑材料应用"知识点教学过程简表见表 2.7。

表 2.7 "绿色建筑材料应用"知识点教学过程简表

时间安排	学生活动设计	教学过程	教师活动设计
5min	观看视频、图片	通过视频播放及图片背景情况的介绍，使学生认识到：建筑对环境的巨大影响以及绿色建筑材料的重要性，以及绿色建筑材料应用的重要性	1. 引论 1）地球正在面临环境危机。 2）建筑产业对环境的破坏超乎想象。 建筑产业消耗土地资源； 建筑产业损坏自然生态； 建筑产业是高能耗产业； 建筑产业是高污染产业。 3）可持续发展是必经之路。 减少对能源和其他资源的消耗，减少对自然环境的影响，绿色建材材料和城市可持续性发展是 21 世纪建筑发展的必经之路。 从认知领域强调："绿色地球"需要建筑师以及所有人的共同努力，强化、拓展可持续的发展观

续表

时间安排	学生活动设计	教学过程	教师活动设计
3min	提问互动	提问互动，介绍本节核心内容	2.本节课程三个核心内容： 1）"为什么？"——绿色建筑材料的重要性 2）"什么是？"——绿色建筑材料的特征与类型 3）"怎么做？"——绿色建筑材料的应用
10min	倾听、回答	知识点讲解，案例解析，图片展示	引导学生分析传统建材与绿色建材在几个主要方面的差别。 3.绿色建筑材料的基本概念 1）绿色建筑材料的特征 绿色建筑材料由回收物、废弃物、农业废料制成； 绿色建筑材料是对自然资源具有保护意义的材料； 对环境具有较低负面影响的产品； 节水节能的产品； 有助于人类安全和健康的产品。 2）绿色建筑材料的种类
20min	倾听、讨论	理论讲解、案例讲解、图片分析、视频欣赏	4.绿色建筑材料的应用 1）可再利用材料：是在不改变所回收物质形态的前提下进行材料的直接再利用，或经过再组合、再修复后再利用的材料。 案例分析：多明莱斯酿酒厂——废旧石头的再利用。 2）可再循环材料：是将无法直接再利用的材料，通过改变其物质形态，加入其他成分，生产成为另一种材料而循环再利用。 案例分析：上海世博会万科馆——农业废弃物再利用。 从技能领域强调：掌握绿色建筑材料的应用，在绿色建筑设计实践中的重要意义
7min	倾听	图片讲解、情境代入、思政深化	5.总结与拓展 1）实践项目介绍：选择教师亲自完成的乡村实践项目作为案例，讲解绿色材料在乡村振兴中发挥的重要作用。 2）践行人类命运共同体的理念，宣传建筑师在公益事业、扶贫攻坚中的责任与担当。 3）引导学生思索建筑师的生态责任，绿水青山就是金山银山，怎么样才能留住青山、留住绿水，我们需要从根本资源消耗来解决这个问题。 4）思考：从情感领域进一步培养专业热情、审美能力和社会责任感，树立"望得见青山，看得见绿水，留得住乡愁"的绿色建筑情感表达

（五）课堂延伸

专题内容与实践内容结合。组织学生参与与课堂专题内容相关的实际项目设计，既锻炼了学生的设计实践能力，在实践中掌握专业知识，又培育了团队合作能力。

课堂教学与工作营教学结合。带领学生参加国内、国际绿色建筑设计联合工作营，展示中国绿色建筑成就，弘扬人类命运共同体的核心理念，强化爱国主义教育、提升学生的民族自豪感。

专业教学与知识科普相结合。与本校学团组织的特色主题活动相结合，组织学生参加一系列的科普活动和创新实践活动。通过第二课堂，拓展教学深度与广度。同学在参与科普活动和创新实践活动时，践行了课堂知识，宣传可持续发展思想，宣传节能减排在城市与乡村中的重要性，将课堂内容带给更多普通人。

五、课程思政的实践思考

课程思政建设是要寓价值观引导于知识传授和能力培养之中，将显性教育和隐性教育相统一，发挥好每门课程的育人作用。在地球环境危机、社会高速发展的大背景下，绿色建筑类课程不仅需要构建新的专业知识体系，而且要引导学生建立正确的生态观和价值观。未来的建筑师、规划师、设计师担负着城乡可持续发展的重要责任，他们将是推动"人、建筑、环境"三者和谐共生的实践主体。因此，本课程以构建"人类与自然生命共同体"作为理念引领，旨在使专业知识与思政内容形成协同效应，从而使绿色建筑教育逐层落地，逐步深化。

通过对绿色建筑的基本概念和基本知识、可持续发展的建筑设计观念和理论、国内外绿色建筑评价体系的形成和发展等知识点的介绍，使学生建立起"可持续发展"的思想理念。课程采用专题性讲解的方法，将绿色建筑整体系统拆分成多个子系统，旨在使学生熟悉各个系统的原理、技术、应用及协作。通过大量实例讲解与分析，使学生了解国内外绿色建筑设计实例的先进理念和技术，通过与同时期开设的课程设计相结合，使学生掌握绿色建筑设计的过程和方法，并在具体设计中得以实际运用。每个专题均形成知识闭环，串联多个实施环节，形成"融——教——学——践——评——思"的课程思政实施路径，使思政内容与专业内容同向同行，逐层落地、逐步深化。

> *倾听、敏思、慎言、勇行，为人师表。*
> ——《绿色建筑设计原理》任课教师　俞天琦

§2.4 数字电子技术

一、课程基本信息

课程名称：数字电子技术

课程性质：必修课

适用专业：自动化、电气工程及其自动化

总学时：48 学时

学分：3 学分

先修课程：电路原理、模拟电子技术

后续课程：单片机原理及应用、计算机控制系统

二、教学目标

（一）知识能力目标

通过本课程的学习，学生能够掌握数字逻辑与系统的基本工作原理、分析和设计方法，掌握数字集成电路的基本应用技能，并能够对各种基本数字逻辑单元进行分析和设计，会使用标准的集成电路和可编程逻辑器件，并具备根据实际要求应用这些单元和器件构成简单数字电子最小系统的能力。培养学生善于思考、大胆创新的精神，树立理论联系实际的工程观点，具备分析和解决复杂电路问题的综合实践能力，为后续专业课程的学习奠定坚实的基础。

（二）德育目标

秉承立德树人的教学理念，以学生发展为中心，深入挖掘课程的思政元素，把政治认同、国家意识、文化自信、人格养成等思想政治教育导向与知识、技能传授有机融合，促进学生全面发展。

1. 引导学生在学习专业知识的同时，加强对行业领域前沿科技、国际形势的了解认知，进一步强化自主科技创新意识，树立科技强国理想信念、科技报国的专业学习志向。

2. 加强学生对行业规范和职业道德的理解认知，引导学生尊重科学规律，培养科学

严谨、求实创新的思维习惯，从优秀行业人物的事迹中汲取精神滋养，传承和发扬科学精神，树立优秀职业品格。

3. 强化数字电子技术理论与实践的结合，使学生对数字电子技术的应用情况与发展前景有比较清晰的认知，引导学生建立可持续发展的行业理念，脚踏实地、学以致用、造福社会。

三、课程思政教学设计

（一）课程德育元素与融入设计思路

本课程将社会主义核心价值观、民族复兴的理想和责任融入课程教学中，以爱国主义教育为核心，以老一辈科学家艰苦奋斗、矢志报国的事迹感染学生，以我国高新技术在艰难的国际局势中自主创新、砥砺前行的发展历程激励学生，通过案例教学等方式，将知识传授、能力培养与价值引领相结合，实现在知识传播中强调价值引领，于润物无声中立德树人，培养学生勇于实践，追求卓越的创新精神和大国工匠精神。

1. 引入典型应用，提升学生对专业的认同感、学好专业的使命感

数字电子技术已广泛应用于社会生产和生活，如手机、计算机、数码相机、MP4等数字产品，高铁技术，航空航天技术，北斗导航系统等都离不开数字电子技术，我国在数字电子技术领域的研究已走在了世界的前列。通过引入的典型事例，引导学生要热爱科学、崇尚科学、学习科学，树立远大理想，为祖国的腾飞作出自己的贡献。

2. 结合实际需求，培养学生善于发现问题和解决问题的能力

为了激发学生学习和实践兴趣，本课程充分结合日常生活相关案例导入课程知识内容。比如，针对路口交通拥堵问题，合理设计交通信号灯，优化通行方案；设计组合逻辑电路和时序逻辑电路，一体化解决新型冠状病毒肺炎疫情常态化防控人员测温、人数统计及实时显示问题，引导学生关心百姓生活身边"小事"，综合运用所学知识解决实际问题，做到学以致用。

3. 通过项目锻炼，培养学生团结协作和科学严谨的工作作风

本课程设置有探究性项目学习环节，要求学生完成最小电子系统的设计，通过项目学习，学生分工合作进行设计、仿真、搭接电路和调试，形成完整、可行的设计方案，锻炼学生的发散思维和工程能力，培养认真负责、踏实严谨的工作作风和团队协作精神。

（二）教学环节设计与进度安排

本课程的思政教学环节设计与进度安排见表2.8。

表2.8 《数字电子技术》思政教学环节设计与进度安排表

周次	思政教学内容	思政教学环节设计
1	热爱科学、崇尚科学	在绪论一章,通过数字电子技术在家用电器、智能手机、电脑、摄像机等生活常用物品中的应用及技术发展情况,引导学生要热爱科学,崇尚科学,学习和运用科学,为推动社会科技进步、助力人民生活水平提高,在专业领域作出贡献
2	职业道德和工程素养	在讲解"编码规则和用途"这一知识点时,通过解读编码规则,使学生明确编码的专业标准,引导学生在工作和学习中,严格要求自己,强化标准意识,遵守职业伦理操守和职业道德
3	坚持理想、敢于创新	在介绍"逻辑代数"这一知识点时,引入乔治·布尔的布尔代数的发明经历,说明科学研究贵在坚持,引导学生学会辩证地看问题,激励学生坚持理想、刻苦学习,培养学生的创新意识和敢于挑战学科前沿的勇气
4	爱国情怀、科技报国、学习志向	在"逻辑门电路、集成电路"知识点教学过程中,通过当前集成芯片产业链话语权基本被美国企业所垄断的国际形势,列举美国对中兴、华为公司"卡脖子"事件,让学生了解集成芯片产业面临的全球性挑战,激发学生爱国情怀,树立科技报国的专业学习志向
6、8	个体与整体的辩证关系、团队协作精神	在"组合逻辑电路"知识点教学过程中,任何组合逻辑电路都是由多个门电路组成,只有各司其职,才能实现特定的、完整的逻辑功能,透过这一规律,引导学生正确看待个体与整体的辩证关系,鼓励学生积极参加科技创新团队,让学生认识到团队协作的重要性。单独的逻辑门没有记忆和延迟功能,但是由多个逻辑门交叉反馈组成的电路就成为触发器,具有记忆功能,并且成为时序逻辑电路的关键部件。由此向学生点明,整体与个体的关系与我们个人与集体的关系相类似,任何时候个人要服从大局,充分发挥个人的能动性,为集体添砖加瓦
7	社会责任感	译码显示器常用于测温、统计等场合,结合疫情常态化用到的电子设备讲授译码器的工作原理、数码管的工作原理、电路连接、芯片应用等内容,教育学生理论结合实际,知识服务社会,在国家需要的时候要勇于担当,学以致用,具有社会责任感
9	纪律规矩意识	在讲授"时序逻辑电路"过程中,针对各个触发器需要在时钟信号的统一控制下才能有序工作这一特点,教育学生要树立纪律规矩意识,遵纪守法,遵守规章制度和社会公德
12	突破自我,勇于革新	针对当给定脉冲信号不能满足实际需求时,应根据需要对已有的脉冲信号进行整形和变换这一知识点,向学生点明要适应环境,顺应发展,不断学习,更新知识体系,勇于创新,实现自我突破
13	高阶思维	数模和模数转换电路涉及数字电路、模拟电路、电路原理等知识的综合运用,结合电子技术特性和最新应用,进行电路的分析和设计,培养学生解决复杂问题的综合能力和高级思维

(三)教学方法

1. 启发式、讨论式案例教学

授课过程中,针对知识点采用启发、设疑、提示、深度分析等方法,引导学生积极思考,鼓励大家发表见解。例如,在讲解逻辑函数简化和电路实现时,教师启发学生采用合适的公式实现化简,并将简化目的、简化规则与思政元素相融合;另一方面通过讨论,使学生互学互鉴,激发学生的学习兴趣,锻炼思考能力,促进学生之间的交流和学习。

2. 项目驱动教学

精选教学内容,课程知识点以项目的形式展开,教师组织学生开展分组学习,学生根据项目要求,通过自主学习或分组讨论、质疑、探索、评价的交互学习方式构建和充实知识体系，教师引导学生在实践中大胆质疑和创新。例如，讲授复杂时序电路设计时，学生通过自主学习和组内分配任务来完成教师布置的题目，包括抢答器的设计、信号发生器的设计、秒表设计等，结合课堂理论知识，调研实际产品的应用，要求进行功能或者结构创新设计。这需要学生充分发挥主观能动性，使学生从"要我学"变成"我要学"，同时培养学生团队协作精神和发现问题、解决问题的能力。

3. 强化实践教学环节

数字电子技术是一门实践性很强的课程，学以致用是课程培养创新型人才的关键目标。课程以项目实践的方式拓宽学生学习的深度和广度，通过线上布置学习任务，学生线下仿真、搭接和调试设计电路进行理论知识的消化和吸收，以组合逻辑电路和时序逻辑电路的分析和设计等课程教学知识重点问题为引导，以实例作驱动，扼要、有序地介绍电路的设计方法，通过设计性、复杂性实验项目培养学生知识综合应用能力和实践创新能力。对于计数器、寄存器等分析和设计难点问题，则通过结合实际应用中的路口红绿灯、跑马灯、公园人流统计系统等例子，进行详细讲解和思维引导，做到理论与实践相结合，培养学生的高级思维和解决复杂问题的能力。

4. 充分利用现代化教学手段

采用多媒体线下授课、国家精品慕课学习、超星学习通平台线上学习互动相结合的多维授课模式，依托学习通平台进行课程考勤，发布作业、通知，开展课堂抢答、讨论，完成课后在线答疑、单元测验、学习情况调查等线上教学活动。

（四）教学成效

《数字电子技术》课程教学团队充分挖掘和提炼课程思政元素，将授课内容与时政、历史人物、事件等结合起来，使枯燥的电路知识更加贴近生活，使学习变得鲜活、生动起来，取得了良好的教学效果，主要体现在：

1. 教师德育意识和能力显著提高

课程教学团队集中学习课程思政建设相关文件，积极参加相关培训，围绕课程德育主题，开展集中备课、交流研讨、观摩示范等教研活动，固化课程思政建设成果，形成课程教学大纲、教学计划、教学方案等教学文件，通过课程德育教学改革实践，团队教师进一步树立"四个意识"、强化"四个自信"，明道信道传道，不断创新教学模式，凝练教学内容，透过专业知识给学生精神滋养。

2. 学生课堂参与度、学习积极性增强

以课程专业知识为主体，采用案例教学、项目驱动教学和翻转课堂教学的方法，将课程知识点的学习与学生身边的数字电子技术紧密联系起来，使学生积极参与到课堂教学活动之中，并进一步探究如何进行电路设计，引导学生由浅入深，由被动学习到主动学习。例如,学生设计的多功能十字路口交通信号灯、带有可逆计数功能的电子钟等,体现了学生在深入调研的基础上开展创新设计,设计方案具备了在特定场合应用的条件。

3. 学生创新实践能力显著提升

课程始终将科技报国、工匠精神等德育教育贯穿于教学全过程,作为课堂的有效延伸,组织学生各种高级别的竞赛并屡创佳绩。获得 2020、2021 年北京市电子设计大赛二等奖 5 项,2020、2021 年大学生西门子工业自动化挑战赛国家级一等奖、二等奖 6 项,2020、2021 年中国机器人及人工智能大赛无人驾驶智能车竞速车赛一等奖、二等奖 7 项。学生对项目研究的专注度、意志力、团队协作能力、实践动手能力得到了极大地提高,专业认同感和个人获得感大幅提升,进一步深化了课程德育成果。

四、教学展示

(一)知识点

半导体存储器。

(二)德育元素

自力更生、自主创新。

(三)教学方法

案例引入法、翻转课堂法。

(四)教学过程

"半导体存储器"知识点教学过程简表见表 2.9。

表 2.9 "半导体存储器"知识点教学过程简表

时间安排	学生活动设计	教学过程	教师活动设计
10min	学生观看视频,思考和回答问题	内容引入	1. 播放视频资源 1)半导体存储器的种类。 2)废弃家用电器(家用电器的主电路是半导体芯片组成的)的无害化回收、处理。 3)由半导体引发的中兴事件。 2. 提出问题 1)请学生列举日常生活中常用的半导体器件。 2)请学生观看视频后总结归纳废弃的半导体芯片应如何回收和处理。 3)请学生分享对中兴事件的相关思考
10min	学生倾听和回答问题	知识介绍	3. ROM/RAM 的特点 1)断电后信息是否消失。 2)RAM:随时存取。 3)ROM:只读不取简便,成本低

续表

时间安排	学生活动设计	教学过程	教师活动设计
10min	学生倾听和回答问题	知识介绍	4. ROM/RAM 的分类 RAM：SRAM 和 DRAM。 ROM：固定 ROM 和可编程 ROM。 PROM、EPROM、E2PROM、Flash 存储器。 5. 举例 根据 ROM、RAM 的特点，请学生列举至少一种日常生活中常见的半导体，并说明属于哪一类
30min	学生倾听，提问	问题引入：ROM/RAM 的不同体现在内部结构的不同	6. 通过 RAM 的特点，介绍 RAM 的结构和组成 1）RAM 的特点：地址译码器的作用是对外部输入的地址码进行译码，以便唯一地选择存储矩阵中的一个存储单元。 2）RAM 的结构与组成。 RAM 的结构如图 2.22 所示，地址译码器工作原理如图 2.23 所示。 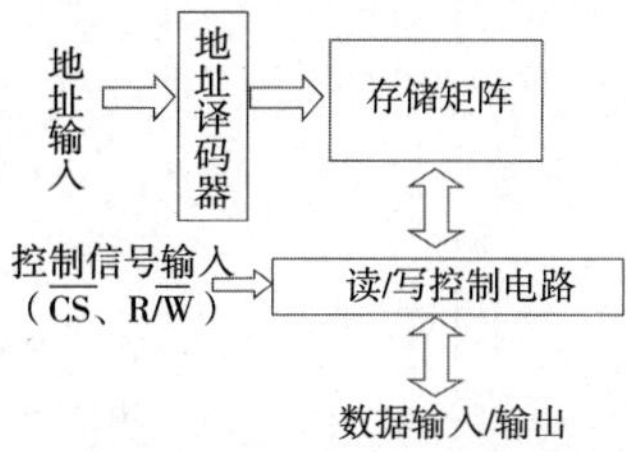 图 2.22　RAM 的结构 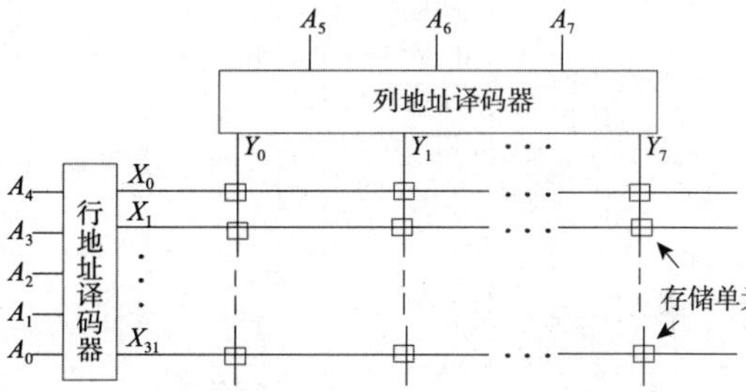 图 2.23　地址译码器工作原理 向学生提问： 若地址 A_7-A_0 = 000 11111，哪个单元的内容可读/写？ 若容量为 256×4 的存储器，有 256 个字，8 根地址线 A_7-A_0，但其数据线有 4 根，每字 4 位。 3）读/写控制电路如图 2.24 所示，完成对选中的存储单元进行读出或写入数据的操作。把信息存入存储器的过程称为"写入"操作。反之，从存储器中取出信息的过程称为"读出"操作。 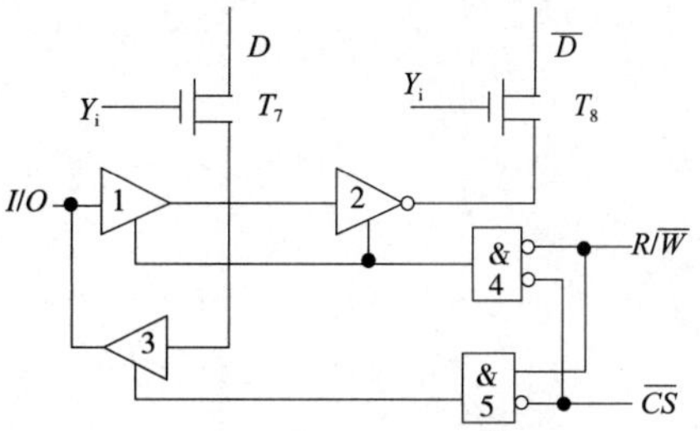 图 2.24　读写控制电路

时间安排	学生活动设计	教学过程	教师活动设计
30min	学生倾听，提问	问题引入：ROM/RAM 的不同体现在内部结构的不同	$X_i=1$，T_5、T_6 导通，触发器与位线接通。 $Y_j=1$，T_7、T_8 均导通，触发器的输出与数据线接通，该单元数据可传送。 4）存储矩阵如图 2.25 所示，用于存放二进制数，一个单元放一位，排列成矩阵形式。 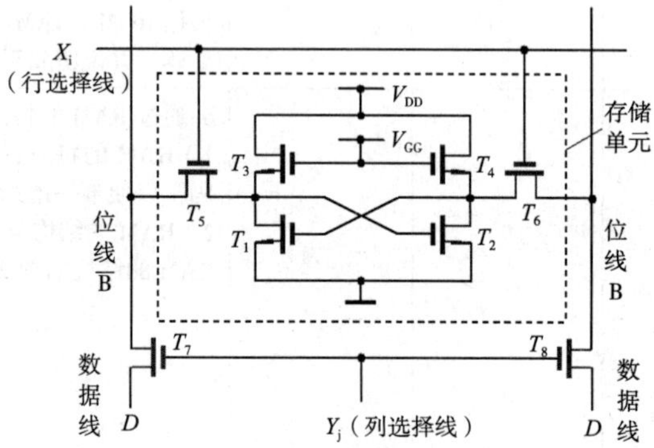 图 2.25　存储矩阵 7. 与 RAM 进行对比，介绍 ROM 的结构 ROM 的结构如图 2.26 所示。 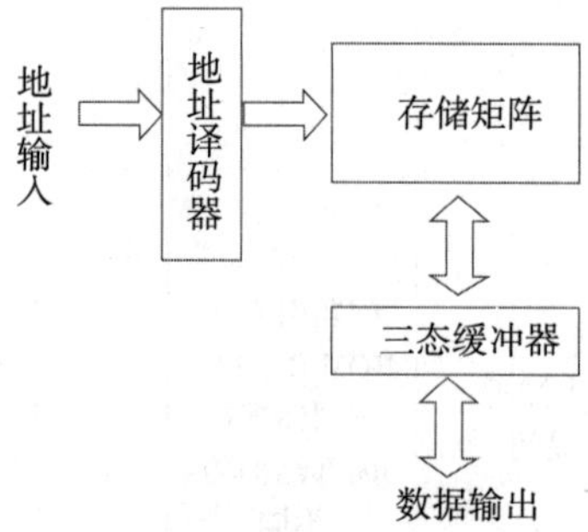 图 2.26　ROM 的结构 固定 ROM 主要由地址译码器、存储单元矩阵和输出缓冲器三部分组成。二极管组成的 ROM 阵列，以 4×4 为例，如图 2.27 所示。 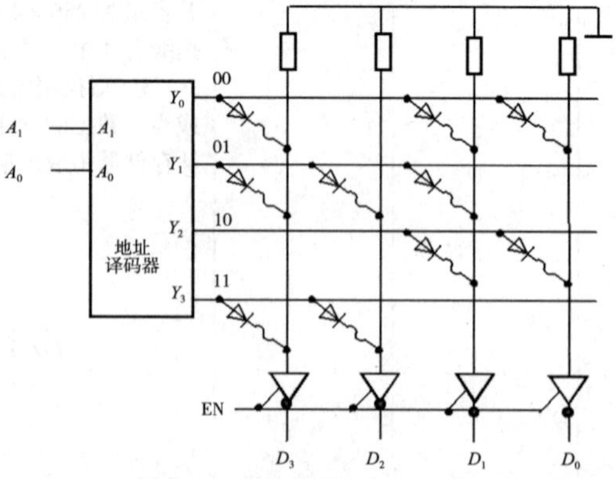 图 2.27　二极管组成的 ROM 阵列

续表

时间安排	学生活动设计	教学过程	教师活动设计
30min	学生倾听，提问	问题引入：ROM/RAM 的不同体现在内部结构的不同	重点和难点 8. RAM 存储容量的扩展 数字系统中单个存储芯片往往不能满足存储容量的要求，需要把若干个存储芯片连接在一起，以扩展存储容量。 方法：增加字长（位数）或字数来实现。 1）字长（位数）的扩展 RAM 芯片为 1 位、4 位、8 位、16 位、32 位等。位扩展可利用芯片的并联方式实现，即将 RAM 的地址线、读/写控制线片选信号对应并联起来，而各个芯片的数据输入/输出端作为字的各个位线。 例：1K×1 位的芯片构成 1K×8 位的存储系统如图 2.28 所示。 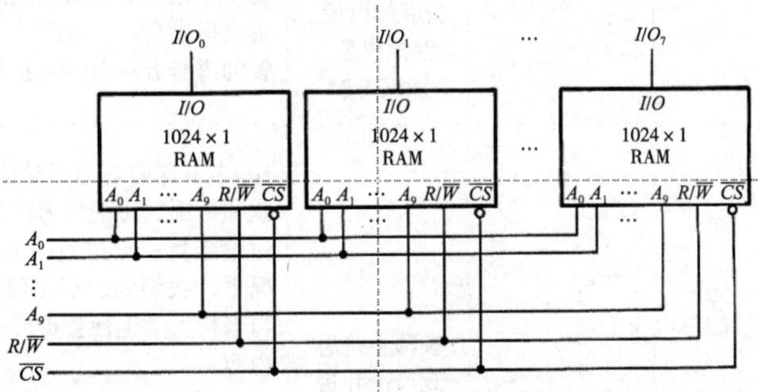 图 2.28 1K×1RAM 扩展 1K×8RAM 连接图 提问： （1）数据线多少？ （2）地址线多少？ （3）输出端怎么连接？ （4）控制端怎么连接？ 2）字数的扩展 字数的扩展利用外加译码器，控制存储芯片的片选输入端来实现。 利用 2-4 译码器将 4 个 256X8 位的 RAM 扩展成为 1KX8 位的存储器系统，如图 2.29 所示。 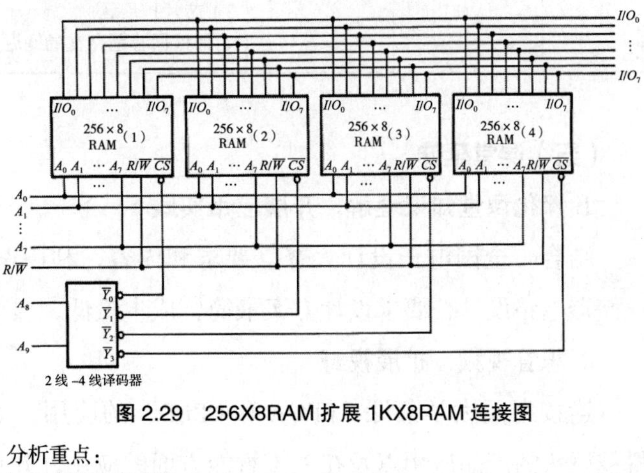 图 2.29 256X8RAM 扩展 1KX8RAM 连接图 分析重点： （1）芯片并联个数

续表

时间安排	学生活动设计	教学过程	教师活动设计
30min	学生倾听，提问	问题引入：ROM/RAM 的不同体现在内部结构的不同	（2）链接方法； （3）译码器的确定； （4）片选端的连接； （5）地址线的链接； （6）数据线的个数
20min	课堂讨论	采用反转课堂的方法对 RAM 的字和位的扩展方法进行讨论，发挥想象，加深理解	9. 分组讨论问题： 1）用 4K×4 位的 RAM 扩展为 4K×16 位的 RAM 的方法。 2）如何做到字和位的同时扩展？ 请学生思考，画出电路连接图，在学习通讨论区打卡，并由各组代表进行发言。 教师进行方法总结，扩展和延伸，启发深度思考和高级思维
6min	思政讨论	教师主持思政讨论并进行点评和点题	10. 本节课内容为半导体，结合国际形势对我国半导体行业的出口限制和封锁，讨论作为科技工作者和大学生如何面对行业困境。 讨论题目：根据当前国际形势，在美国对我国半导体行业封锁的情况下，我们的发展出路在哪里？结合科学技术的发展谈技术工作者与当代大学生社会责任感和忧患意识。 内容： 自主创新，自力更生，掌握自主知识产权； 具有国际化视野，了解国际动态，主动出击； 奋发图强，不怕困难，迎头赶上，坚持创新和突破。 目的： 坚定学生对国家大政方针、科学发展理念的认同，增强国际视野，满怀爱国情怀，在当前复杂的国际形势下，立足国内，自力更生，艰苦奋斗，努力学习掌握先进技术，报效祖国
14min	课堂测验	测试学生知识点的掌握	11. 利用学习通进行课堂小测验，随时掌握学习情况： 1）填空题 2）判断题 3）芯片扩展题 老师根据答题存在的问题，进一步对知识点进行深化和总结

（五）课堂延伸

1. 深化课堂知识理解，开展应用实践

结合"全国电子设计大赛"要求和内容，利用 MULTISIM 软件设计和仿真"20M"存储器电路设计，要求设计方案最简，成本最低，提交设计电路和方案说明。

2. 观看视频，扩展视野

连接中国大学慕课"FPGA 和 CPLD"的应用，了解目前国际上半导体尖端技术、科技巨头的产品应用以及在人工智能方面的应用，并在讨论区总结出目前最新的芯片应用技术。

五、课程思政的实践思考

通过《数字电子技术》课程思政的建设,有以下几点收获和思考:

1. 做好课堂分享与交流环节

在课程教学中探索地使用参与式教学法,了解学生的所思所想,激发学生学习的积极性、主动性和参与性。利用学习通平台的讨论板块,分享自己的所想所悟,可以是社会时政热点,也可以是大学生最为关注的知识点,由于学生的关注点不同,共同分享更多的新资讯、新理念,锻炼学生利用翻转课堂讲解知识点和感悟,甚至是某些创新点。

2. 探索"互联网+"思政课模式

充分利用网络课堂和超星学习通平台,实时将与课程相关的思政内容和时事要闻与学生分享,让学生学好课本知识的同时,关注电子技术发展的最新动态、展览、新技术发布会、国家的相关政策方针。通过学生提交的学习心得,了解学生学习的动态、想法和困惑,为老师进一步开展工作做到有的放矢。

师者,传道授业解惑也。做教师要精于业,德于心,爱于人,努力准备每一节课,耐心细致地教授学生,用知识浇灌和培育学生,用爱心帮助学生。学生的成长是一个渐进的过程,他们有优点,也会有很多缺点,要理解他们,因材施教,不让每一个学生掉队,做好学生的引路人、筑梦人和守护人。

——《数字电子技术》任课教师 张俊红

§ 2.5
软件测试与管理

一、课程基本信息

课程名称：软件测试与管理

课程性质：必修课

适用专业：计算机科学与技术

总学时：48 学时

学分：3 学分

先修课程：面向对象程序设计（C++）、数据结构与算法、数据库原理及应用、软件工程、UML 建模与分析技术

后续课程：毕业实习、毕业设计

二、教学目标

（一）知识能力目标

本课程是计算机科学与技术专业的一门重要专业基础课，主要讲授软件测试的基本知识和基本方法，通过软件测试理论知识和业界主流通用技术的学习，使学生掌握软件测试的基本理论，掌握软件测试技术和方法并应用到实践中，能按照所学技术策略和方法进行测试工作，完成测试任务。

（二）德育目标

培育学生求真务实、实践创新、精益求精的工匠精神，使学生建立社会责任感，增进爱国主义情怀，为国家的核心技术研发培养更多勇于担当的计算机专业创新人才。

三、课程思政教学设计

（一）课程德育元素与融入设计思路

本课程的教学设计围绕计算机软件项目开发案例展开，采用线上线下相结合的教学方式，将课堂讲授与网络教学平台讨论进行有机结合，在课程中设置两条主线，第一条主线为软件项目开发案例主线，通过对软件项目开发中失败案例的介绍，使学生能够认

识到软件开发是一个严谨的过程，需要开发人员具有精益求精的职业精神，同时从失败案例中总结经验教训，为未来职业生涯取得成功奠定坚实的基础；第二条主线为人物纪实主线，通过对行业专家的事迹介绍，为学生树立学习的榜样，培养学生敢于拼搏、勇于创新、认真踏实的品质，激发学生的学习热情。

（二）教学环节设计与进度安排

本课程的思政教学环节设计与进度安排见表 2.10。

表 2.10 《软件测试与管理》思政教学环节设计与进度安排表

周次	思政教学内容	思政教学环节设计
1	专业认同	在软件测试概述章节讲授过程中，通过介绍某门票销售系统瘫痪案例，分析其起因、经过和结果，使学生了解软件测试对于软件成败的重要性，要求学生了解该案例并思考其应对措施，增进学生对专业认同，激发学生学好本课程的热情和积极性
2	专业责任感	在软件测试与质量章节讲授过程中，通过介绍迪士尼狮子王游戏软件"bug"的典型案例，要求学生了解该事件并思考软件测试在软件开发中的重要地位，使学生明确软件测试与质量管理的重要性
3	专业作风培养	在软件测试与质量管理章节讲授过程中，列举丹佛机场自动行包系统一个技术缺陷造成数亿美元损失的典型案例，使学生了解了大型软件开发中软件测试的重要作用，要求学生分析该案例开发过程的问题，并思考大型软件开发中软件测试的作用
4	专业作风培养	在软件测试过程与策略章节讲授过程中，通过列举某型号奔腾 CPU 芯片运算结果错误问题，要求学生分析在此型号 CPU 芯片研发过程中存在的设计缺陷，引发学生对工匠精神的深入思考，培养学生认真敬业、踏实肯干的工作作风
5	专业作风培养	在软件测试过程与策略章节讲授过程中，通过介绍和分析火星探测飞船坠毁案例，引导学生体会严谨求实的作风对于软件设计与测试成败的重要性
6	社会责任感	在软件缺陷管理章节讲授过程中，通过对冲击波病毒及其对 Windows 操作系统攻击的介绍，使学生深刻认识到软件漏洞对于软件安全性的重要影响，以及对社会生产、人民生活造成的危害，增强学生的专业责任感、使命感
7	职业道德	在软件缺陷管理章节讲授过程中，列举美国爱国者导弹防御系统失灵，致使 28 名美国士兵死亡事件，使学生坚定"软件测试无小事"的信念，强化职业道德和专业责任感
8、9	专业作风培养	在黑盒测试及其用例的设计章节讲授过程中，通过介绍一生只造 5 只表的英国航海钟发明者约翰·哈里森，以及国家最高科学技术奖获得者钱七虎的人物故事，研讨软件工程师所应具备的基本素养及品质，引导学生进一步端正学习态度，树立严谨治学、精益求精的专业作风
10、11	追求卓越	在白盒测试及其用例的设计章节讲授过程中，通过对"火箭女神"姜杰确保 14 次火箭发射零失误，以及"中国氢弹之父"于敏的先进事迹介绍，激励学生以科学家为榜样，不畏艰难、直面挑战，秉承工匠精神，不断追求卓越的专业精神

（三）教学方法

本课程的思政教学采用线上线下相结合的方式开展。课堂中主要通过案例式教学方法和研讨式教学方法，以教师讲授为主、学生讨论为辅的方式进行教学设计。课外采用"超星学习通"网络平台，利用启发式教学方法和研讨式教学方法，鼓励学生积极参与讨论，发表自己的观点和意见，互相启发，达到共同进步、共同成长的教学效果。

（四）教学成效

1. 加深了学生对专业知识更深层次的了解

从围绕《软件测试与管理》课程所讲授的专业知识出发，从软件开发中存在的质量问题、为什么要进行软件测试、如何保证软件质量、如何进行软件质量管理等内容出发，通过对软件项目开发中成功与失败案例的介绍，逐渐深入到学生所关注的软件行业领域，使他们对软件企业进行软件质量保证的重要性有一个整体的认识。

2. 培养学生不畏艰难、勇于创新、精益求精的精神

在计算机软件发展的过程中，涌现了很多优秀的人才，尤其是一些对计算机发展起到重要作用的关键人物的励志故事以及他们艰辛的奋斗历程，对于学生来讲触动更大，使他们明白每一个成功者背后所付出的艰辛，从这些人物的平凡故事中了解到他们的工匠精神，更加明确自己的奋斗目标，从而培养自己踏实严谨、追求卓越的优秀品质。

四、教学展示

（一）知识点

白盒测试方法。

（二）德育元素

工匠精神。

（三）教学方法

采用对比分析法、案例教学法，将工匠精神渗透到软件测试项目实践中，通过不同测试方法的对比分析，引导学生不断精益求精，利用更好的测试方法进行高质量的软件测试。

（四）教学过程

"白盒测试方法"知识点教学过程简表见表2.11。

（五）课堂延伸

布置学生在网络或"学习强国"平台中观看姜杰等航天英模的事迹，通过讨论的形式让学生分享体会，学习科学家对航天系统控制、运行和测试工作中精益求精、不畏艰难、勇于奉献的精神，进一步增强学生的专业自豪感、荣誉感以及对工作的责任感。

五、课程思政的实践思考

大学时代是人生观、价值观和世界观形成的重要时期，加强学生思想政治教育，不能仅依靠思政课程，应该将其贯穿于整个培养环节中。课堂是育人的主渠道，是实现知

表 2.11 "白盒测试方法"知识点教学过程简表

时间安排	学生活动设计	教学过程	教师活动设计
5min	学生倾听、思考	知识点内容引入、白盒测试基本概念讲授	1. 向学生提出问题 如何有效进行软件测试？测试方法的种类？ 2. 讲解白盒测试的概念 白盒测试也称结构测试。"白盒"将程序形象地比喻为放在一个透明的盒子里，故测试人员了解被测程序的内部结构。 示例：结合示例程序流程图，如图 2.30 所示，思考白盒测试与黑盒测试的区别 图 2.30 程序流程图
5min	学生倾听、思考	讲授白盒测试方法	3. 讲解白盒测试方法 白盒测试根据测试代码的覆盖程度分为多种方法，包括： 1）语句覆盖法； 2）判定覆盖法； 3）条件覆盖法； 4）判定–条件覆盖法； 5）条件组合覆盖法； 6）路径覆盖法。 指导学生根据图 2.30 所示程序流程图，利用多种白盒测试方法设计测试用例，并思考白盒测试各种方法有什么区别
5min	学生倾听、思考	讲授白盒测试方法之语句覆盖法	4. 讲授语句覆盖法 1）向学生提问：什么是语句覆盖？语句覆盖的特点是什么？优缺点是什么？ 2）语句覆盖法：设计测试用例时应保证程序的每一条可执行语句至少执行一次。它以程序中每条可执行语句是否都执行到为测试终止的标准。 语句覆盖率 = 至少被执行一次的语句数量 / 可执行的语句总数。 示例：如表 a 所示。 表 a 语句覆盖法示例 | ID	输入 x	y	z	预期输入 j	k	通过路径
---	---	---	---	---	---	---
TE-001	4	5	5	12	19	*abd*	 引导学生思考：语句覆盖的优缺点是什么
15min	学生倾听、思考	讲授白盒测试方法之判定覆盖法	5. 讲授判定覆盖法 1）知识点导入：语句覆盖可以保证程序中每个语句都得到执行，但发现不了判定中逻辑运算的错误，即它并不是一种充分的检验方法

续表

时间安排	学生活动设计	教学过程	教师活动设计
15min	学生倾听、思考	讲授白盒测试方法之判定覆盖法	例如，在第 1 个判定条 [(x>3)&&(z<10)] 中如果把"&&"错误的写成"‖"，这时仍然使用该测试用例，则程序仍会按照流程图上的路径 abd 执行。可以说语句覆盖是最弱的逻辑覆盖准则。 2）判定覆盖法：设计足够多的测试用例，使被测程序中的每个判定取到每种可能的结果，即覆盖每个判定的所有分支。判定覆盖也称为分支覆盖。显然，若实现了判定覆盖，则必然实现了语句覆盖。 判定覆盖率 = 判定结果被评价的次数 / 判定结果的总数。 示例：如表 b 所示。 表 b　判定覆盖法示例 | ID	输入			预期输入		通过路径 | |---|---|---|---|---|---|---| | | x | y | z | j | k | | | TE-002 | 4 | 5 | 5 | 12 | 19 | abd | | TE-003 | 2 | 5 | 5 | 12 | 0 | ace | 引导学生思考：判定覆盖的优缺点是什么
15min	学生倾听、思考	讲授白盒测试方法之条件覆盖法	6. 讲授条件覆盖法 1）知识点导入：表 a、表 b 两个测试用例不仅满足了判定覆盖，同时还做到了语句覆盖。从这点看似乎判定覆盖比语句覆盖更强一些，但仍然无法确定判定内部条件的错误。例如把第二个判定中的条件 $y>5$ 错误写成 $y<5$，使用上述用例，照样能按原来路径执行而不影响结果，因此，需要有更强的逻辑覆盖准则去检验判定内的条件。 2）条件覆盖法：设计足够多的测试用例，使被测程序中的每个条件取到各种可能的结果。 条件覆盖率 = 条件操作数值至少被评价一次的数量 / 条件操作数值的总数。 示例：如表 c 所示。 表 c　条件覆盖法示例 | ID	输入			预期输入		通过路径	覆盖分支 | |---|---|---|---|---|---|---|---| | | x | y | z | j | k | | | | TE-004 | 4 | 6 | 5 | 12 | 23 | abd | bd | | TE-005 | 2 | 5 | 15 | 6 | 0 | ace | ce | | TE-006 | 2 | 6 | 5 | 6 | 11 | acd | cd | | TE-007 | 4 | 5 | 15 | 12 | 19 | acd | cd | 引导学生思考：条件覆盖的优缺点是什么
15min	学生倾听、思考	讲授白盒测试方法之判定-条件覆盖法	7. 讲授判定-条件覆盖法 1）知识点导入：表 c 中的 TE-004 和 TE-005 不但覆盖了 4 个条件可能产生的 8 种情况，而且将两个判定的 4 个分支 b、c、d、e 也同时覆盖了，即同时达到了条件覆盖和判定覆盖。但是，并不能说满足条件覆盖就一定能满足判定覆盖。例如表中 TE-006 和 TE-007，则虽然满足了条件覆盖，但只是覆盖了程序中第一个判定的取假分支 c 和第二个判定的取真分支 d，不满足判定覆盖要求

续表

时间安排	学生活动设计	教学过程	教师活动设计
15min	学生倾听、思考	讲授白盒测试方法之判定-条件覆盖法	2）判定-条件覆盖法：设计足够多的测试用例，使被测程序中的每个条件取到各种可能的结果，且每个判定取到各种可能的结果。 判定/条件覆盖率=条件操作数值或判定结果值至少被评价一次的数量/（条件操作数值总数+判定结果总数）。 示例：如表d所示。 **表d 判定-条件覆盖法示例** | ID	输入					预期输入	通过路径	覆盖分支
---	---	---	---	---	---	---	---	---
	x	y	z	j	k			
TE-004	4	6	5	12	23		abd	bd
TE-005	2	5	15	6	0		ace	ce
TE-006	2	6	5	6	11		acd	cd
TE-007	4	5	15	12	19		acd	cd	 引导学生思考：判定-条件覆盖的优缺点是什么
15min	学生倾听、思考	讲授白盒测试方法之条件组合覆盖法	8. 讲授条件组合覆盖法 1）知识点导入：从表面上看，判定-条件覆盖测试了各个判定中的所有条件的取值，但实际上，编译器在检查含有多个条件的逻辑表达式时，某些情况下的某些条件将会被其他条件所掩盖。所以，判定-条件覆盖也不一定能够完全检查出逻辑表达式中的错误。例如，对于第1个判定（$x>3$）&&（$z<10$）来说，必须$x>3$和$z<10$这两个条件同时满足才能与确定该判定为真。如果$x>3$为假，则编译器将不再检查$z<10$这个条件，那么即使这个条件有错也无法被发现。对于第2个判定（$x==4$）||（$y>5$）来说，若条件$x==4$满足，就认为该判定为真，这时将不会再检查$y>5$，那么同样也无法发现这个条件中的错误。 2）条件组合覆盖法：当某个判定中存在多个条件时，仅仅考虑单个条件的取值是不够的，条件组合覆盖是设计足够多的测试用例，使被测程序中每个判定的所有条件取值组合都至少出现一次。 条件组合覆盖率=条件操作数值至少被评价一次的数量/条件操作数值的所有组合总数。 示例：如表e所示。 **表e 条件组合覆盖法示例** | ID	输入					预期输入	通过路径	覆盖分支
---	---	---	---	---	---	---	---	---
	x	y	z	j	k			
TE-008	4	6	5	12	23		abd	1
TE-009	4	5	15	6	0		acd	2
TE-0010	2	6	5	6	0		acd	3
TE-0011	2	5	15	6	0		ace	4	 引导学生思考：条件组合覆盖的优缺点是什么
15min	学生倾听、思考	讲授白盒测试方法之路径覆盖法	9. 讲授路径覆盖法 1）知识点导入：如表e所示这组测试用例覆盖了所有8种条件取值组合，覆盖了所有判定的真假分支，但是却丢失了一条路径abe

续表

时间安排	学生活动设计	教学过程	教师活动设计
15min	学生倾听、思考	讲授白盒测试方法之路径覆盖法	2）路径覆盖法：设计足够过的测试用例，使得程序中所有可能的路径都至少被执行一次即是覆盖程序中的所有路径。 示例：如表f所示。 **表f　路径覆盖法示例** | ID	输入			预期输入		通过路径
---	---	---	---	---	---	---
	x	y	z	j	k	
TE-002	4	5	5	12	19	abd
TE-003	2	5	5	12	0	ace	 引导学生思考：路径覆盖的优缺点是什么
5min	学生倾听、思考	知识点小结	10. 知识点总结 比较多种白盒测试方法的优缺点，总结白盒测试的特点。 1）通过白盒测试多种方法的介绍，在介绍每一种白盒测试方法之后，对其缺点进行总结，提出改进想法，引出下一种改进方法。通过递进式授课，让学生明确，任何一个工作不是一种方法就可以圆满解决问题的，需要不断去努力、去探索、去创新、去实践，需要具备精益求精的工匠精神，只有不断在实践中总结，不怕困难，勇于探索，才能实现自己的既定目标和人生价值。 2）介绍"火箭女神"姜杰的事迹，让学生学习她"技术改进的成功必须建立在充分论证、仔细测算和大量试验验证的基础上，这样才能确保火箭上天的万无一失"理念下对待工作一丝不苟的作风，要求学生要严格对待软件测试工作，具有良好的职业道德和职业素养

识传授与价值引领最具效能的途径之一，在课堂教学中要突出显性教育和隐性教育相融通，形成思政课程与专业课程的协同育人效应。《软件测试与管理》课程重点在于训练学生严谨的思维方式和专业素养，通过挖掘课程中的思政元素，构建完整的教学体系，利用多种教学方法，将思政教育与专业教育有机融为一体，培养有社会责任感、有创新精神、有实践能力全面发展的高素质应用型人才。

> 踏实教学，用心待人，做学生学业和心灵的双重导师。
>
> ——《软件测试与管理》任课教师　张琳

§ 2.6 物流工程

一、课程基本信息

课程名称：物流工程
课程性质：必修课
适用专业：工业工程
总学时：32 学时
学分：2 学分
先修课程：高等数学、概率论与数理统计、经济和管理
并修课程：无
后续课程：无

二、教学目标

（一）知识能力目标

该课程内容是工业工程领域中重要的内容之一，重点突出了对物流系统规划与设计能力的训练，通过本课程的学习，使学生能够适应 21 世纪我国物流管理科学化与现代化的需要，掌握和了解物流工程的基本理论与方法，培养学生分析和解决实际问题的能力。

课程目标及能力要求具体如下：

1. 理解和掌握物流、物流工程、物流系统、物流系统分析等重要的基本概念；
2. 重点掌握设施选址的基本原理和方法，应用相关方法进行选址，并进行比较和评价；
3. 识别社会中常见的物流设施设备及其作用；
4. 掌握设施布置与设计基本的理论、方法及其应用；
5. 掌握搬运系统分析与改善的基本方法、掌握库存管理与仓库布置设计的基本方法。

（二）德育目标

通过本课程的学习，帮助学生及时了解课程相关的时政要素，引导学生厚植爱国主义情怀，培养学生的职业素养和工匠精神。

三、课程思政教学设计

（一）课程德育元素与融入设计思路

根据工业工程学科和专业特点，对《物流工程》课程知识点进行重新梳理，从课程中知识理论的来源与发展、技术的创新与应用、知识和技术与社会生活的关系、知识内涵的价值观等方面，发掘思政元素，并对思政元素进行重组和延伸，对课程的所有思政元素进行系统设计，每章精选相关的思政元素进行讲解和讨论，合理安排各章思政教学时间比重，将思政元素与对应的知识点进行深度融合，做到润物无声。具体如下：

1. 厚植学生的爱国情怀

根据教学内容，在相应章节进行设计，引导学生厚植爱国情怀。比如，在课程绪论这一章，通过案例讲解 2020 年新冠疫情期间，以京东物流为代表的一批物流企业，及时复工复产，通过应用多种先进技术，实现武汉疫情期间的有序、及时、高效率的物资运输。对比疫情期间国外物流企业的运行状况，阐述我国物流企业在疫情期间作出的巨大贡献。在设施选址这一章中，通过董文华《春天的故事》歌曲引入，提问学生一位老人是谁？在中国的南海边画了一个圈，圈的位置在哪？这段歌词表达的是什么涵义？帮助学生认识和理解改革开放的重大意义，通过视频，让学生了解深圳改革开放 40 年在城市建设、人民生活等方方面面取得的巨大成就，激发学生对改革开放的认同、对国家的自豪和自信。在设施设备这一章，通过上海洋山港案例（洋山港是中国对外开放的一面镜子），见证了中国对外开放的坚定步伐。2017 年 12 月 10 日，洋山港四期工程揭开面纱。这是世界上单体规模最大的自动化码头，被称为"无人码头"，可实现 24h 连续作业。洋山港四期自动化码头建设和运营的成功，大幅提升了上海港的国际影响力。上海国际港务（集团）股份有限公司从多个国际竞争者中脱颖而出，获得以色列海法新港码头运营权。通过全球领先的物流设备介绍和展示，显示我国物流装备和技术的高水平及普及率，增强学生的国家自豪感。

2. 培养学生的工匠精神

讲解设施规划与设计一章时，学生要学会应用 ECRS 原则对工艺流程和线路持续进行分析、调整与优化，学生需具有精益求精的工匠精神，才能不断发现问题、分析问题、解决问题，从而为企业生产效率的提升、为产品质量的改善和行业的发展作出贡献。在 2016 年的政府工作报告中，李克强总理指出要鼓励企业开展个性化定制、柔性化生产，培育精益求精的工匠精神。学生在进行设施规划与设计时，要对相关的分析方法做到融会贯通，才能在生产线上对工序和流程的不断优化作出贡献。案例讲解，生产线上钳工是个普通不过的工种，但能将手工装配精度到 0.002mm 绝不简单，这相当于头发丝直径的 1/4。30 多年来，大国工匠夏立亲手装配的天线指过"北斗"、送过"神舟"、护过"战舰"、亮过"天眼",他也从学徒工成长为身怀绝技的大国工匠。

3. 培养学生的职业素养

通过案例讲解,2021年6月下旬,为简化种子制备釜R1001A反应后的脱气流程,在未经正规设计的情况下,山东某公司在装置上增加了气液分离器V1030B和冷凝器E1030B。在气相管路上,R1001A与V1030B之间有手动阀"A阀",V1030B和E1030B之间有手动阀"B阀",E1030B和真空系统之间有手动阀"C阀"和"D阀"。如此,在R1001A釜中反应后的胶乳不用去脱气釜R1002A,可以直接在R1001A釜中进行脱气操作。公司是抱着"试一试"的心态增加V1030B和E1030B这两台设备,如果运行效果不好,随时准备拆除。因此公司没有将这一简化的脱气流程编入操作规程,没有组织员工进行针对性的工艺流程培训,只是对个别操作班组长进行了口头讲解。在后续操作过程中导致工厂出现爆炸事故,丁二烯泄漏,造成1人受伤,直接损失约342万元。因此,生产线上微小的失误,可能导致产品质量缺陷和生产线的停产,使得企业不能如期交货,造成企业产生重大损失。让学生了解职业素养与职业道德的重要性,以及未按流程操作或工作过程的疏忽可能产生的严重后果,帮助学生树立正确的职业素养。

4. 宣贯时政要素

在第一章,结合物流在我国的发展历程,讲解我国"一带一路"倡议中物流在其中发挥的重大作用,以及我国提出"一带一路"倡议至今取得的重要成果(重点讲物流方面取得的成果)。在第二章,介绍北京市的物流规划是与首都四个中心相匹配,以保障首都城市运行为基础、以提高居民生活为核心、以城市配送为主要形式的城市基本服务保障。北京物流需要支撑非首都功能的疏解,保障城市正常运行和居民良好生活品质,同时还要构建和打造安全、高效、绿色、共享、智慧的物流体系。帮助学生了解北京市最新的物流政策。

(二)教学环节设计与进度安排

本课程的思政教学环节设计与进度安排见表2.12。

表2.12 《物流工程》思政教学环节设计与进度安排表

周次	思政教学内容	思政教学环节设计
1	爱国情怀与时政要素	第1章,我国电商物流发展现状案例分享,对比国外同类企业的现状,可显示我国企业物流水平的先进性。2019年底,我国突发新冠疫情,以京东物流为代表的一批物流企业,实现武汉疫情期间的有序、及时、高效率的物资运输。对比国外物流企业的情况,阐述我国物流企业在疫情期间作出的巨大贡献
2	时政要素	第2章,介绍北京市的物流规划,是与首都四个中心相匹配,以保障首都城市运行为基础、以提高居民生活为核心、以城市配送为主要形式的城市基本服务保障。北京物流需要支撑非首都功能的疏解,保障城市正常运行和居民良好生活品质,同时还要构建和打造安全、高效、绿色、共享、智慧的物流体系。帮助学生了解北京市最新的物流政策

续表

周次	思政教学内容	思政教学环节设计
3	爱国情怀	第3章,通过音频、视频等展示深圳选址后建设发展现状,对比改革开放40年深圳取得的巨大成就,激发学生对改革开放的认同、对国家的自豪和自信
4	爱国情怀	第4章,港口集装箱吞吐量排名变化情况;高速公路、高速铁路的进展;全球领先的物流设备介绍,显示我国物流装备和技术的高水平及普及率,增强学生的国家自豪感
5	工匠精神	第5章,通过大国工匠夏立的案例讲解,让学生感受生产线上不起眼的钳工也能发挥巨大的作用,引导学生在平凡的岗位只要能精益求精,也能做出不平凡的事迹
6	工匠精神	第6章,通过案例:叉车驾驶员闵远平的工匠精神,让学生明白在最普通的岗位,以精益求精的精神做好每件工作,成为企业不可或缺的人才
7	职业素养	第7章,通过案例分析使学生了解职业素养与职业道德的重要性,以及未按流程操作或工作过程的疏忽可能产生的严重后果
8	时政要素	第8章,通过案例讲解智慧仓库,帮助学生了解我国物流智慧仓库及物流信息化的发展历程和现今国家的政策导向

(三)教学方法

在教学过程中,根据课程目标和教学内容,按照课程思政教学设计,采用调查研究、音频学习、视频学习、讲故事、正反两面案例分析和课程作业等方式,将思政融入教学活动中。主要教学方法如下:

1. 案例式教学

通过真实案例,引入相关的教学内容,将课程知识点与实际生活、国家政策、企业生产和国家发展进展等相联系,引导学生主动观察、思考和分析物流工程相关知识在现实生活中的应用及对国民生活生产的重要支撑作用,建立起课堂教学与现实生活的桥梁。根据不同章节的知识内容,融入不同的思政元素,比如在第一章,通过疫情期间我国代表性物流企业为我国应对新冠疫情所做的贡献,对比国外物流企业的行为,帮助学生认识我国在应对新冠疫情的卓越表现,引导学生树立正确的世界观和人生观,厚植爱国情怀。

2. 启发式教学

根据课程中不同章节的教学目的和内容,分析学生具备的相关的知识,运用相关教学手段,采用启发诱导等办法传授物流工程相关的知识,使学生积极主动地学习。比如,在设施选址这一章中,在引入本章的内容时,通过播放《春天的故事》歌曲,通过设计问题,向学生提问:一位老人是谁?在中国的南海边画了一个圈,圈的位置在哪?这段歌词表达的是什么涵义?以及这首歌所处的时代背景?通过一首歌曲吸引学生兴趣,通过这些问题,启发学生思考。任课教师在学习通平台上展示学生的答案,分享上传视频内容对比深圳特区在改革开放40年的发展成就,激发学生的学习兴趣和爱国热情。运用启发式教学方法,可以培养学生分析问题、解决问题的能力;通过让学生经历问题的解决过程，可以激发学生自主学习的热情，提高他们的学习兴趣；通过对解决问题的方法的探索，可以激发学生的创造热情，培养创新能力。

3. 研讨式教学

在课程教学过程中，根据课程知识点和其蕴含的思政元素，合理设计相关内容，提前准备相关材料，采用研讨式的教学方式，更能将思政元素与课程知识点结合在一起，让学生在潜移默化中学习到思政内容。比如，在讲解设施布置章节时，提前一周准备研讨材料，要求学生们仔细阅读材料，对材料中相关的作业单位进行布置。为学生准备的材料中包含了工厂内部要求工程具备的安全生产观、职业道德伦理观、岗位认识等方面的内容，学生们按照4~5个人组成团队，阅读这些材料，允许学生采用各种方式去理解材料中不熟悉的内容，在下一周的课堂上，学生以团队形式进行汇报，锻炼学生的团队合作精神和语言表达能力。教师针对学生汇报的内容进行点评，尤其是涉及职业素养相关的内容时，根据学生的完成情况分别予以表扬和警醒提示等不同的方式进行强调，为帮助学生树立坚实的职业素养打下基础。

（四）教学成效

专业课加入思政元素后，通过合理的设计及多种教学方法的运用，充分激发了学生上课的积极性，同学们的抬头率也得到了明显的提高，帮助学生树立了正确的职业价值观，认识到工匠精神的重要性，大大增强了学生的社会使命感和主人翁意识。学生也反馈通过本课程的学习，对我国经济和技术取得的巨大成就感到骄傲和自豪，爱国热情愈加强烈，对我国的社会制度和发展道路越发认同。

四、教学展示

（一）知识点

选址决策影响因素。

（二）德育元素

激发爱国主义情怀。

（三）教学方法

案例分析法、讲授与讨论结合法、启发法。

（四）教学过程

"选址决策影响因素"知识点教学过程简表见表2.13。

（五）课堂延伸

1. 网上查找以下资源，并认真阅读：《河北雄安新区规划纲要》《河北雄安新区总体规划（2018—2035年）》《中共中央国务院关于支持河北雄安新区全面深化改革和扩大

表 2.13 "选址决策影响因素"知识点教学过程简表

时间安排	学生活动设计	教学过程	教师活动设计
4min	学生思考，师生互动	教学内容引入	1. 通过歌曲《春天的故事》导入新课 1）听歌曲并展示歌词内容 《春天的故事》歌词： "1979年， 那是一个春天， 有一位老人在中国的南海边画了一个圈， 神话般地崛起座座城， 奇迹般聚起座座金山……" 2）向学生提问 "一位老人是谁？""在中国的南海边画了一个圈，圈的位置在哪？""这段歌词表达的是什么涵义？" 3）引入选址问题 选址问题的应用非常广泛，从城市、产业带、各种开发区、跨国企业到机场、水利设施、人类居住区、销售网点以及仓库、配送中心等都是选址问题研究的范畴，涉及经济、政治、社会、管理、心理及工程地质等多门学科
4min	学生倾听与思考	通过案例阐述选址的涵义及科学选址的重要性	2. 讲解选址的涵义 让学生清楚选址决策不是每个企业的常态性工作，它是企业战略计划流程中一个不可分割的部分。 由于选址是一个战略性决策，因此科学选址具有十分重要的意义。 3. 讲解科学选址的重要意义 1）案例教学 反面案例：2004年海南文昌行政中心选址不科学导致后续多年巨大的成本支出。 正面案例：海尔的海外选址，帮助海尔在国外迅速打开市场，公司因此取得了巨大发展。 2）科学选址的重要意义 影响竞争力；影响服务质量；影响持续发展能力
8min	学生思考与师生互动	结合深圳特区的选址讲解设施选址需遵循的原则	4. 讲解科学选址需遵循的4条原则。 5. 结合深圳特区的选址讲解设施选址需遵循的原则 1）介绍深圳特区建设的相关背景。 2）通过学习通平台发布提问："以今天的观点看，深圳特区选址时遵循了哪些原则？""为什么遵循了这些原则？"。 3）选址需遵循的原则： 遵循的原则、经济性原则、发展原则、兼容性原则、相关效果原则
7min	学生思考与师生互动	通过政策法规讲解设施选址外部影响因素中的自然资源条件	6. 讲解设施选址影响因素中的自然资源因素 1）政策法规引入 讲解水资源因素时，介绍《中华人民共和国水污染防治法》中对企业选址的相关要求，分析习近平总书记关于"绿水青山就是金山银山"理论对企业选址的影响。 2）讨论 深圳特区选址时考虑了自然资源条件中的哪些因素？ 3）自然资源因素 土地资源、气候条件、水资源、物产资源等

续表

时间安排	学生活动设计	教学过程	教师活动设计
14min	学生思考、小组研讨与师生互动	结合北京的疏解整治促提升专项行动计划，讲解设施选址外部影响因素中的社会环境条件	7. 讲解设施选址影响因素中的社会环境因素 1）案例教学： 以北京市某批发市场的外迁工作，引入北京城市功能定位，讲解北京市"疏解整治促提升"专项行动计划和北京市高精尖产业目录的背景及其对企业选址的影响。 2）学生与周围同学围绕"深圳特区选址时考虑了社会资源条件中的哪些因素？"进行5分钟自由讨论。 3）依托学习通平台开展问卷调查： "你认为当时深圳特区选址时考虑的最重要的三个因素是哪三个因素？" 4）根据学习通的回答结果，有针对性地向学生讲解党中央当时选择在深圳建设特区的主要因素。 5）社会环境条件： 基础设施条件、人力资源条件、劳动生产率、市场可接近性、供应商接近程度、群集效应、政府和公众的态度等
8min	学生思考、互动总结	通过深圳改革前后40年对比，总结本节课主要内容，布置作业	8. 课程小结 1）结合歌曲总结邓小平等时任中央领导人当时做决策时复杂的国内外形势，及建设深圳等特区时遵循的原则和考虑的主要影响因素。 2）对比1978年、2019年深圳风貌，如图2.31所示。让学生体会改革开放四十多年来，深圳特区的巨大变化及其取得的巨大成就，激发学生的爱国情怀。 **图2.31 1978年、2019年深圳风貌对比图**

开放的指导意见》《中共中央国务院关于设立河北雄安新区的通知》，奋进新时代，建设雄安城——以习近平同志为核心的党中央谋划指导《河北雄安新区规划纲要》编制纪实（新华社）。

2. 以5人为一组，完成下面的作业，各人完成的部分均需在报告中注明位置，字数不少于1500字。作业题目：雄安新区选址的影响因素与优劣势分析。

五、课程思政的实践思考

在学校课程思政改革的背景下，本次教学实践以工业工程专业核心课《物流工程》

为例,从教学内容与教学模式上切入,探索了思政元素与专业教学相融合的途径。实践结果显示,在教学内容中融入时政热点,符合了当下大学生的需求,有利于促进学生的学以致用,有利于培养学生的爱国情怀、职业素养与工匠精神。

反思整个实践环节,还有以下地方有待进一步改进和提升:首先,课程的所有课程思政元素还需进一步优化和完善;其次,在教学方法上,应该针对具体思政内容,选择更多样化的方法,以吸引学生兴趣,触发学生的深入思考;最后,在课内实验的教学中,可以加入与实验内容结合的思政内容。

> 教师是塑造灵魂、塑造生命、塑造人的职业。要以身作则、率先垂范,平等对待学生,理解学生,尊重学生,激励学生,做学生健康成长的指导者和引路人。
>
> ——《物流工程》授课教师 王传涛

§ 2.7 系统工程

一、课程基本信息

课程名称：系统工程

课程性质：必修课

适用专业：工业工程

总学时：48 学时

学分：3 学分

先修课程：经济和管理

并修课程：运筹学、控制工程基础

后续课程：物流工程、生产计划与控制

二、教学目标

（一）知识能力目标

本课程是工业工程专业本科生的专业基础课，主要讲授复杂系统在开发、运行、革新过程中所需要的思想理论、工作程序和技术方法。目的是让学生掌握系统分析的基本原理以及常用方法，拥有系统化思维，具有复杂系统论证设计、建模计算、评价优化的能力，以及辨识和解决复杂系统问题的能力。在课程教学中将重点结合学科专业特色、工学与管理学交叉复合的专业特点，以就业需求与职业规划为导向，重点聚焦生产服务系统、城市运营系统以及建筑工程系统等背景问题，为现有城市问题的合理解决和创新设计提供人才支撑。

教学目标及能力要求具体如下：

1. 理解和掌握大规模复杂系统、系统工程、系统分析等基本概念，重点掌握系统分析的基本原理，正确理解系统工程方法论；

2. 熟悉系统工程常用模型，掌握系统分析技术的功能、原理及使用条件等知识，掌握系统评价与决策的原理和典型方法；

3. 具有运用系统工程思想和方法分析本学科（专业）领域某些实际问题的能力。

（二）德育目标

本课程将思政教育融入课堂教学建设全过程，基于 OBE 教育理念，科学设计课程教学体系。以学习产出为导向，坚持学生为中心，紧密围绕理想信念教育，着重从政治认同、家国情怀、文化素养、道德修养、社会主义核心价值观等方面进行元素挖掘，将理论教学与思政育人有机融合，达到润物无声的立德树人成效。课程德育目标包括：

1. 从系统工程的产生、发展、应用、方法、研究中充分挖掘德育元素，融入优秀传统文化，激发家国情怀与使命担当，培养学生文化素养与品德修养。

2. 基于虚拟仿真建设特色案例库，引导学生关注城市发展主旋律，培养科学系统观与创新思考能力，培养大局意识，树立社会主义核心价值观。

3. 通过项目式大作业、第二课堂与实践项目开展，培养学生自我约束和团队合作意识、科学探究精神、学习奋斗精神，强化工程伦理、增进政治认同、培养职业素养。

三、课程思政教学设计

（一）课程德育元素与融入设计思路

结合新工科背景下的专业建设要求与课程特点，在系统工程课程思政的建设探索与实践中，紧密围绕坚定学生理想信念主题，以爱党、爱国为主线，重点围绕政治认同、家国情怀、文化素养、道德修养、奋斗创新等方面优化内容供给，系统进行中华优秀传统文化教育、社会主义核心价值观教育、法治与心理健康教育。具体设计如下：

1. 融入中国系统思想研究成果，培育家国情怀，坚定文化自信

充分挖掘和提炼本课程德育元素，在课程讲授中从系统工程产生、发展、应用以及案例中寻找课程思政切入点，激发家国情怀与使命担当，培育科学探究精神。例如，本课程透过中国传统"五行说"、中医"望闻问切"诊断方法、《孙子兵法》等著作，以及长城、都江堰等重大工程，向学生展现我国早期系统思想研究成果及其实践对系统工程的产生和发展做出的重大贡献，培育学生家国情怀，坚定文化自信。

2. 以时事热点为例开展学习讨论，加深专业知识和热点问题的理解认知

在讲授系统分析与评价方法时，提炼思政元素进行案例设计，引导学生理解支持施政决策，培养学生奋斗自律精神，强化道德修养，牢固树立社会主义核心价值观。例如，在第三章 ISM 结构化方法的教学过程中，以党员的八项义务为例，建立多级递阶有向图，通过分析讨论，培养学生积极向上的学习观；设计区域人口系统分析案例，了解国家生育政策的调整、变化和影响。

在讲授系统动力学时，通过学习社会系统结构建模，培养学生自律意识；结合城市生态建设需求以及时效问题选取设计案例，通过对绿色建筑系统、城市系统碳排放问题、疫情传播模型及各国调控政策比较评估，培育绿色环保理念和爱国精神。

在"系统评价"知识点的教学过程中，依次引入关联矩阵法、逐对比较法、古林法和层次分析法，介绍每种方法产生背景、设计初衷与实现效果，重点探讨每种方法的优点与不足，让学生掌握创造性设计方法的原则与一般思路。通过智能工厂系统、高铁和磁悬浮之争，地铁和轻轨的系统评价、智慧工地的群塔布局评价等案例分析，培养学生主动探索精神与创新意识。

3. 通过项目式系统分析大作业，强化职业伦理教育，提高理论运用和创造性解决问题能力

结合系统工程以问题为导向的应用特征，以项目式系统分析大作业的形式贯穿课程教学全过程，采用分组实施，阶段性汇报与主题讨论，总结答辩等方法，培养学生运用理论知识，创造性解决问题的能力。在作业主题选取上，融入工程伦理教育元素，引导学生树立热爱家园意识、探索与创新思维、科学严谨的工匠精神。

（二）教学环节设计与进度安排

本课程的思政教学环节设计与进度安排见表 2.14。

表 2.14 《系统工程》思政教学环节设计与进度安排表

周次	思政教学内容	思政教学环节设计
1	爱国情怀、文化自信	在"系统思想的产生与发展"知识点的教学过程中，介绍中华文明对系统思想发展的贡献，例如通过皇宫修复故事导入系统思想的核心内容，列举《孙子兵法》中的多要素协调配合思想、"望闻问切"中医系统化诊疗思想、"色香味俱全"的中华饮食文化等，列举万里长城、都江堰等辉煌工程成果，展现中国古代系统思想在工程领域的运用成果，激发学生爱国情怀，树立文化自信
2	辩证唯物史观、职业素养	在"SE 基本工作过程"知识点的讲授过程中，强调实事求是以及整体联系的核心思想，树立全局意识。在"霍尔三维结构和切克兰德方法论"学习中培养学生以问题为导向的辩证逻辑，引出现代社会对人才的培养要求，即大局观、科学系统观以及系统集成能力
4	学习精神、品德修养、社会主义核心价值观	在"ISM 结构化建模方法"知识点的教学过程中，以文本系统为例深入解读中国共产党党章中所述中共党员八项义务，通过二元关系分析与可达矩阵运算建立多级递阶有向图，通过案例讨论明确努力学习的必要性，树立积极向上的学习观，努力践行党员义务，提升自我。 通过分析区域人口增长的影响要素，建立解释结构模型，理解国家生育政策的调整、变化和影响，认识国家的发展、文明与富强
6	创新精神、中国精神与中国梦	在"创新思维与方案创造技术"知识点的讲授过程中，引入进化计算、人工智能、机器学习等建模与求解技术的新进展，引导学生树立与时俱进，开拓创新的时代精神。结合当前工业互联网、云平台建设发展的热点，培养学生在"中国制造 2025"强国战略中的责任意识和使命担当
8-9	可持续发展、低碳减排、社会责任	在"系统动力学结构化建模"知识点的教学过程中，以绿色建筑与城市系统碳排放模型为案例，讲解因果关系图与流图的绘制，唤醒学生危机意识，明确责任担当，进一步分析系统的非线性多重反馈及自律性特征，激发学生自我约束，自觉实践低碳行为

续表

周次	思政教学内容	思政教学环节设计
10—11	时政要素、政治认同、社会责任	在"系统动力学仿真"知识点的教学过程中,结合新冠病毒肺炎疫情常态化防控需求,设计疫情传播、应急物资生产、应急医疗建筑施工等仿真模型。例如,基于SEIR模型建立疫情传播SD模型,在此基础上分别生成中国、日本、英国、美国疫情发展的仿真对比,切身感受到疫情形势及我国的控制效果,理解政府的决心与政策措施,坚定政治信仰,同时从自我做起,明确责任担当
13—14	工匠精神、职业素养、创新精神	在"系统评价方法"知识点的教学过程中,通过对工作过程中的疏忽可能产生的严重后果、流水线上小差错造成重大损失的案例的详细分析,强化安全意识和精益求精工匠精神。在"评价指标设计及计算方法"知识点的讲授过程中,通过高铁和磁悬浮之争、地铁和轻轨的系统评价、智慧工地的群塔布局评价等具体案例的讨论,掌握创造性设计评价方法的原则与一般思路,阐释创新精神对于技术突破和工作效率提升的重要意义
15—16	时政要素、社会责任	在项目式系统分析大作业的布置与实施过程中,以"应急物资生产系统设计与分析""课堂效率低下的成因及对策""食堂饭菜满意度评价""绿色建筑全生命周期碳排放评估""手机沉迷成因及对策研究""疫情传播与调控政策评估"为主题,引导学生在开展项目式系统分析的过程中,找到学习兴趣,强化探究精神,培养团队意识,增强社会使命感和主人翁意识

(三)教学方法

1. 三位一体课程团队建设与基于混合式教学的多种教学方法综合运用

考虑课程思政的立德树人成效具有潜在性、综合性和发展性,团队教师来自于专业课教学、思政教学以及学生工作等不同部门,整合多方资源发挥监督、诊断、反馈、调节等作用,通过协同工作提升课程思政的建设质量,以此为支撑充分开展第一课堂和第二课堂相融合、校企合作育人以及社会实践等多种教学模式。

1)信息技术与教学相融合,基于超星学习通云课程平台,以线上线下混合式教学为主线,实现以"学"为中心。如利用共享资源开展自主学习,利用线上测试聚焦学生所提出的问题,发布科研成果与学科前沿,拓宽、纵深学生的专业知识,通过主题讨论促进学生主动学习和深入探究。

2)多样化教学活动组织,包括翻转课堂、案例研讨、分组辩论、角色扮演等。例如,通过对宋真宗年间皇宫修复案例的研讨,分析皇宫修复的特点与难点,向学生提出问题"如果你是丁谓,会怎样组织工程施工?""置身于当前智慧工地,将如何施工?""古人的智慧体现在哪里?"等问题,从而将课程教学与爱国情怀理想信念、教育相融合;再者,在第三章"ISM结构化建模方法"的翻转课堂教学过程中,以党员的八项义务为例,引导学生对解释结构建模方法机理进行探索,从而进一步树立积极的学习观。

3)以实际问题为导向的项目研究,例如,以"大学生就业、考研、出国深造的收益与风险分析""课堂效率低下的原因探讨以及影响因素的深层次分析""应急物资生产系统设计与分析""食堂饭菜满意度评价""绿色建筑全生命周期碳排放评估""大学生沉迷手机成因及对策研究""疫情传播与调控政策评估"为主题，组织学生开展第二课堂系统分析小组工作，综合运用所学知识解决问题，主动实践、团结协作、攻坚克难，引导学生树立热爱生活、关注社会主旋律的意识，锻炼探索与创新思维，培养严谨的科学精神。

2. 面向建筑与城市管理的交互式虚拟仿真特色案例设计、开发与应用

重点聚焦于城市治理与更新、生产服务系统以及建筑工程系统等大规模复杂问题的现实需求，基于虚拟仿真平台形成特色案例库。例如，紧密结合时政要素，设计新冠肺炎疫情常态化防控下疫情传播、应急物资生产、应急医疗建筑施工等仿真模型，通过沉浸式场景与交互式操作，引导学生关注韧性城市建设与发展相关问题，激发学习兴趣；通过分析现状与理想模型的差距，唤醒危机意识，激发实践动力，将课程教学与职业规划、理想信念、爱国情怀、使命担当、政治认同等有机融合。

（四）教学成效

形成课程"课前预习——课中讲授——课堂研讨——课后延展——实践育人"系统化的思政育人体系。通过学习通信息化教学平台，布置预习内容和重点，引导学生提前了解与知识点相关的育人内容，打好课前学习基础；通过翻转课堂、案例研讨、分组辩论、角色扮演等多样化教学活动，保证理论教学效果；成立系统分析小组，通过项目式系统分析大作业，以学生感兴趣的具体问题进行选题论证、分组调研、系统化研究，最后形成分析结论以及对策建议，将实践育人纳入到课程思政体系当中。德育教育贯穿课程学习全过程，通过在课堂中组织阶段性成果汇报与交流，既保证理论学习效果，也实现了育人的目标。

本课程的德育建设经过三年的摸索、实践与不断完善，得到了专业师生的肯定，入选北京市课程思政示范课程。课程调查问卷结果分析显示，学生普遍表示通过课程的学习，受到了优秀文化、爱国情怀、品德修养、奋斗精神、科学创新等德育教育，留下了较为深刻的印象，约83%的学生认为思政内容有助于专业知识的理解和实践运用。

四、教学展示

（一）知识点

系统思想及理论的产生与发展。

（二）德育元素

理解和掌握系统思想和系统理论的发展，了解我国在早期系统工程实践中做出的举世瞩目的辉煌贡献，从历史宏观的角度寻找系统科学发展的足迹，弘扬传统文化，激发民族自豪感。

（三）教学方法

采用启发式案例教学与交互式研讨等方法，结合超星学习通课程平台播放多媒体课件、演示案例与仿真视频，发布抢答、主题讨论与思考练习题，开展角色扮演与分组辩论。通过沉浸式场景与有效互动，让学生切身感受到中华民族的智慧与发展的成就，深刻感知并理解系统工程的核心思想及其应用特点。

（四）教学过程

"系统思想及理论的产生与发展"知识点教学过程简表见表2.15。

表2.15 "系统思想及理论的产生与发展"知识点教学过程简表

时间安排	学生活动设计	教学过程	教师活动设计
5min	观看视频，思考，抢答发言	导入新课，整体介绍系统和系统工程	1. 课程导入 1）播放视频，介绍无处不在的系统工程。如曼哈顿计划，两弹一星，三峡大坝，城市的发展，雾霾的治理，都江堰工程、希望工程、房地产、可持续发展问题等。 2）利用学习通发布抢答。请学生举例身边熟悉的"系统工程"。 3）问题背景来源不同，引导学生思考其共性在于什么？从而引出整体和联系的内涵。 4）以钱学森先生金句作为小结，引出现代人才要培养大局观、系统观以及系统集成能力，如图2.32所示。 图2.32 钱学森与系统工程
10min	倾听、思考、讨论、作答、角色扮演	案例研讨：皇宫修复故事，引出系统思想的核心内涵	2. 案例研讨 1）介绍案例背景、事件、人物 宋真宗年间，皇城失火，大臣丁谓被任命修复皇宫。 2）利用学习通发布讨论题 皇宫修复工程难点是什么？ 3）选人作答并进行讨论总结 工程难点在于一是工程量大，需要大型木料、土方；二是工期紧，有回迁需求；三是有垃圾回填的要求。 4）介绍城池地貌并讨论施工组织的问题 宋代都城东京汴梁，现河南开封。 皇宫在城市中心，城池周边围绕有汴河。 古代物料运输"漂木"的方式。 汴河不能直达施工现场，需要加挖运河。 5）角色扮演 修复工程是一项系统工程，如果你是丁谓，会怎样组织工程施工？ 组织学生进行讨论并作答，课堂角色扮演活动如图2.33所示

续表

时间安排	学生活动设计	教学过程	教师活动设计
10min	倾听、思考、讨论、作答、角色扮演	案例研讨：皇宫修复故事，引出系统思想的核心内涵	6）聪明的丁谓是怎么做到的 公布答案分为设计、施工和垃圾清运三个子系统。就地取土烧砖，运河自动形成。引汴河水入运河，完成木料等建材运输。皇宫建好以后垃圾回填。 7）案例小结 古人的智慧——将三个分项工程有机结合起来，从丁谓修复皇宫的举措，点明整体和联系、协调与配合，统一规划正是系统工程的核心思想 图2.33 角色扮演
8min	倾听、思考、作答、讨论、发言	讲授系统的起源，词汇的发展	3.讲授系统的起源及词汇的发展 1）古今中外时空对比 对比德谟克里特"宇宙大系统"的提出，介绍老子"五行说"，在系统思想的整体与联系中引入"孙子兵法"中多要素协调配合，"望闻问切"中医诊疗，"色香味"饮食文化，都江堰、万里长城等，中国和古希腊在早期工程实践中形成了辉煌成果。 2）结合时事开展分组讨论 学生小组根据选题介绍美国总统特朗普访华的参观过程，讨论故宫文化、宾主文化等，分组讨论成果展示如图2.34所示。 图2.34 分组讨论成果展示
8min	倾听、思考、抢答	系统思想及其发展	4.讲授系统思想及其发展 1）讲授从早期朴素的系统思想到科学系统思想的三个阶段"只见森林""只见树木""先见森林、后见树木"，明确科学的系统观，即先整体后局部，引导学生树立全局意识。 2）通过学习通发布抢答题。"系统"一词最早由谁提出？科学的系统思想指的是什么
8min	倾听、思考、讨论、发言	系统理论的产生、发展及应用	5.讲授系统理论的产生、发展及应用 1）介绍经典系统理论（老三论） 一般系统论、控制论、信息论。 2）讲解系统理论的发展 耗散结构理论：1969年，比利时统计物理学家普利高津研究远离平衡态的开放系统从无序到有序的演化规律。 协同学：20世纪70年代初，联邦德国理论物理学家H.哈肯研究协同系统从无序到有序的演化规律的新兴综合性学科。 复杂系统理论：以非线性自组织理论为核心的系统理论（欧洲学派）；以圣菲研究所（SFI）为代表的理论框架，其代表性理论是1994年霍兰提出的CAS（复杂适应系统）理论（美国学派）；以开放的复杂巨系统理论为核心的理论体系（中国学派）。 重点：整体和联系思想的体现

续表

时间安排	学生活动设计	教学过程	教师活动设计	
8min	倾听、思考、讨论、发言	系统理论的产生、发展及应用	3）案例讨论 城市物流系统、施工系统等，系统理论在实际问题中的用武之地。 4）学习通发布讨论题 以上不同的"系统"，具有哪些要素？形成哪些功能？功能之间怎样相互联系？如何对其整体运行进行有效的管理与控制？ 学生围绕"电商分拣系统"进行讨论总结，如图2.35所示	图2.35 学生围绕"电商分拣系统"进行讨论总结
3min	学习通作答	课堂小测	6.利用学习通发布课内练习题 1）判断题：早期系统思想的发展来源于美国。 2）选择题：经典系统理论（"老三论"）内容。 统计结果，公布答案	
3min	讨论与发言	布置课后阅读与思考题	7.小结 1）对比总结 现代科技文明往往以西欧和北美为主体，系统工程的产生和发展在人类历史长河中源远流长，尤其是我国在早期系统思想的孕育及其实践中做出了举世瞩目的辉煌贡献。 2）结合热播剧《觉醒年代》谈论中国精神与中国梦明确我们的使命与责任。 3）发布课后主题讨论 请列举系统工程发展过程中我国作出的贡献	

（五）课堂延伸

成立系统分析小组，布置系统分析项目大作业选题设计并开展调研实证研究。选择尽量熟悉的具体问题，贴近实际，注意对多目标和多方案的挖掘，并以此来检验问题。在云课程平台中同步知识点、分享学习资料，发布思考作业题，统计跟踪学习状况，掌握学生学习动向。

五、课程思政的实践思考

本课程的课程思政建设是一次将思政元素有机融入课堂教学的有益尝试与深入探索，在课程教学内容中补充了大量我国早期的工程实践和系统思想、名人著作等理论成果，在现有专业知识教学的基础上丰富了我国在系统思想、系统理论以及系统工程实践领域取得的成果与作出的突出贡献，教学内容得到丰富和升华。同时，本课程结合时政要素，基于虚拟仿真平台形成了具有鲜明行业特色的案例设计与教学融入，通过沉浸式场景与交互式操作，强化了学生的课程学习体验。此外，本课程结合专业教学内容与特征，引导学生以问题为导向，通过实践环节选题贯通第一课堂与第二课堂，通过项目管理引导学生克服困难、分工协作，锻炼科学系统思维，提高综合运用知识解决问题的能力。

> 教书育人这项神圣的工作，深深吸引并指引我前行的方向。目前，国内高校工业工程专业正处于蓬勃发展时期，开展课程思政教学改革实践，建立具有鲜明特色的课程德育体系意义深远。充分发挥课堂教学主渠道作用，积极传播正能量，培养有社会责任感、有创新精神、有实践能力、全面发展的高素质应用型人才，是国家和时代赋予我们高校教师的光荣职责，也是育人使命的应有之义，我将欣然实践并静待花开。
>
> ——《系统工程》任课教师　尹静

§ 2.8
刑事诉讼法

一、课程基本信息

课程名称：刑事诉讼法

课程性质：必修课

适用专业：法学

总学时：64 学时

学分：3 学分

先修课程：刑法学、民事诉讼法

并修课程：行政法与行政诉讼法、证据法

后续课程：国际法、国际私法、合同法、环境法

二、教学目标

（一）知识能力目标

学生能够准确描述刑事诉讼法所涉基本概念，用自己的语言解释刑事诉讼法的诉讼理念、基本原则等基础理论，正确概述管辖、回避、辩护、强制措施、证据等诉讼制度的主要内容，以及立案、侦查、起诉、审判等诉讼程序的流程；能够运用刑事诉讼法的理论知识进行案件分析，解决司法实践中的真实问题，进行模拟审判等实务操作；能够检索分析相关文献，对信息数据进行收集处理，运用逻辑思维综合分析、判断、推理并通过书面和口头方式严谨表达观点；能够自主学习，具有良好的学习习惯，具有不断学习和适应发展的能力。

（二）德育目标

通过诉讼制度的学习，挖掘司法制度中所蕴含的公平正义理念，激发对司法公正的尊崇，增强程序正义观念；结合习近平新时代中国特色社会主义法治思想的学习，深刻领会当下司法体制改革的重要意义，激发爱国、爱党情怀，增强依法治国的信心；加强思辨思维训练，自觉批判地借鉴国际经验，为中国刑事司法制度的完善出谋划策。

三、课程思政教学设计

（一）课程德育元素与融入设计思路

《刑事诉讼法》有"小宪法"之称，对保障人权尤其是保障犯罪嫌疑人、被告人权利的行使具有重要意义。整部法律的立法理念、基本原则以及诉讼制度和程序的设计都是围绕着如何公平、公正地追究犯罪嫌疑人、被告人刑事责任，如何有效规范职权进行，其中刑事诉讼法的基本理念、基本原则、辩护制度、一审程序等内容体现得最为充分。在这些重点章节中，根据授课内容通过线上线下混合式教学自然融入时政要素、爱国爱党情怀、社会主义核心价值观、法律素养、职业伦理、团队合作、创新精神等德育元素。通过马克思主义理论研究和建设工程重点教材的使用、线上纪录片《红色通缉》以及《依法治国与深化司法体制改革》《中国司法制度》《看得见的正义》《以审判为中心的刑事诉讼制度建设研究》等电子图书资源的学习，拓展课程思政内容，使学生树立司法公正的诉讼理念，正确认识当下司法体制改革的现实意义；同时倡导知识传授、能力培养与价值引领的有机统一，秉承立德树人、德法兼修的教育理念，将以公正、法治、爱国等为内容的社会主义核心价值观，与打击犯罪和保障人权并重的现代刑事诉讼理念以及以庭审为中心的刑事司法体制改革的重要意义等德育元素，通过课堂知识点讲授、案例分析、主题讨论、庭审模拟、情景再现等方式结合专业知识点自然融入，向学生传递正能量。

（二）教学环节设计与进度安排

本课程的思政教学环节设计与进度安排见表2.16。

表 2.16 《刑事诉讼法》思政教学环节设计与进度安排表

周次	思政教学内容	思政教学环节设计
2	社会主义核心价值观、法律素养	在讲述司法公正的含义以及刑事诉讼法的基本理念部分时，结合党的十九大报告关于强调依法治国与依规治党两者不可偏废相关内容，引导学生坚定不移听党话、跟党走，牢固树立依法治国理念；通过视频资料《看得见的正义》等学习，引入社会主义核心价值观中的公正平等法治等内容，提升学生对社会主义核心价值观的理性认知和情感认同；挖掘深化司法体制改革背景意义等内容，深刻感悟全面落实司法责任制、深化司法体制改革的必要性，提升对党和国家依法治国的信心，增强爱国、爱党情怀和完善法治的使命感、责任感；通过案例教学研讨，如对比中国"杜培武案"和美国"辛普森案"所体现出的刑事诉讼理念之别，强化学生批判性思维，提升法律素养
3	时政要素、爱国爱党情怀、法律素养	通过梳理刑事诉讼法历次修订的时代背景和所体现的刑事诉讼基本理念，加强案例教学研讨，引导学生正确评价当下以审判为中心的刑事司法体制改革的重要意义；通过讲授刑事诉讼法修正案增设的缺席审判程序，引导学生深刻体会党中央从严治党、严厉惩治腐败决策的必要性以及监察体制改革的重要意义

续表

周次	思政教学内容	思政教学环节设计
4	时政要素、社会主义核心价值观、家国情怀、"四个自信"、法律素养	结合党的十八届三中全会决定"将确保依法独立公正行使审判权、检察权作为重要改革目标和内容"引导学生正确评价我国刑事诉讼法基本原则在保障人权方面的重要体现,提升对当下司法体制改革的信心;通过司法独立、无罪推定等原则的中外比较,使学生深刻认识到我国相关原则和制度设计的原因与价值权衡,增进对国情和社会矛盾的理解,进一步坚定"四个自信",引导学生从法治中国整体发展的角度审视和解决问题。通过线上知识扩展延伸,引导学生立足国情深入思考我国应当如何正确贯彻司法独立原则,提升学生理论联系实际的法律素养
5	社会主义核心价值观	在讲到公检法三机关互相制约原则时,结合2018年8月24日,习近平总书记在中央全面依法治国委员会第一次会议上的讲话"近年来,司法机关依法纠正了呼格吉勒图案、聂树斌案、念斌案等一批冤假错案,受到广大群众好评。造成冤案的原因很多,其中司法人员缺乏基本的司法良知和责任担当的问题,更深层次的则是司法职权配置和权力运行机制不科学,侦查权、检察权、审判权、执行权相互制约的体制机制没有真正形成……",以及习近平总书记在中国人民警察警旗授旗仪式上发表的重要训词"要坚持维护社会公平正义,加强教育培训,严格监督管理,规范权力运行,把严格规范公正文明执法落到实处,不断提高执法司法公信力,努力让人民群众在每一起案件办理、每一件事情处理中都能感受到公平正义"引导学生深刻认识到规范公权力行使以及完善制约机制的重要性
6	制度自信	在对认罪认罚从宽原则解读分析时,引导学生明确我国在试点的基础上完善认罪认罚从宽制度是党的十八届四中全会做出的一项重大改革部署,是贯彻宽严相济刑事政策在实体法与程序法上的双重体现,顺应了我国现阶段刑事犯罪结构变化和刑事诉讼制度的发展规律,有利于更好实现司法公正与效率的统一,也是对我国传统刑事诉讼程序的突破与创新,丰富了刑事司法与犯罪治理的"中国方案"。尽管它在一定程度上借鉴了域外辩诉交易、认罪协商等制度的合理因素,但并非"原版引进",它不允许对罪名、罪数进行协商交易,使学生树立起对基于我国国情、社情、民情设立的认罪认罚从宽原则的信心
7	时政要素、法律素养、职业伦理	在辩护制度讲解和相关问题讨论的过程中,结合当下司法体制改革,引导学生加深辩护制度设置、改革与完善对被追诉人有效行使辩护重要意义的理解,尤其是对指派辩护重要作用的认识;结合"张扣扣案"辩护词,引导学生正确对待"法"与"情"的关系,提高法律素养;结合"李庄案",引导学生正确看待辩护律师的职业道德、职业责任和执业风险,增强学生对法学专业和法律人职业的认同感与责任感
8	社会主义核心价值观、职业精神	在讲授证明标准和非法证据排除等证据规则时,结合热点错案,强调刑事案件的定罪必须达到案件事实清楚、证据确实充分的程度,必须排除合理怀疑,从而引导学生要弘扬法治精神,认识到法律人要具备理性严谨的法律思维能力,法律工作容不得半点马虎
9	时政要素、制度自信、道路自信	结合当下新冠疫情讲授拘传、刑事拘留等强制措施制度。引用疫情防控期间发生的抗拒疫情防控措施犯罪、暴力袭击疫情防控工作人员犯罪、制假售假犯罪、造谣传谣犯罪等,讲解刑事拘留等强制措施的适用。引导学生认识到疫情防控所展现出的中国力量、中国精神和中国效率,彰显的社会主义制度的优越性,增强制度自信和道路自信
13	时政要素、法律思维、团队合作、创新精神	在"刑事审判原则"知识点教学过程中,结合党的十八届四中全会《决定》、中央全面深化改革领导小组《关于推进以审判为中心的刑事诉讼制度改革的意见》,以及最高法《关于全面推进以审判为中心的刑事诉讼制度改革的实施意见》等文件规定,进一步强化学生对以庭审为中心的刑事诉讼制度改革意义的认识;通过小组合作方式进行课堂庭审模拟创新实践能力锻炼,增强团队合作意识,树立对法律的尊崇,对司法公正的追求

(三) 教学方法

1. 边讲边练型翻转课堂

本课程在知识点讲解过程中充分融入典型案例，通过课前导学引发专业知识问题，课中研学解决问题，课后练学巩固提升来实现德育融入。例如，在讲解刑事诉讼法的基本理念之程序公正与实体公正动态并重这一知识点时，首先举例大陆法系的"德塞耶案"、英美法系的"米兰达诉亚利桑那州案"，以及我国的"杜培武案""佘祥林案""赵作海案""聂树斌案"等，对比两大法系诉讼理念的不同，接着使用学习通，通过投票、选人、抢答、测验、问卷、分组任务等丰富的课堂活动，对相关问题进行研讨和练习，调动学生学习的积极性和主动性。

2. 研讨互动式翻转课堂

围绕案件实例进行研讨，通过案例情景再现、公诉案件一审庭审模拟等方式开展翻转课堂教学，包括课前准备、课中研讨和课后反思三个阶段，其中加入了小组讨论、文献检索、成果展示、角色扮演、头脑风暴、基于问题的PBL（问题导向性学习）、基于案例的CBL（案例为基础的学习）、基于团队的TBL（团队为基础的学习）、同伴评价、反思总结等多种活动设计，引导学生对我国刑事诉讼法基本原则在保障人权方面的重要体现、以庭审为中心的刑事诉讼制度改革的意义、程序公正的独立价值等问题展开深入讨论和探索。

（四）教学成效

采用客观评价与主观评价两种方式对课程思政教学目标达成度进行考察。以法17级两个班为例，基于考试成绩的客观评价显示课程思政目标达成值为0.84，大于课程评价设置的阈值0.6（及格线），课程目标达成。以问卷调查方式进行的主观评价显示，学生对《刑事诉讼法》授课内容和授课模式普遍认同，实现了预期的课程思政教学效果。98.57%的学生认为"本课程做到了'知识传授'和'价值引领'有机统一"；90%的学生认为"深化了对以公正、法治、爱国等为内容的社会主义核心价值观的理解"；78.57%的学生认为"强化了习近平新时代中国特色社会主义法治思想"；85.71%的学生认为"树立起打击犯罪和保障人权并重的现代刑事诉讼基本理念"；78.57%的学生认为"深刻领会到当下司法体制改革的重要意义"；70%的学生认为"坚定了对中国共产党的信任，增强和提升了依法治国的信心"；72.86%的学生认为"提升了职业道德和专业素养，增强了职业自信"。

四、教学展示

（一）知识点

刑事诉讼法的基本理念之程序公正与实体公正动态并重。

（二）德育元素

社会主义核心价值观之公正、法治、爱国。

（三）教学方法

1. 课前导学

教师通过超星平台发布学习任务单，将课前学习内容与课中要求等进行明确。主要包括：

1）明确教学目标。

知识目标：能够准确描述刑事诉讼价值的概念和内容，正确解释司法公正的内涵及对我国依法治国、建设社会主义法治国家的重要意义，辨析程序公正和实体公正的含义、各自要求和两者的关系，正确评价诉讼程序的独立价值。

能力目标：在生活实践中能够将司法公正尤其是程序公正意识落实在行动上，积极主动、自觉有效地维护自身和他人的合法权益，敢于、勇于、善于帮助弱势群体维权。

德育目标：激发学生对司法公正的尊崇，纠正已有的重实体、轻程序的错误认识，增强程序正义观念，提高法治素养，追求并践行真正的公平正义；坚定对中国共产党的信任，加深对社会主义核心价值观的理解，感悟当下司法体制改革的重要意义，增强和提升依法治国的信心。

2）明确教学重点难点。

重点：刑事诉讼价值的概念，司法公正的内涵，程序公正和实体公正的含义、要求以及两者之间的关系，诉讼程序的独立价值。

难点：程序公正与实体公正发生冲突时的价值选择。

3）线上观看教学课件、教学视频和拓展资料等。

4）做自学笔记。

5）提出自学过程中遇到的问题。

6）完成课前测验。

通过课前导学，学生对相关知识点有了初步掌握，培养了学生自主学习和发现问题的能力。

2. 课中研学

1）通过案例引入，组织学生以小组为单位展开讨论，激发兴趣、启迪思考，教师结合知识点进行案例分析，达到进一步巩固和提高学生对知识点的认知的目的，加深学生对课程内容的理解。

2）通过知识点讲授、案例讨论等教学方法的运用，配合以文字、图片、视频等为载体的多媒体课件展示，以及学习通投票、问卷、主题讨论等功能的使用，探究程序公正与实体公正的含义和要求以及当两者发生冲突和矛盾时的价值取舍。

3. 课后练学

通过线上测验、小组交流与研讨等方式巩固相关知识点，分享课中学习感悟。

（四）教学过程

"刑事诉讼法的基本理念之程序公正与实体公正动态并重"知识点教学过程简表见表2.17。

表2.17 知识点教学过程简表

时间安排	学生活动设计	教学过程	教师活动设计
5min	学生倾听、思考，并在学习通平台完成问卷与投票活动	教学导入	1. 设置问题激发学生学习兴趣、引发思考 学习通平台问卷：司法公正是司法体制改革的首要目标，在党的十九大报告中是如何体现的？ 学习通平台投票：假设你不得不面临两种处境：一是医生认为你身患严重疾病，只有将右腿截掉才能挽救你的生命，在取得同意后准备对你实施截肢手术；二是你在航海途中遭海盗的劫持，海盗要求你交出珍宝，在遭到拒绝后准备砍下你右手的中指。如有可能，你愿意选择哪一种？为什么？ 德育融入：引导学生结合党的十九大报告精神深入理解司法公正的内涵，深化对社会主义核心价值观的认知。 党的十九大报告原文："要深化司法体制综合配套改革，全面落实司法责任制，努力让人民群众在每一个司法案件中感受到公平正义。"
10min	学生倾听、思考并在学习通平台完成课堂测验与投票活动	知识点讲授	2. 讲授知识点 1）刑事诉讼价值 2）司法公正的内涵和意义 德育融入：引导学生正确认识党的领导与依法治国的关系，坚定其对党的信任，树立依法治国理念。 当课堂讲到司法公正对我国依法治国的重要意义时，适时将党的十九大报告"关于强调依法治国与依规治党两者不可偏废"的思想加以融合，引导学生坚定对中国共产党的信任，树立依法治国理念，明确依法治国不能脱离党的领导。 3）程序公正、实体公正的含义和要求 学习通平台随堂测验：关于程序公正含义的正确表述（选择题）。 4）程序公正、实体公正两者之间的关系 向学生提出问题，并依托学习通平台开展投票活动：程序公正与实体公正两者发生矛盾时，选择程序优先还是实体优先
15min	学生根据老师布置的任务开展小组讨论	案例教学	3. 案例教学与讨论 1）在学习通平台布置分组任务 任务一：对比以"德塞耶案"为代表的大陆法系与以"米兰达诉亚利桑那州案"为代表的英美法系，讨论通过上述案例反映出的两大法系不同的价值取向。 任务二：阅读并观看"杜培武案""佘祥林案""赵作海案""聂树斌案""呼格吉勒图案"案情以及相关视频资料，讨论重实体、轻程序观念的危害以及当下司法体制改革的重要意义。 2）在学生分组讨论的基础上，教师进行点评，并给出总结：完美的制度不存在，两害相权取其轻。在坚持动态并重前提下，一般情况应采取程序优先原则，某些特定情况下采取实体优先原则

续表

时间安排	学生活动设计	教学过程	教师活动设计
10min	学生倾听、思考并在学习通平台完成抢答、主题讨论活动	知识点讲授	4. 继续讲授知识点（程序的独立价值） 向学生提出问题：程序优先的法理何在？ 在学习通平台发布抢答题：如果两个小孩分一个蛋糕，如何才能确保蛋糕分得公平？ 在学习通平台发布主题讨论：即使判决并没有准确地判定过去发生的事实真相，争端各方只要确信他们受到了公正的对待，他们也会自愿接受法院的裁判结果。——迈克尔·D·贝勒斯（美）这句话是如何体现程序的独立价值的？ 德育融入：培育和践行社会主义核心价值观。 社会主义核心价值观所蕴含的公正、平等等内容恰恰是课堂重点讲授的司法公正的核心要义，通过知识点讲授、真实案例解析、小组讨论，提升学生对社会主义核心价值观的理性认知和情感认同，引导学生树立实体公正与程序公正并重的刑事诉讼理念、恪守职业道德和对法律事业的忠诚与热爱，使社会主义核心价值观真正入脑入心并最终外化于行。 德育融入：引导学生正确评价司法体制改革的重要意义，增强其爱国爱党情怀，提升法律素养。 党的十九大报告强调，要努力让人民群众在每一个司法案件中感受到公平正义，为此必须全面落实司责任制，深化司法体制综合配套改革。课堂讲授中重点引导学生结合报告精神深入理解司法公正的内涵，通过案例教学深刻感悟程序的独立价值，司法实践中冤错案的危害，全面落实司法责任制、深化司法体制改革的必要性，提升对党和国家依法治国的信心，增强爱国爱党情怀和完善法治的使命感、责任感
5min	学生倾听、思考	知识点小结	5. 知识点小结 1）坚持程序公正与实体公正动态并重，当二者发生冲突时一般情况下程序优先。 2）党的十八届四中全会《决定》："办案结果符合实体公正，办案过程符合程序公正。" 3）我国实践中长期"重实体、轻程序"，当前应着重强调程序公正

（五）课堂延伸

1. 拓展资料学习

通过学习通平台发布拓展学习资料，引导学生课后阅读电子书《看得见的正义》《依法治国与深化司法体制改革》，观看专题讲座《司法公正的认识与价值基础》，纪录片《为了公平正义》等，进一步延伸课堂学习。

2. 章节测验

布置知识点测验题，及时开展知识学习的检验，巩固学习成果。

3. 研讨交流

教师发布作业：推荐阅读《正义的诉求——美国辛普森案件与中国杜培武案件的比

较》一书,引导学生通过对中国"杜培武案"和美国"辛普森案"的研讨对比,进一步加深对案件所反映的刑事诉讼理念的理解,以作业方式在学习通平台提交小组研讨过程实录与学习心得。

五、课程思政的实践思考

《刑事诉讼法》课程以立德树人、培养德法兼修的卓越法治人才为育人目标,为此专业教师要首先做到理想信念坚定,不断提升教书育人能力是开展好课程思政建设的前提;以习近平新时代中国特色社会主义法治思想为指导,精选思政教学元素,将立德树人育人宗旨润物无声地融入专业课教学,是开展好本课程课程思政建设的保障;基于成果导向、学为中心的教育理念,实施以翻转课堂为核心的混合式教学,体现"两性一度"的金课要求,是开展好本课程课程思政建设的关键。

> "只有了法律知识,断不能算作法律人才,一定要于法律学问之外,再备有高尚的法律道德"(孙晓楼),"如果缺乏法律道德,只会成为破坏良好秩序的害群之马。忽略法律道德和法律理想的法律教育只能向社会输送高级渣滓"(张利民),以此师生共勉。
>
> ——《刑事诉讼法》任课教师 袁力

§ 2.9
大地测量学基础

一、课程基本信息

课程名称：大地测量学基础

课程性质：必修课

适用专业：测绘工程

总学时：64 学时

学分：4 学分

先修课程：数字地形测量学、误差理论与测量平差基础

并修课程：C 语言程序设计、地图设计与编绘

后续课程：工程测量学

二、教学目标

（一）知识能力目标

通过本课程理论、概念和相关技术的学习，以及对专业最新发展动态的了解，使学生掌握大地测量学的基础理论，提高自我学习能力，强化创新意识和复杂问题的解决能力。

通过本课程的学习，要求学生必须掌握：

1. 大地测量基准的概念和建立方法；

2. 椭球面上的测量计算；

3. 高斯投影；

4. 常用的大地坐标系及其转换；

5. 国家水平和高程控制网的布网原则和实施方案；

6. 工程水平和高程控制网的基本理论与建立方法；

7. 精密仪器的原理与使用；

8. 大型工程控制网的布网案例解析和技术设计书的编写等。

（二）德育目标

引导学生在从事实际测绘工作时，树立环境保护、遵纪守法意识，利用基础理论知

识进行技术革新的创造性思维能力。通过对社会责任、创新精神、工匠精神、爱国精神等德育要素的加入，有效提升学生对测绘事业的使命感、责任感；鼓励大学生与时俱进、开拓创新、自强不息；强化实事求是、精益求精的工匠精神；加强爱国主义教育、弘扬爱国主义精神。

三、课程思政教学设计

（一）课程德育元素与融入设计思路

基于《大地测量学基础》课程的授课目标及特色为出发点，结合国际工程专业教育认证中所规定的工程专业毕业要求，将课程思政教学理念融入工科专业课程授课体系当中，形成思政教学与专业课程一体的协同育人效应，为构建"全员育人、全程育人、全方位育人"的思想政治工作体系，培养有社会责任感、有创新精神、有实践能力、全面发展的高素质应用型人才进行深入探索与实践。本课程德育融入思路如图 2.36 所示。

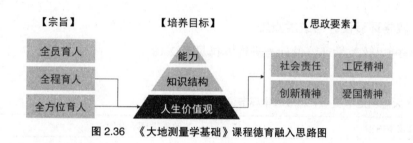

图 2.36 《大地测量学基础》课程德育融入思路图

总体设想与思路具体如下：

1. 坚守专业定位，注重学科视野

工科类课程中的思政教育，其作用并不等于课程的完全思政化，而是全域、全息化地融入思想教育的理念、目的、手段、技巧，应该是水乳交融、自然融合。日新月异的大地测量技术手段已成为前沿性、创新性和引领性极强的战略科技领域的有力支撑，在基础研究、学科交叉发展以及新应用领域的拓展中均取得了显著的成就。本课程对国内外测绘技术的发展情况进行深入调查和对比分析，在坚持学科专业的性质不变、本位不改的基础上，挖掘其学理和价值，使学生学会以专业为基础，通过专业知识的延伸和拓展达成思政教育，经过科学学习和训练实现学生修养的全面提高。

2. 注重多元融合，注重学科文化育人

工科课程具有学科文化特点，也有学科学习知识、运用知识的技术规范和实践场所。"精益求精"是测绘人必备的专业素养，要充分挖掘和提炼课程德育元素，依据学科专业特点，找准课程思政切入点，通过教学组织设计，形成具有思想政治教育色彩的专业课程教学大纲、教学计划、实践教学方案等，采取多样、有效的教学方法，引发学生共鸣、达成充分共识，突出培育求真务实、踏实严谨、实践创新、追求卓越的优秀品质。

3. 崇尚科学精神，发掘运用专业历史和人物教育作用

每一门学科都是知识大厦的累积，也是无数科学家研究成果、探索过程、伟大人格的集中反映。要发挥学科史、人物史的丰厚教育资源，尤其是科学家的人物风采、典型事迹等，用他们探索科学的过程，追求真理的精神，来引导学生，教育学生，让科学家、学者、大师的辉煌成就展现他们的青春风采。

4. 注重学以致用，在实践中落实课程思政

科学的目的在于运用，理工科学生学习科学知识最终也要运用到社会实践中。通过用好实践的大舞台，让学生在各种实践教学环节的运用知识中，增进对社会发展的理解，特别是对社会应用科学现状、社会整体科技水平的了解，既提高学生的国情意识，激发社会责任感，也提高了学生学以致用的能力、社会认知和交往能力，是多方面的教育。

（二）教学环节设计与进度安排

本课程的思政教学环节设计与进度安排见表2.18。

表2.18 《大地测量学基础》思政教学环节设计与进度安排表

周次	思政教学内容	思政教学环节设计
1	社会责任	通过对著名大地测量学家，包括王之卓、宁津生、刘先林、李小文等我国测绘名人成长历程的分享，阐述测绘科学与技术对国家经济社会发展的重要性，以及提升学生对专业所肩负的责任感、使命感的认识。 重点介绍： 1. "中国摄影测量与遥感之父"王之卓先生用毕生精力和全部心血，引领和推动了测绘遥感学科的发展，书写了新中国测绘科学和教育事业发展的全新篇章。王之卓先生始终站在学科发展前沿，准确把握学科发展方向；始终把人才培养作为第一天职，培养了一大批我国测绘遥感事业的栋梁之材。 2. 武汉大学院士课程《测绘学概论》由宁津生院士倡导，1997年9月设立，6位院士、4位教授担纲。如今，这门"院士课"堂堂爆满，上课需动用全校最大的教室。从珠穆朗玛峰到遥远太空，从南极科考到遥感卫星，在院士们言传身教的影响下，一代代学生走上测绘科学事业发展之路。 3. 年近80高龄的中国工程院刘先林院士乘坐高铁二等座，赤脚穿旧鞋，仍笔耕不辍
2	创新精神	通过国内外测绘技术发展对比分析，如北斗卫星导航系统、探月工程等，对我国测绘技术的稳步发展及创新突破，引导学生重视创新，并对我国测绘技术领先国际而感到自豪。 重点介绍： 1. 详细介绍北斗导航系统的开发过程、进展及应用案例。我国已成功发射第49颗北斗导航卫星，标志着北斗三号系统3颗倾斜地球同步轨道卫星全部发射完毕，将为我国及周边地区、南北极地区提供更加精准的导航服务，对于进一步完成北斗三号全球组网、服务我国"一带一路"倡议具有重要意义。 2. 2004年，中国正式开展月球探测工程，近20年的发展中测绘技术做出不可磨灭的贡献，将围绕各方面的技术创新及突破简述我国测绘技术的特色与优势

续表

周次	思政教学内容	思政教学环节设计
3	社会责任	测绘成果是指通过测绘形成的数据、信息、图件以及相关的技术资料,大部分测绘成果都涉及国家秘密。加强测绘成果保密管理,对于维护国家安全和利益,保守国家秘密,具有十分重要的意义。通过讲述涉外测绘、测绘成果保密、互联网地图服务等外国人非法测绘案例,作为应有的社会责任,确立学生们对测绘成果的保护、保密意识。 重点介绍:新疆等地外国人非法测绘案例及时政要闻讨论
4	工匠精神	非凡之作,匠心筑造。砥砺奋进的测绘人始终秉承着精雕细琢、精益求精的工匠精神,以工匠的态度打造诚信为本,追求卓越的核心理念。讲述珠穆朗玛峰高程测量、国测一大队事迹、冬奥会场馆的建设等案例,弘扬世世代代测绘人的工匠精神。 重点介绍:珠穆朗玛峰的两次高程测量。 1. 1975年3月我国第三次对珠峰进行测量。1975年5月27日14时30分,中国9名男女登山运动员从北坡登上珠峰峰顶,展开了中国国旗,竖起红色金属测量觇标,量测了峰顶积雪厚度。在严密理论基础上计算出珠峰峰顶海拔高程为8848.13m(已减去积雪厚度0.92m),并向世界公布。 2. 2005年对珠穆朗玛峰高程进行了新的测定。相对于1975年珠峰测高,2005年在珠峰以北地区的地面控制和珠峰高程测定中采用了GPS技术,采用了雷达探测技术测定珠峰峰顶冰雪覆盖层的深度,利用地球重力场模型、重力和数字地形数据以及GPS水准等资料,精化珠峰地区的大地水准面,提高了测量珠峰高程和探测峰顶冰雪覆盖层深度的精度和可靠性
5	创新精神	通过国内外测绘技术发展对比分析,如港珠澳大桥、北京大兴国际机场等大型工程项目中高新测绘技术的应用以及攻关技术难点的案例,重申创新的必要性。 重点介绍:通过实际项目介绍,讲述北京大兴新机场钢构螺栓球的坐标提取中所采用的技术、方法及创新
6	工匠精神	通过学校知名校友"五一劳动奖章"获得者武润泽、马新建,"最美青工"获得者刘昌武事迹,强化学生对测绘专业素养的理解认知,树立工匠精神。 重点介绍: 1. 武润泽,2010年毕业于北京建筑大学测绘工程专业,在首届"北京大工匠"的选树活动中,他以精湛的工艺,从一同参与评选的多位享受国务院政府特殊津贴的专家中脱颖而出,斩获"北京大工匠"称号,不到30岁,跻身北京十大工匠行列。 2. 马新建,2011年毕业于北京建筑大学测绘工程专业,自参加工作以来,他始终扎根测绘生产一线,先后主持并出色完成了冬奥会延庆赛区、大兴国际机场、亦庄新型冠状病毒疫苗车间测绘等多个国家和北京市急、难、重特大测绘项目50余项,体现了精益求精,攻坚克难的工匠精神
7	创新精神	结合中国FAST"天眼"工程项目,讲解基准网测量中的关键技术,透过测绘工程为FAST"天眼"护航的故事,强化学生的创新意识,激发学生投身专业学习的热情和主动性
8~10	工匠精神	通过每周3节的实践教学环节,引导学生在完成实践任务的过程中,深刻体会精益求精的工匠精神、爱岗敬业的专业素养、凝心聚力的团队精神。 精益求精:测绘地理信息工作是一项需要耐心和细心的工作,工作中的一点点差错都会给国家和集体带来重大损失,这就要求我们在业务上求精,要科学严谨、求实求精、保障质量、尽善尽美。 爱岗敬业:古人云,业精于勤而荒于嬉。我们要热爱自己的岗位,热爱地理信息事业,对自己的岗位勤奋有加,对自己的岗位职责负责到底。 凝心聚力:凝心,就是围绕中心,服务大局,心往一处想、劲往一处使。聚力,就是脚踏实地创造性地开展工作,真正做到"谋新招、创好招、使实招"

(三)教学方法

本课程主要采用调研调查、教学视频、翻转课堂、实操实践等教学方法将相应思政要素融入实际教学环节中。

1. 调研调查

以小组为单位,通过各种调查方式对课程作业题目系统客观地收集信息并研究分析,深入了解测绘技术的发展现状及展望,所涉及题目包括各国测绘基准的发展、我国超大型工程项目中大地测量技术的应用等。

2. 教学视频

结合课程内容,采用录像、纪录片等视频教材,使学生在视觉、听觉上形成多方位的"感受",引发学生对问题的分析和思考。所涉及课程内容包括水准原点、再测珠峰2005珠穆朗玛峰高程测量纪实、重力错乱、巨变之后——地球停止转动、CCTV纪录片《度量人生》——致敬测绘人、漫游火星等。

3. 翻转课堂

重新调整课堂内外的时间,将学习的决定权从教师转移给学生。课堂内,学生以小组为单位专注于主动学习,共同讨论研究、解决布置的问题,从而获得对课程知识更深层次的理解,从而提升学生自主学习、分析解决问题、表达交流等方面能力。

4. 实操实践

实操与实践是测绘类专业的重点和关键。通过实操实践学生可将课堂中学到的理论知识落实到实际问题中,以此提升学生解决实际复杂问题的能力、协调能力以及综合判断能力,并获得学习成就感。

(四)教学成效

本课程有效地将德育元素和专业知识融合在一起,并植入教学各环节中,通过新颖丰富的人物故事、工程案例、时事热点以及教学方法的综合运用,充分实现了专业知识传授过程中的思政要素融入,有效提升学生对测绘事业的使命感、责任感,鼓励学生与时俱进、开拓创新、自强不息,强化了学生们"实事求是、精益求精"的测绘工匠精神以及爱国主义精神,使学生们进一步坚定学习目标,激发学习热情。

四、教学展示

(一)知识点

第三章第二节"高程系统"。

(二)德育元素

工匠精神:以国测一大队珠穆朗玛峰的高程测量事迹为例,展现"实事求是、精益求精"的工匠精神及一丝不苟的测绘精神。

爱国主义教育:通过国外高程系统以及珠穆朗玛峰高程海拔值的使用规则不统一的

情况，讲述爱国主义的理性化。

（三）教学方法

教学视频法、翻转课堂及调研调查法。

（四）教学过程

本章节的讲授包括"问题提出""知识点挖掘""定义及理论讲解""案例分析""知识点巩固及总结""扩展任务"的顺序组织，教学过程简表见表2.19。

表 2.19 "高程系统"知识点教学过程简表

时间安排	学生活动设计	教学过程	教师活动设计
2min	学生思考	本节内容引入	1. 课程知识导入 向学生提出问题：北京市的平均海拔？珠穆朗玛峰的海拔？海拔的定义是什么？北京市最高峰灵山的高程如何而得？北京最高峰灵山的海拔标石如图 2.37 所示。 海拔如何起算？也就是 0m 在哪里？如何定义？怎么确定？  图 2.37 北京最高峰灵山的海拔标石 2. 高程的类型 高程类型的确定如图 2.38 所示。 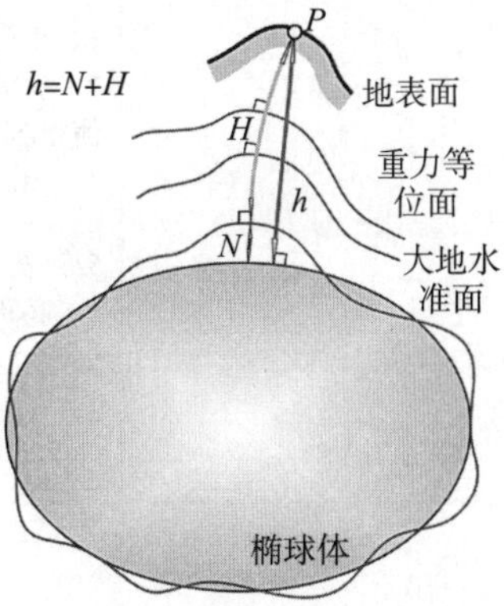 图 2.38 高程类型的确定 1）地形高（H） 正高 $H_正$ 或是正常高 $H_{正常}$，确定地球自然表面的地貌（海拔）。 2）大地水准面高（N） 大地水准面高或是似大地水准面高，又称大地水准面差距或高程异常，确定（似）大地水准面的起伏

续表

时间安排	学生活动设计	教学过程	教师活动设计
2min	学生思考	本节内容引入	3）数学关系 $h=H_正+N$（大地水准面差距）或 $h=H_{正常}+\zeta$（高程异常）
8min	学生聆听	知识点挖掘	3. 海拔在大地测量学中的定义——高程基准 理论闭合差的存在。高程基准及其定义如图2.39所示。 水准面不平行引起水准环线闭合差： $$H_{(O-A-B)} \neq H_{(O-N-B)}$$ B点高程产生多值性，需引入高程系统。 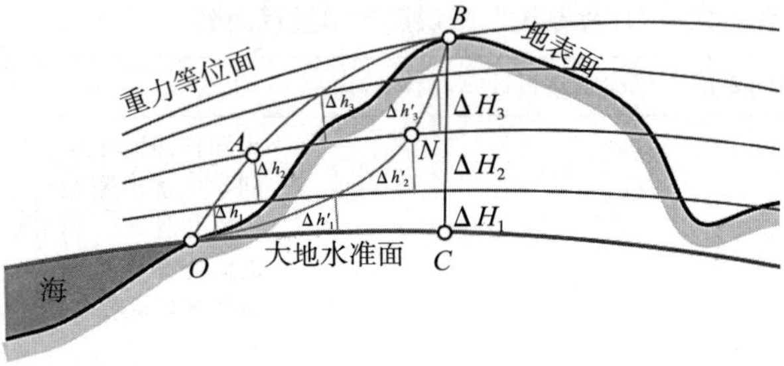 图2.39　高程基准及其定义 4. 高程的几种分类 高程的类型与原因分析如图2.40所示。 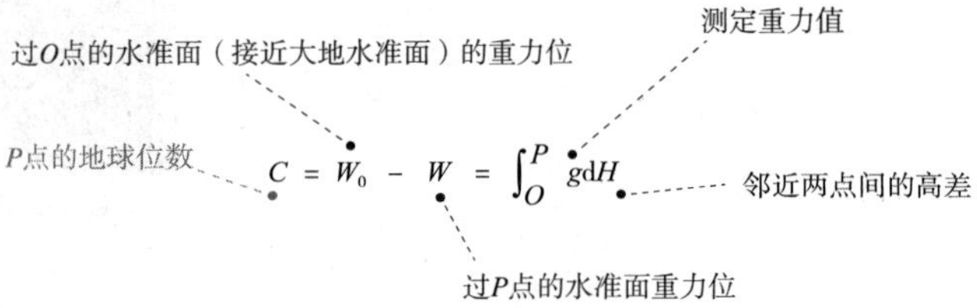 $$C = W_0 - W = \int_O^P g dH$$ 图2.40　高程的类型与原因分析 1）正高：该点沿垂线方向至大地水准面的距离； 2）正常高：将正高系统中不能精确测定的"g"用正常重力代替，便得到另一种系统的高程，称其为正常高； 3）力高：将"g"用纬度45°的正常重力代替
15min	学生聆听	定义及理论讲解	5. 讲解 1）高程、高程基准、高程系统的定义 如图2.41所示。 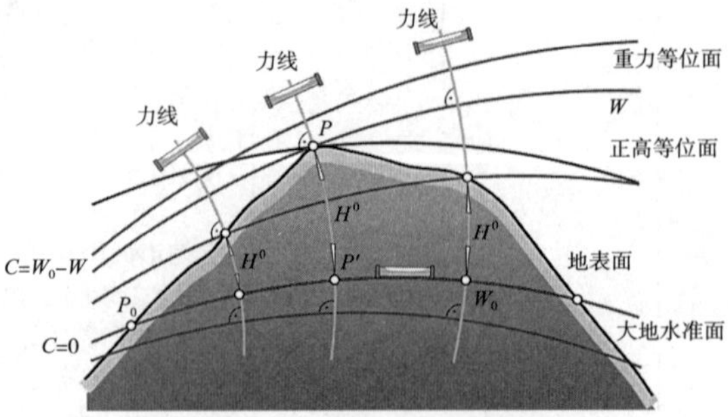 图2.41　正高的定义及特点

续表

时间安排	学生活动设计	教学过程	教师活动设计
15min	学生聆听	定义及理论讲解	2）高程系统的分类 3）我国所采用的高程系统及现状 举例青岛验潮站及测定方法，如图2.42所示。 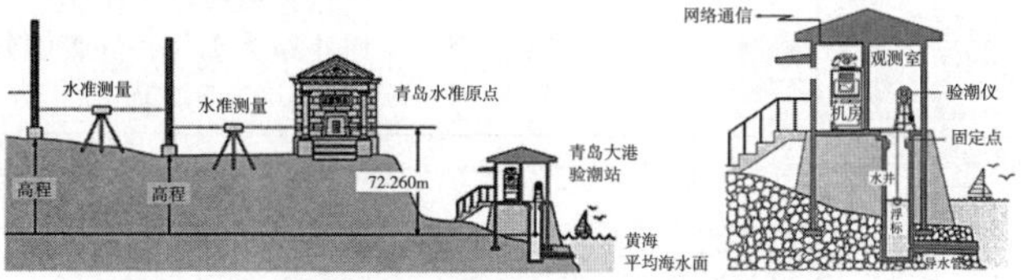 图2.42 青岛验潮站及测定方法 4）高程控制网的布设及现状
15min	学生聆听、思考	案例分析	6. 视频教学 1）观看视频 视频1："水准原点"视频（工匠精神）； 视频2：国测一大队珠穆朗玛峰高程测量纪实（工匠精神）。 2）讲解 （1）珠穆朗玛峰高程的使用问题（爱国精神） 珠穆朗玛峰高程测量如图2.43所示。  图2.43 珠穆朗玛峰高程测量 （2）我国台湾岛的高程系统（爱国精神） 我国台湾岛的高程基准及海拔计算如图2.44所示。  中国台湾阿里山的最高海拔：2663m（大塔山） 图2.44 我国台湾岛的高程基准及海拔计算
3min	提问学生及解答	知识点巩固及总结	7. 讲解 1）高程基准、高程系统的定义 2）我国高程系统及其实施方法

续表

时间安排	学生活动设计	教学过程	教师活动设计
3min	提问学生及解答	知识点巩固及总结	8. 提问 1）国外高程系统的实施现状？（扩展） 2）全球高程基准的必要性？（扩展）
2min	布置作业	扩展任务	9. 布置拓展任务作业 以小组为单位，调查国外的高程基准，包括欧洲、日本、澳大利亚、韩国、新西兰等

（五）课堂延伸

以小组为单位，调查国外高程基准及高程系统的使用情况，并以课堂PPT汇报的形式进行翻转课堂，并对其所调研掌握的知识点进行点评及分享，进一步加深对高程系统的认识和掌握。

五、课程思政的实践思考

本课程将课程中的专业知识点与思政要素有效结合在一起，对培养有社会责任感、有创新精神、有实践能力、全面发展的高素质应用型人才进行了有益的探索及尝试，并取得了较好的成效。在课程建设过程中，需要多方面考虑德育元素的素材收集、分类及整理，且要做到常态化。课程思政的落实及有效推进不仅需要"从点（知识点）到线（课程）"的过程，更加需要通过深入研究和凝练，推广到整个"面（专业）"。

> 教学工作虽琐屑而平淡，但丝毫不得大意和小觑。它所追求的既不是可歌可泣的闪光事迹，也不是悲壮辉煌的精彩瞬间。平平淡淡才是真，点点滴滴皆育人。师德如水、真水无香。
> ——《大地测量学基础》任课教师　黄鹤

第 3 章
专业技术类课程

§ 3.1 建筑结构

一、课程基本信息

课程名称：建筑结构

课程性质：必修课

适用专业：建筑学

总学时：16 学时

学分：1 学分

先修课程：建筑结构实习（1）、建筑结构实习（2）

后续课程：建筑结构实习（3）

二、教学目标

（一）知识能力目标

《建筑结构》课程的任务，是对各种建筑结构形式的结构组成、基本力学特点、适用范围以及技术经济分析、施工要求等方面的内容进行分析和研究。教学目标是使学生在建筑方案设计的阶段，能够思考、选择和设计确定方案，进而对建筑结构体系做出正确的定性分析，并做出合理的定量判断。

（二）德育目标

结合《建筑结构》课程，引导学生树立建筑安全意识，强化建筑工程技术人员的责任意识，通过具体案例使学生明白建筑设计与建筑结构体系选型等知识对于保证建筑结构安全和功能、经济合理的重要性，明确建筑师的职业操守和职业道德，从而进一步树立求真务实、实践创新、精益求精的工匠精神。同时着眼生态平衡、和谐发展理念，进一步强化学生对建筑设计与结构选型的认识。

三、课程思政教学设计

（一）课程德育元素与融入设计思路

现代建筑技术的发展使得人们在建筑结构体系的选择性上更加多样，科技在带给人们更多便利性、更大舒适度的同时，对自然和城市环境也造成了一定影响，本课程的思政教学主要通过建筑结构设计案例的分析，引导学生加强专业人文关怀，强化生态和环境保护意识，从而进一步提高专业认知深度。

（二）教学环节设计与进度安排

本课程的思政教学环节设计与进度安排见表3.1。

表 3.1 《建筑结构》思政教学环节设计与进度安排表

周次	思政教学内容	思政教学环节设计
1	工匠精神、创新意识、人文精神	以案例教学方式，结合优秀建筑结构的展示和讲解，开展德育教学，例如，以应县木塔为典型案例，展示应县木塔的结构抗震性能，让学生在了解中国古代建筑精湛的传统技艺的同时，体会工匠精神；以"水晶宫"、埃菲尔铁塔为典型案例，通过建筑材料的讲解，强化学生创新意识；以流水别墅、央视大楼为典型案例，通过悬挑结构在案例中的应用，启发学生进行人文精神的反思，树立可持续发展的生态设计理念
2	坚持专业梦想、科学精神与人文情怀的融合	在"桁架结构"知识点的讲解中，以中国银行总行大厦为例，透过案例建筑设计、结构设计理念，引导学生体会设计大师贝聿铭先生的建筑人文情怀
3	专业伦理、可持续发展的建筑生态设计理念	在"刚架与排架"知识点的讲解中，以国家体育馆"鸟巢"、中国农业大学体育馆（2008年北京奥运会摔跤馆）为例，通过建筑结构的经济性与结构合理性的和谐统一，引导学生树立可持续发展的建筑生态设计理念
4	坚持设计创新理念	在"网架结构"知识点的讲解中，以"水晶宫"大教堂为例，通过不同网架结构的比较，引导学生树立设计创新的理念
5	工匠精神、文化传承自觉意识	在"拱结构"知识点的讲解中，以赵州桥为典型案例，让学生了解中国古代建筑精湛的传统技艺的同时，体会工匠精神
6	安全责任意识	在"悬索结构"知识点的讲解中，以美国塔科马悬索桥为典型案例，引导学生树立安全责任意识，深入体会工程结构安全的重要性
7	科学精神与人文情怀的融合	在"薄壁空间结构"知识点的讲解中，以国家大剧院为例，展现科学精神与人文情怀的融合
8	可持续发展的建筑生态设计理念	在"膜建筑结构"知识点的讲解中，以上海体育场、国家游泳中心等为例，展现科技创新、可持续发展的建筑生态设计理念

（三）教学方法

1. 翻转课堂教学

采取翻转课堂教学方法，将课程教学讲义、视频案例、图书文件等资源上传至学习平台，布置课程相关知识点学习和课外延伸阅读任务，让学生带着任务完成自学、资料查阅和相关调研，以翻转课堂的方式进行学习成果展示，通过翻转课堂教学加强师生教学互动交流，达到预期教学目的。

2. 视频教学

采取视频教学的方式，利用课前、课间的碎片时间播放视频学习资源，或上传至网络学习平台供学生延伸学习，以便进一步拓展学生专业知识。视频资源包括建筑大师经典作品的结构方案应用解析,诸如美国塔科马悬索桥等建筑结构方案失败典型案例分析,以及建筑施工现场绑扎钢筋、浇灌混凝土等关键环节技术要点等。

3. 实地调研

本课程安排学生开展建筑结构实地调研,从而建立对建筑结构的直观感受,进一步加深课堂学习效果。通过学生实地参观 20 世纪 50 年代北京"十大建筑",例如北京火车站的双曲扁壳结构、北京工人体育馆的悬索结构;参观当代北京"十大建筑",例如国家体育场"鸟巢"主体结构采用的钢骨架门式空间交叉桁架体系、国家游泳中心采用的多面体空间刚架结构体系、国家体育馆屋顶采用的双向张弦网格结构等,学生以边走边学的方式,领会建筑结构的魅力。

4. 实操实践

本课程安排实习周,通过大尺度建筑结构概念模型的设计与制作等实践环节,在帮助学生更好地掌握专业知识、学会从结构角度审视建筑方案合理性的同时,强化学生的实践操作能力。通过设计、制作大尺度建筑结构概念模型,学生亲身体验材料的物理特质和加工性能,通过不断尝试和改进,分析不同结构体系的受力差异,深入感受足尺结构模型的尺度感和空间感。

(四)教学成效

1. 通过课堂德育知识的和谐融入,强化建筑师的职业素质培养

在课程中以案例教学、视频教学、实地调研等教学方法,将建筑结构设计安全责任意识、科学精神与人文精神的融合、可持续发展的生态设计理念、坚持设计创新理念等德育教学内容与课程专业知识点有机结合起来,加深了学生对专业知识的理解,对建筑师职业素养有了更加明晰的认识,强化了专业认同和职业使命感。

2. 通过大尺度建筑结构概念模型设计制作实践,培养学生创新精神、工匠精神

在本课程实习环节,通过大尺度建筑结构概念模型设计制作,学生设计并分析建筑结构体系的受力差异、空间尺度,不断调整优化设计方案,形成模型作品,在宏观建筑结构体系设计方面,培养了学生系统性思维和创新精神,提高了解决系统性、复杂问题的能力;在材料加工成型、分析计算等实操方面,培养了学生精益求精的专业态度。通过小组展示、学生互评、专家评审等环节,围绕模型作品,增进了师生专业交流,进一步提升了对专业知识的理解认知水平。

四、教学展示

(一)知识点

建筑结构与结构分类。

（二）德育元素

文化传承自觉意识、技术创新精神。

（三）教学方法

采用案例教学方法，结合典型建筑，回顾建筑发展史，阐述建筑与结构的关系。

（四）教学过程

"建筑结构与结构分类"知识点教学过程简表见表3.2。

表 3.2 "建筑结构与结构分类"知识点教学过程简表

时间安排	学生活动设计	教学过程	教师活动设计		
			案例	知识点	课程思政
5min	对先修课程《中国建筑史》《外国建筑史》《建筑材料》《建筑构造》，以及《建筑结构（1）》《建筑结构（2）》等课程知识进行回顾	复习、导入、延伸	古埃及卡纳克阿蒙神庙	1. 梁柱结构 由于古埃及尼罗河两岸缺少木材原料，古埃及主要采用石结构的建筑形式，通常，这种石结构建筑的石柱极其粗壮，直径甚至大于柱间距，从而造成了空间的压抑感	外国早期梁柱结构建筑的发展演变，推动建筑结构稳定性、功能性与建筑美感的和谐统一
			雅典卫城帕提农神庙	希腊早期的建筑采用木材，后来因其易腐烂、易燃烧的缺陷而改用石材。雅典卫城帕提农神庙使用石材建造的梁柱结构极其庄重宏伟，是西方传统的标志性建筑，帕提农神庙的柱式比例和谐，视觉校正技术运用娴熟，山花雕刻丰富华美，整个建筑庄重肃穆又不失精美	
			古罗马万神庙	2. 拱券结构 古罗马建筑不仅采用砖石作为建筑的原材料，还利用碎石、浮石作骨料，利用石灰和火山灰的混合物作为胶凝材料，形成了早期的天然混凝土。 讲解素混凝土与钢筋混凝土的差异，即素混凝土不宜做抗弯的梁板等构件，却可以很好地解决拱券结构的受力和施工要求	建筑结构、建筑材料的技术创新
			赵州桥	3. 拱结构 由中国古代著名匠师李春设计和建造的河北赵州桥迄今已有约1400年历史，桥体跨度达37.02m，为空腹双肩式石拱桥，是世界上现存最早、保存最好的石拱桥	传统技艺；工匠精神；文化传承自觉意识

续表

时间安排	学生活动设计	教学过程	教师活动设计		
			案例	知识点	课程思政
5min	对先修课程《中国建筑史》《外国建筑史》《建筑材料》《建筑构造》，以及《建筑结构（1）》《建筑结构（2）》等课程知识进行回顾	复习、导入、延伸	应县木塔	4. 木结构 我国盛产木材，是世界上采用木结构作为建筑结构最早的国家之一。木材既抗压、又抗拉，且比石材更轻，是建筑结构理想的建筑材料。 我国木构建筑的独特风格在世界上独树一帜。山西应县辽代佛宫寺释迦塔建于公元1056年，是世界现存最早的木塔，通称应县木塔。应县木塔为双层套筒式结构，暗层中用大量斜撑，结构上起圈梁作用，加强木塔结构的整体性	传统技艺；工匠精神；文化传承自觉意识
			埃菲尔铁塔	5. 钢结构 法国埃菲尔铁塔采用钢结构，是建筑造型与建筑结构的完美结合。 建筑材料、建筑技术的发展革新。 板书：绘制埃菲尔铁塔弯矩图说明	创新精神
10min	记笔记	建筑结构与结构分类知识点讲授	按主要承重结构所用材料分	建筑所展现出来的结构形式都是对当时建筑材料和建筑结构发展水平的最好诠释	作为未来的建筑师，学生在学习阶段如何储备专业知识，并将理论知识与工程实际相结合，在实际工程中，能够综合稳定性、功能性、美感、和谐等的要求，选取适合的建筑结构，引出建筑师的职业素养
				木结构	
				砌体结构	
				钢筋混凝土结构	
				钢结构	
				混合结构	
			按结构承载方式分	墙承重结构	
				框架结构	
				特种结构（空间结构）	
			按结构力学特征分	平板结构体系——典型的受弯为主的结构类型，例如一般平板结构、桁架和屋架、刚架结构、排架结构、网架结构等	
				曲面结构体系——典型的轴向受力为主的结构类型，例如拱结构、薄壳结构、悬索结构等	
2min	倾听	总结	1. 结构是建筑的骨架 建筑材料和建筑技术的发展决定着结构形式的发展，而结构形式对建筑的影响最为直接明显。 2. 结构的分类 建筑结构的分类		

（五）课堂延伸

组织学生开展课外实地调研，以北京市20世纪50年代特色建筑、当代建筑为对象，实地了解双曲扁壳结构、悬索结构、钢结构等建筑结构，感受建筑结构、功能、美感的和谐统一。

五、课程思政的实践思考

对当代大学生开展思政教育，如果仅限于理论知识的宣讲，很难达到预期的效果，在专业课程中有机融入德育内容，在传授专业知识的同时，实现世界观、人生观、价值观的塑造，是专业课程建设和教学改革探索实践的重要方向之一。

专业课程的学时安排、内容设置比较紧凑，课堂上教师拿出专门的一段时间来讲授德育内容，是不太现实的，但却可以通过精心的课堂设计，将思想引领、美育理念、人文精神等融入课程专业知识中，润物无声地实现价值导入。对于《建筑结构》课程来说，案例的选择是关键，它是有效支撑本课程的德育教育的基础，结合得当的案例能够让学生在既获得专业理论知识的同时，进一步思考职业素养要求、未来职业发展、建筑行业转型升级等深层次的问题，通过实操实践环节，培养学生的思辨能力、创新能力、实践能力，培育精益求精的工匠精神，为学生进行后续课程的学习，以及未来走向建筑师工作岗位，打下坚实的专业功底和思想基础。

> 教书育人是教师的职责，我愿意在这个平凡而又伟大的岗位中发挥自己的热量，在实现自己人生价值的同时，做学生的良师益友，在传授知识的同时，与学生共同成长。
>
> ——《建筑结构》任课教师　冯萍

§ 3.2 建筑基础设计

一、课程基本信息

课程名称：建筑基础设计

课程性质：必修课

适用专业：土木工程（建筑工程方向）

总学时：24 学时

学分：1.5 学分

先修课程：材料力学、结构力学、土力学、基础工程、混凝土结构设计原理、混凝土与砌体结构设计

并修课程：高层建筑结构设计

二、教学目标

（一）知识能力目标

本课程是土木工程专业的一门必修课，主要介绍多高层房屋建筑常见钢筋混凝土梁板式基础结构的设计计算方法，课程的理论教学目标是通过课程教学，使学生掌握柱下条形基础、筏形基础和箱形基础的基本设计步骤和设计方法，提高学生解决实际工程设计建造问题的实践能力。

（二）德育目标

对本课程的课堂教学内容进行适当延伸，拓宽学生的专业视野，通过实际工程案例，使学生了解和熟悉建筑基础工程设计建造方案的论证和优化流程，培养学生求精求准、注重细节、追求卓越的工匠品质，以及严谨、专注、一丝不苟的工作态度。

三、课程思政教学设计

（一）课程德育元素与融入设计思路

1. 爱国、爱校情怀

大型多功能振动台阵是土木工程学科重要的地震模拟试验平台，是否拥有先进的大

型多功能振动台阵实验室是衡量高校土木工程教学科研实力的一个关键标志。通过北京建筑大学振动台阵与美国内华达大学、美国纽约州立大学振动台阵的对比，突出北京建筑大学设备在加载能力、加载方向和控制系统方面的性能优势，以及满足土木、建筑、机电设备多学科科研需求的研究优势，显示我国在土木工程学科领域的跨越式发展，提振学生的自信心。同时，围绕北京建筑大学振动台阵实验室从 2012 年至今的论证、筹建和建设历程，展现北京建筑大学土木学院前辈的严谨、专注和坚持，鼓励学生继承北京建筑大学前辈的优良传统，从我做起，奋发向上，为北京建筑大学的发展壮大贡献力量。

2. 实践和探索精神

与常规的结构实验室相比，大型多功能振动台阵实验室结构具有鲜明的特色，主要体现在其基础和屋盖结构中。基础结构分为基础垫层、基础底板和设备基础槽道三部分进行介绍，突出介绍振动台实验室基础隔振沟设计；在屋盖部分，强调带有开合屋盖的网架结构体系。之后，通过总结使学生认识到设置基础隔振沟是经过多年实践和思考后提出的减振降噪措施，而开合屋盖是我校振动台实验室容纳高耸结构试验模型的创新之举。基于此，帮助学生树立实践求索精神，并深刻领会理论和实践之间的辩证关系。

3. 团队合作、追求卓越的精神

大型多功能振动台阵设备基础的施工质量和振动台钢导轨的安装精度是保证振动台设备高效运行的主要保障。令人感到棘手的是，设备基础施工对于已经安装就位的钢导轨存在干扰，这就要求多个团队相互协调，联合制定妥善的解决方案。在课程中，注意引导学生认识钢导轨的构成、体量和精度，进而指出为了保证槽道底部导轨和侧壁导轨的安装精度免受混凝土连续浇筑的干扰，需要在钢导轨变形控制、钢导轨实时监测以及基础混凝土材料和施工方法多个方面实施技术保障。在保证导轨精度的同时，设备基础施工还需要严格控制混凝土的开裂程度。围绕设备钢导轨的加工安装和基础混凝土结构的施工，显示多学科团队分工合作的团队精神，以及孜孜不倦、追求卓越的工作态度。

4. 认真负责、精益求精的精神

只有精心实施现场操作，方能保证结构设计方案成功转化为成品和精品。为了使学生直观学习基础施工组织和施工机械，感受工程现场各项工作的有序开展状况，利用课余时间，组织学生赴北京建筑大学大型多功能振动台阵实验室进行现场考察，观摩振动台设备基础混凝土浇筑的施工过程。在工地现场，可利用实际场景介绍设备基础施工设备和监测设备。在实践过程中，引导学生树立敬业爱岗、吃苦耐劳的精神，培养一丝不苟、注重细节的专注态度。

（二）教学环节设计与进度安排

本课程的思政教学环节设计与进度安排见表 3.3。

表 3.3 《建筑基础设计》思政教学环节设计与进度安排表

周次	思政教学内容	思政教学环节设计
11	爱国、爱校情怀	结合土木工程领域研究前沿和最新工程技术,以及我国科技发展战略规划等背景知识,介绍北京建筑大学大型多功能振动台阵实验室建设概况,包括单台性能参数(台面尺寸、竖向承载能力、控制自由度、工作频率范围、最大加速度),四台阵研究优势(振动台可在长短槽道内任意移动,满足结构、设备和生命线工程研究需求),并与美国内华达大学、美国纽约州立大学等国外知名高校的振动台阵进行性能对比,帮助学生提升民族自豪感,树立起继承和发扬我校优秀传统的使命感
12	实践和探索精神	介绍北京建筑大学大型多功能振动台阵实验室厂房结构(上部:周边支承钢网架结构,基础:筏板基础与桩基础构成的复合基础),以可开合钢网架屋盖设计与基础隔振沟设计作为重点进行讲解,使学生感受结构工程师的责任心,帮助学生建立尊重客观、提前谋划、争取主动的发展观,树立起全身心投入实践和探索的志向
13	团队合作、追求卓越的精神	围绕大型多功能振动台阵设备基础建造,讲授振动台设备基础大体积混凝土裂缝控制方法与振动台轨道安装精度保障措施,显示组织协调、混凝土浇筑、导轨精度监测多学科技术团队协同攻关、勇于创新的探索精神,以及孜孜不倦、追求卓越的工作态度
14	认真负责、精益求精的作风	带领学生赴北京建筑大学大型多功能振动台阵实验室考察设备基础混凝土浇筑过程,观摩混凝土浇筑的施工组织与现场操作,感受施工人员艰苦奋斗、攻坚克难的坚强意志,培养严谨踏实、求真务实的精神

(三)教学方法

根据本课程思政教学"拓展工程概念,培养工匠精神"的指导思想,充分利用多媒体设备,通过实际工程的照片和录像资料使教学紧密贴近工程实践,并组织开展工程现场参观,使学生身临其境感受结构设计和建造过程,加深对理论知识与复杂建造过程的理解,自觉接受工匠精神的熏陶,激发学生奋发图强的使命感。

1. 融入式教学

以北京建筑大学大型多功能振动台阵实验室建设作为切入点,介绍我国科技发展战略,例如,2016年5月30日,在全国科技创新大会上,习近平总书记指出在明确国家目标和紧迫战略需求的重大领域,在有望引领未来发展的战略制高点,以大型科技基础设施为主线,依托最有优势的创新单元,整合创新资源;2017年2月24日,习近平总书记在北京考察时,强调北京作为全国科技创新中心要建设一批世界一流水准的重大科技基础设施集群;2018年5月28日,在两院院士大会上,习近平总书记明确要强化科技创新体系能力,加快构筑支撑高端引领的先发优势,加快推进重大科技基础设施建设,为我国深入实施创新驱动发展战略和建设世界科技强国提供重要支撑。

2. 案例教学

依托信息化教学平台,利用图片和图表资料,回顾北京建筑大学大型多功能振动台阵实验室筹建和建设历程,凸显我校振动台阵的性能优势和研究优势;展示北京建筑大学大型多功能振动台阵实验室厂房结构(钢网架屋盖及其支承结构)和基础结构

（基础底板和侧壁）的典型结构设计图纸；演示实验室基础施工现场照片和录像资料，讲解基础混凝土浇筑和设备钢导轨安装之间的耦合关系，以及合理处置该关系的技术措施。

3. 现场观摩

利用课余时间，带领学生赴北京建筑大学大型多功能振动台阵实验室建设现场参观，为学生创设现场学习场景，由施工工程师和安装工程师介绍设备基础混凝土浇筑主要施工设备和导轨精度监测设备，同时讲解混凝土浇筑与导轨监测的主要步骤。

（四）教学成效

学生在《建筑基础设计》的课程教学过程中，潜移默化地接受了大国工匠精神的培养，课程的教学成效主要体现在：

1. 学生对学校的发展现状有了直观而深入的感受，对学校的发展前景充满了信心，由此产生了努力学习的紧迫感。

2. 学生的求知欲较以往有了明显的改善，更加关注土木工程领域的发展趋势和技术前沿，对自身在今后从事的工作有了更为明确的规划。

3. 课程学习更为积极主动，课下提问的学生人数明显增加，学生对关键知识点的掌握更为牢固，对重要概念的理解更为透彻。

4. 建筑基础课程设计更为认真和投入，规范和图集的使用更为熟练，学生的课程设计计算书及结构施工图的规范性有了明显的改进。

四、教学展示

（一）知识点

筏基底板内力计算（刚性板条法）。

（二）德育元素

培养结构工程师应具备的职业素质和职业道德。引导学生认识到工程实践极具挑战，往往受到多个条件的约束，为解决综合性的技术难题，需要具备结构分析及设计、土木工程材料以及工程测量等多个领域的理论知识和操作技术。除此之外，结构工程从业者还需养成开拓创新、精益求精、严谨负责、团结协作、执着专注的职业道德，从而强化攻坚克难、追求卓越的内在动力。

（三）教学方法

工程案例教学法。

（四）教学过程

"筏基底板内力计算"知识点教学过程简表见表3.4。

表3.4 "筏基底板内力计算"知识点教学过程简表

时间安排	学生活动设计	教学过程	教师活动设计
25min	学生听讲与思考	引入本节内容、知识点讲解	1. 提出问题 筏基底板内力如何计算? 2. 引出筏基底板内力计算的一种手算方法——刚性板条法 1）初步计算 将筏基底板在纵、横方向分成若干条带，而后取出每个条带按照独立的条形基础进行内力计算，刚性板条法计算简图如图3.1所示。 图3.1 刚性板条法计算简图 2）柱荷载及基底净反力调整（未考虑板带之间的剪力） 柱的总荷载和基底净反力的平均值计算； 柱荷载的修正系数和修正基底净反力计算。 3）筏基内力及配筋 采用修正后的柱荷载及基底净反力，按照独立的柱下条形基础（静定梁或多跨连续梁）计算内力并配筋。 4）刚性板条法例题
15min	师生互动、分析与讨论	提问、研讨、案例分析	3. 提出问题 实际工程复杂多变，如何在今后的工程实践中迎接挑战，克服困难? 4. 提出挑战 以北京建筑大学大型多功能振动台阵实验室基础建设项目为例，引导学生总结出振动台阵设备基础建设面临的主要挑战： 1）基础结构的分析与设计，如图3.2所示； 图3.2 结构计算简图 2）大体积混凝土裂缝控制，如图3.3所示； 3）设备基础混凝土浇筑过程中预装导轨的精度控制，如图3.4所示。 5. 进一步提出问题 解决上述问题可从何处入手

续表

时间安排	学生活动设计	教学过程	教师活动设计
15min	师生互动、分析与讨论	提问、研讨、案例分析	图3.3 大体积混凝土浇筑 图3.4 设备导轨安装 6. 引导学生寻求可行的技术措施 1）基础结构设计 复杂结构的合理简化，基于简化模型的内力分析，恪守设计规范提供的设计方法与构造措施。 2）大体积混凝土裂缝控制 优化混凝土材料，多阶段浇筑，浇筑后加强养护。 3）设备导轨安装精度控制 加强导轨刚度（设置导轨钢支撑框架），伴随多阶段混凝土浇筑的高精度实时测量监测。 4）结构工程师积极应对挑战的内在驱动力 职业品格与行为习惯
5min	学生听讲与思考	本次课程总结	7. 知识点小结 1）基本知识点 筏基底板内力计算的一种手算方法——刚性板条法。 2）拓展知识点 复杂工程中的基础结构设计建造。 8. 能力培养与精神塑造 1）鼓励学生积极参与课堂研讨，与授课教师互动，逐步形成勤于思考、勇于钻研的能力。 2）通过工程案例学习，引导学生树立精益求精的工匠精神、积极进取的探索精神以及一丝不苟的专注精神

（五）课堂延伸

组织学生在课余时间参观北京建筑大学大型多功能振动台阵实验室建设工地，观摩设备基础混凝土浇筑的施工过程。在工地现场，授课教师利用实际场景介绍了设备基础混凝土材料的特性、设备基础施工设备和监测设备以及施工与监测的主要步骤。学生就施工及监测的主要工序及其组织要点咨询了现场工程技术人员。通过实地观摩，学生不但巩固了课程理论知识，开阔了眼界，增加了实际经验，而且深刻感受到现场施工技术人员不辞辛劳、艰苦奋斗的精神以及严守规范标准的工作作风。

五、课程思政的实践思考

以北京建筑大学大型多功能振动台阵实验室建设项目作为课程思政的教学素材和实践载体，合理设计思政教学环节，使学生学习领会辩证唯物主义的科学思想与我国科技发展战略，培养学生严格遵守标准规范，灵活解决技术难题的行为习惯，帮助学生树立精雕细琢、精益求精的工匠精神。课程通过实际案例、课堂互动、实地考察的方式，使学生既能够学习本专业的传统和历史积淀，又能够体会到学科、行业发展带来的紧迫感，从而更加专注于基本原理和基础知识的学习，在思想和行动中更具积极性和主动性。

> 在教育教学过程中，以学生为主体，营造主动探索、生动活泼的氛围，激发学生的创新意识，注重理论与实践相结合，努力促进学生业务素质和道德素养的全面提升。
>
> ——《建筑基础设计》任课教师　庄鹏

§ 3.3
混凝土材料学

一、课程基本信息

课程名称：混凝土材料学

课程性质：必修课

适用专业：无机非金属材料工程、土木工程

总学时：64 学时

学分：4 学分

先修课程：材料科学基础、胶凝材料学、物理化学、材料力学、建筑力学

并修课程：建筑材料测试技术、专业技能训练

二、教学目标

（一）知识能力目标

1. 知识目标

通过本课程理论知识的学习，使学生掌握混凝土材料的组成、结构、性质、用途、制备和使用方法以及检测和质量控制方法，并理解混凝土材料的性质与结构的关系，以及性能改善的途径。通过课程的实践教学环节，学生掌握混凝土材料的基础知识，运用合理的实验原理和技能，设计出科学合理的实验方案，并能合理分析和处理实验数据，对实验结果进行解释。

2. 能力目标

通过本课程的学习，培养学生对混凝土材料专业问题分析和解决的能力；同时通过小班研讨教学，提升学生的自我学习、独立思考、自主表达能力。

（二）德育目标

结合课程特点，教师在课程的讲授过程中不仅仅要传授专业知识，还要尽可能地教授获取知识的手段，对待知识一丝不苟的态度，勤于学习和思考的习惯，要授之以渔，也要授之于情与景。

本课程与实际工程问题相结合，以实际工程案例，讲解混凝土先进技术和手段。在

课程讲解过程中,将绿色、环保及可持续发展理念融入课堂教学的同时,引导学生深刻理解工匠精神的内涵,从混凝土行业优秀典范事迹中汲取力量,进一步端正学习态度,强化爱国主义情怀,树立科技强国的专业学习志向。

三、课程思政教学设计

(一)课程德育元素与融入设计思路

本课程将现代专业知识与传统人文知识相结合,多采用古诗词串联、传统文化和当代科学的融合的方法,使得学生在感受科技发展的同时,深刻体会中国传统文化的博大精深。在授课过程中注重将专业优秀典范对待知识的态度传递给学生,强化学生多渠道获取知识的本领,透过实际工程案例深入体会一丝不苟、持之以恒的大国工匠精神,培养学生的专业自豪感和爱国主义情怀。此外,课程实现了理论与实践的紧密融合,通过学生自主设计实验、团队协作完成、共同汇报等多项措施,培养学生的自主学习能力和团队协作精神。

(二)教学环节设计与进度安排

本课程的思政教学环节设计与进度安排见表3.5。

表3.5 《混凝土材料学》思政教学环节设计与进度安排表

周次	思政教学内容	思政教学环节设计
1	创新精神	通过讲解混凝土材料的发展及在各种工程中的大量应用,从道路混凝土、结构混凝土、功能混凝土多方面进行讲解,激励学生要敢于创新、不断创新、优化和改进现有混凝土材料,依靠技术和科技推动社会进步
2	工匠精神,土木工程师的责任与担当精神	通过材料耐久性的讲解,以反面典型工程为案例,进行工程所用混凝土材料耐久性的分析,提醒学生要注意细节,强化土木工程师的责任与担当,培养精益求精的工匠精神
3	克服困难、迎难而上	通过混凝土材料的力学性能指标及评价的讲解,围绕如何提高和改善混凝土的力学性能这一专业问题,激励学生要敢于直面困难和挑战,迎难而上,不断提升专业知识和技能水平
4	爱国情怀,专业荣誉感、使命感	列举混凝土技术在国内大型工程中的应用情况,如港珠澳大桥的沉管混凝土工程、中国尊底板混凝土施工等,以"中国建造"进一步激发学生的爱国情怀,强化学生学习专业的荣誉感、使命感,树立远大志向
5	辩证思维能力	通过对水泥由于水化热、收缩等问题导致的混凝土开裂问题的讲解,引导学生用辩证的哲学思想思考和分析问题,培养学生辩证的思维和独立思考的能力
6	强化理论与实践的结合,理解"实践是检验真理的唯一标准"	在"新拌混凝土性能的调整"知识点讲授过程中,鼓励学生在学习理论的同时,要注重实践能力的培养,引导学生理解混凝土的性能是实践中"调出来的",重视实践
7	团队协作精神	通过自行设计专题试验并实施,实现团队分工和协作,培养团队协作精神

（三）教学方法

本课程是一门专业基础课，课程概念多，与工程实际联系紧密。课程采用多种教学手段，包括：

1. 线上线下混合式教学

本课程线上教学依托超星学习通网络教学平台进行，教师在课前制作教案、PPT课件、教学辅助视频、混凝土材料应用案例等学习资源，发布预习任务，明确知识要点和关键问题，并上传到超星学习通网络教学平台，根据预习任务设计安排课前测验，以练促学，帮助学生建立学习过程目标，引导学生自主完成预习任务，提高学习质量。教师应随时关注学生线上学习状况和学生的反馈信息，以便对课堂教学内容和方式进行优化，根据学生的作业完成情况和学习中存在的问题安排好讨论与答疑时间。

2. 案例教学

在授课中广泛将工程案例与相关知识点结合，尽可能体现学以致用的教学思想，提高学生的学习兴趣，也有利于学生对课程知识的掌握。

3. 讲座教学

在授课中安排新材料技术前沿讲座，例如，混凝土的高性能化、混凝土结构开裂与裂缝控制等。通过这些专题讲座使学生了解材料研究与应用前沿，同时还起到对课程所学内容融会贯通的效果。

4. 组织课堂竞赛

将知识竞赛形式引入课堂教学中，在结课前安排2~4学时知识竞赛环节，学生组队参赛。竞赛题目设置有必答、抢答、共答、抽签计算等题型，此外还设有观众题。知识竞赛优胜队队员可得到平时成绩加分激励，提高了学生的学习兴趣，极大调动学生复习课程知识的积极性和主动性。

5. 理论与实践相结合教学

课程设有设计性实验环节，实验完成后，每组派出一位学生代表汇报实验设计、过程、结果并进行实验分析，教师给予点评。学生对于实验中出现的问题可以提问，对实验结果可以讨论与分析，凸显学生学习主体以及学生之间、学生教师之间的互动性。

（四）教学成效

1. 综合利用线上线下教育手段构建了课程资源丰富的学习平台，提高教学质量

本课程通过线上线下混合式教学模式和小班研讨型教学手段的融合应用，使用信息技术和先进教学方法重构了课程体系和内容，构建了教与学的新型关系，具有完整的教学组织活动和平台支持服务，课程质量高，线上线下应用结合效果好，切实地提高了教学质量。

2. 形成基于 PBL 的学生主体学习模式

以教师为主导，以学生为中心，结合课程内容，把握学生特点，因材施教，坚持"破""立"结合，通过教师设置专题课程，学生进行自主学习完成专题设计并通过实践环节进行验证，在专题课程中打破以教师讲解为主，树立以学生发挥主观能动性来完成专题学习任务，很好地提升了学生的自主学习和团队协作能力。

3. 建设三位一体的知识、能力和价值观的课程培养体系

本课程将专业知识和工程实际问题相结合，学生在获得专业知识的同时，实现了专业问题解决能力的提升，同时对个人的职业自豪感和价值观也起到了较好的推动作用。

四、教学展示

（一）知识点

混凝土组成材料——骨料。

（二）德育元素

将港珠澳大桥沉管混凝土用骨料贯穿整节课堂，通过对港珠澳大桥沉管混凝土的讲解，明确骨料的重要性，将大国工匠、爱国热情融于课堂，同时采用古诗词贯穿课堂，实现人文素养的培养。

（三）教学方法

1. 案例式教学

课程中引入多项实际工程案例，通过主线案例的讲解，将整堂课贯穿起来，以实际工程为主线，详细讲授相应的专业知识。同时，案例的引入体现了骨料的重要性，最终明确骨料在工程实际中的重要性。

2. 传统文化与专业知识相结合

以"女娲补天"中国古代神话故事引入，知识点紧密结合港珠澳大桥的沉管混凝土工程案例，最后以朗朗上口的诗词——"混沌数万年，石立天地间。圣母补苍天，建桥敢为先。激涌四海浪，通达八方连。融为华夏土，伟业后人传。"将整堂课的德育元素贯穿起来，同时与专业知识相呼应。

3. 实践结合

在课堂的授课环节，以"骨料的性能如何？"为主题设置专题试验，由学生自行组队完成对专题试验的设计，并进行试验验证，对试验数据进行分析，总结后进行团队汇报，对课堂知识形成反馈，加强学习效果。

（四）教学过程

本节课的教学过程分为四部分，先以神话故事引入，结合历史发展，引入骨料的直

观认知；再引入现有的工程案例，将骨料在工程中的应用直观化和形象化；而后结合北京市城市治理难题，通过建筑垃圾处置方案的讲解，让学生理解建筑垃圾即骨料资源与环境的关系；最后利用诗词进行课程德育内容的点题，将"女娲补天"和"林鸣建桥"与课程专业知识紧密结合起来，加深学生对知识的理解，升华德育内容。知识点教学过程见表3.6。

表3.6 "混凝土组成材料——骨料"知识点教学过程简表

时间安排	学生活动设计	教学过程	教师活动设计
2min	学生互动、思维引导	课程回顾本节课程简介	1. 课程回顾 混凝土的组成？ 2. 本节课程简介 1）骨料的定义与分类； 2）骨料的来源及处置； 3）骨料的性能指标； 4）新的方案设计。 设计意图：回顾上节课程所学，引出本节课程所讲，同时对本节所授课程进行介绍
2min	学生互动与思考	课程的引入	3. 课堂引入 引用神话传说"女娲补天"的故事，向学生阐明从远古到现代，石头是牢固的建筑材料，如图3.5所示。 图3.5 石头是牢固的建筑材料 现代社会，混凝土是用量最大的建筑材料。砂石骨料是混凝土的主要成分，当之无愧是全世界用量最大的建筑原材料。 介绍世界砂石骨料产量情况，如图3.6所示。中国的砂石产量如果装满40t载重的车辆并排一队可绕地球赤道线216圈。 国家和地区 用量（亿吨） 中国 200 印度 50 欧盟 24.7 美国 23 其他 100 图3.6 世界砂石骨料产量情况 设计意图： 1）通过神话故事的展示，引起学生的兴趣； 2）骨料产量数据的展示，让学生意识到骨料的重要性
5min	教师提问、课堂引导、学生互动	骨料的定义、分类及其环境影响	4. 教师讲解：骨料的定义、分类及来源 定义如图3.7、图3.8所示。 骨料的来源如图3.9所示

续表

时间安排	学生活动设计	教学过程	教师活动设计
5min	教师提问、课堂引导、学生互动	骨料的定义、分类及其环境影响	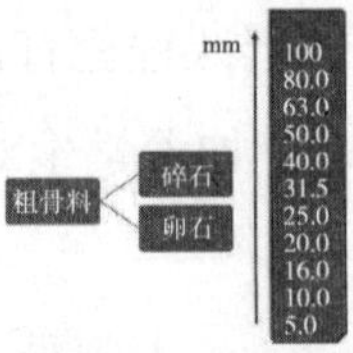 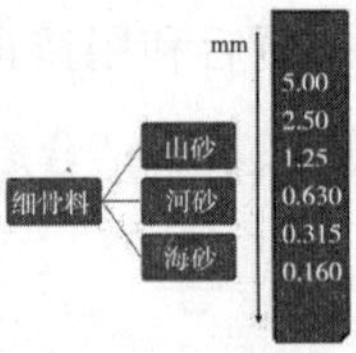 图3.7 粗骨料　　图3.8 细骨料  图3.9 骨料的来源 师生互动：作为混凝土的上游材料，砂石料作为混凝土骨料的重要性。 设计意图： 1）基本概念的讲解，让学生清晰地认识骨料的定义和分类； 2）对比展示，对骨料的来源能够清晰地认知； 3）矿山资源概念的引入，资源的重要性
6min	教师讲解、师生互动、专题讨论	骨料的来源、设备、制备及环境影响	5.教师讲解：骨料的来源、设备、制备及环境影响 根据分类，骨料的来源有：河道和矿山。 矿山的生产设备：水利工程的大型砂石生产设备和日本的生产设备，如图3.10所示。  图3.10 骨料生产线 问题思考：骨料作为资源，巨大的使用量会对环境造成什么后果？ 引导及讲解：会给环境带来极大的负担。 以案例讲解为导入，由于天然骨料的开采，2002年西安灞河水暴涨时，铁路桥桥墩被损毁的案例，如图3.11所示。  图3.11 河砂过度开采带来的后果 机制骨料的加工以开山为案例，将知识点"绿水青山就是金山银山"的绿色可持续发展理念结合起来，讲解无序采矿所带来的后果，如图3.12所示。 问题思考：骨料的出路在哪里？尾矿？建筑垃圾？煤矸石？尾矿骨料如图3.13所示

续表

时间安排	学生活动设计	教学过程	教师活动设计
6min	教师讲解、师生互动、专题讨论	骨料的来源、设备、制备及环境影响	 图 3.12 无序采矿所带来的后果  图 3.13 骨料来源的多样化 设计意图： 1）通过讲解，让学生知道骨料的来源。 2）培养学生意识到砂石骨料的开采的两面性。资源的开采要与环境保护相协调。 3）引导学生的发散思维？骨料的出路
6min	教师讲解、学生思考、师生互动	骨料来源——建筑垃圾	6. 教师讲解：骨料来源——建筑垃圾 建筑垃圾的概况。建筑垃圾的构成，废混凝土比例，废砖的比例，其他的比例。 展示某建筑垃圾处理的实际案例，如图 3.14 所示。  图 3.14 建筑垃圾现状 教师讲解：建筑垃圾制备骨料的工艺及设备，见图 3.15 建筑垃圾破碎设备、图 3.16 建筑垃圾骨料生产线。  图 3.15 建筑垃圾破碎设备

续表

时间安排	学生活动设计	教学过程	教师活动设计
6min	教师讲解、学生思考、师生互动	骨料来源——建筑垃圾	 图 3.16　建筑垃圾骨料生产线 设计意图： 1）为寻求新的骨料来源确定思路； 2）由我们身边的环境问题引入，提升学生们的学习兴趣； 3）结合骨料的生产，转为实际的案例； 4）通过案例的结合，让学生学会发散的思维
5min	师生互动、思维引导	建筑垃圾骨料的性能分析	7. 教师讲解：建筑垃圾骨料的性能分析 对现代的混凝土技术而言，骨料最重要的要点是强度、颗粒级配、粒型、空隙率。 结合图 3.17 所示红砖骨料、图 3.18 所示废混凝土骨料，对比图 3.19 所示天然骨料，讲解建筑垃圾骨料的特点。  图 3.17　红砖骨料  图 3.18　废混凝土骨料  图 3.19　天然骨料 教师提问：对比骨料，能否用于混凝土？ 引出骨料参数，骨料的强度、级配、有害物质等。 优质工程采用的优质骨料，列举港珠澳大桥沉管混凝土，如图 3.20 所示

续表

时间安排	学生活动设计	教学过程	教师活动设计
5min	师生互动、思维引导	建筑垃圾骨料的性能分析	图 3.20 港珠澳大桥沉管混凝土 设计意图： 1）通过不同类型的骨料对比，让大家对于建筑垃圾骨料有更清晰的认识； 2）通过结合实际的工程——港珠澳大桥，让大家理解对于现代混凝土而言，强度不是问题； 3）引出骨料的重要评价指标颗粒级配
15min	教师讲解、师生互动、主动思考	骨料性能的讲解	8.教师讲解：骨料最重要的评价指标——颗粒级配 颗粒级配的要点：特定粒径范围内的骨料比例。 级配会对混凝土的影响：工作性，空隙率，耐久性和经济性。不同骨料级配对比如图 3.21 所示。 图 3.21 不同骨料级配对比 教师提问：采用哪种方式对不同粒径的骨料进行划分？ 9.教师讲解：规范的方法——筛分法 细骨料的细度模数的计算方法，以及依据模数进行评价。 细骨料筛分法见表 a。 测试方法：筛分析法。 筛孔尺寸： 0.15mm，0.30mm，0.60mm，1.18mm，2.36mm，4.75mm（细骨料）； 2.36mm，4.75mm，9.5mm，16.0mm，19.0mm，26.5mm，31.5mm，37.5mm，53mm，63mm，75mm，90mm（粗骨料）。 表 a 细骨料筛分法 | 筛孔尺寸	分计筛余（%）	累计筛余(%)
---	---	---
4.75mm	a_1	$A_1=a_1$
2.36mm	a_2	$A_2=a_1+a_2$
1.18mm	a_3	$A_3=a_1+a_2+a_3$
0.60mm	a_4	$A_4=a_1+a_2+a_3+a_4$
0.30mm	a_5	$A_5=a_1+a_2+a_3+a_4+a_5$
0.15mm	a_6	$A_6=a_1+a_2+a_3+a_4+a_5+a_6$	 模数计算公式及级配曲线如图 3.22 所示

续表

时间安排	学生活动设计	教学过程	教师活动设计
15min	教师讲解、师生互动、主动思考	骨料性能的讲解	$M_x=\dfrac{(A_2+A_3+A_4+A_5+A_6)-5A_1}{100-A_1}$ 图 3.22 细骨料级配曲线 案例讲解：请评价表 b 所给建筑垃圾细骨料的级配区。 表 b 建筑垃圾细骨料级配区 | 筛孔 (mm)	分计筛余 (%)	累计筛余 (%) | |---|---|---| | 4.75 | $a_1=3$ | 3 | | 2.36 | $a_2=23$ | 26 | | 1.18 | $a_3=18$ | 44 | | 0.60 | $a_4=28$ | 72 | | 0.30 | $a_5=16$ | 88 | | 0.15 | $a_6=10$ | 100 | | 筛底 | 2 | 100 | 10. 教师讲解：粗骨料的粒型对混凝土和易性的重要性。 国内外对于针片状含量的定义与规范的差距，见表 c。 表 c 针片状的定义 | 术语	定义要点	中国	英国 | |---|---|---|---| | 针状骨料 | 颗粒的长度与该颗粒平均粒径的比值 | >2.4 | >1.8 | | 片状骨料 | 颗粒的厚度与该颗粒平均粒径的比值 | <0.4 | <0.6 | 教师提问：好的骨料与差的骨料的区别？ 结合图 3.23 所示粗骨料的粒形、图 3.24 所示细骨料的粒形，讲解针片状骨料的特点及其对混凝土和易性的影响。 11. 教师讲解：骨料最基本的性能？骨料须致密且具备足够的强度 碎石的强度指标：抗压强度、压碎指标

续表

时间安排	学生活动设计	教学过程	教师活动设计
15min	教师讲解、师生互动、主动思考	骨料性能的讲解	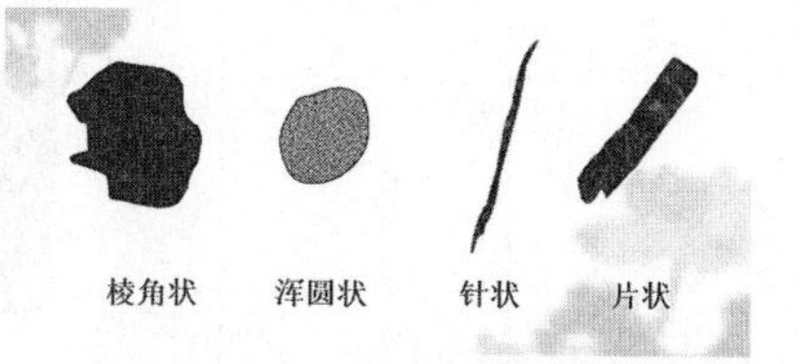 棱角状　浑圆状　针状　片状 图 3.23　粗骨料的粒形 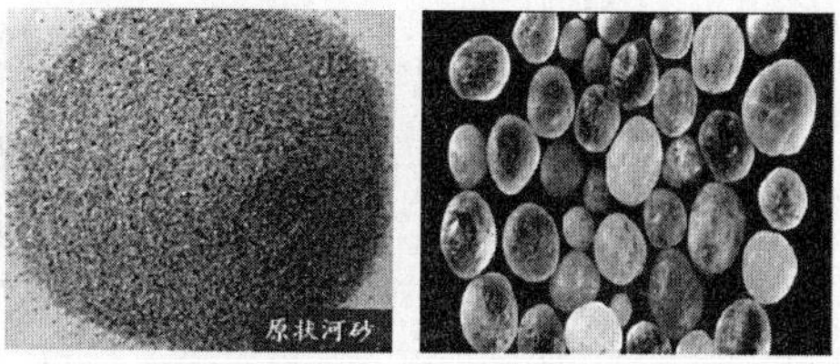 图 3.24　细骨料的粒形 卵石的强度指标：压碎指标。 抗压强度试件尺寸：5cm×5cm×5cm 压碎指标：$\delta_a = \dfrac{m_0 - m_1}{m_0} \times 100\%$ 12. 教师讲解：建筑垃圾骨料的强度与混凝土强度的关系 提出建筑垃圾骨料的颗粒级配、强度、针片状等指标。结合图 3.25 所示优劣骨料对比，讲解国家骨料标准。  图 3.25　优劣骨料对比 13. 教师讲解：骨料的颗粒形状 骨料的破碎和磨碎方式如图 3.26 所示。 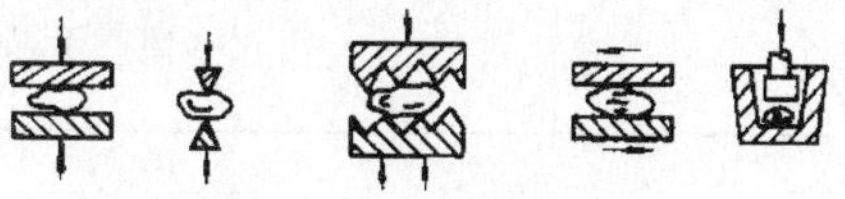 图 3.26　破碎和磨碎方式 设计意图： 1）导入骨料的评价指标颗粒级配； 2）结合实例提出骨料的颗粒级配，避免直接的讲解，提升学生学习兴趣； 3）在此基础上对骨料的颗粒级配的评定及测试方法进行讲解； 4）结合数学计算，将细骨料的评价指标数量化，更加便于理解
2min	学生思考	环境效益	14. 教师讲解：建筑垃圾处置带来的环境效益和经济效益 结合图 3.27 垃圾公园、图 3.28 深坑矿山酒店，讲解建筑垃圾处置、矿山处置

续表

时间安排	学生活动设计	教学过程	教师活动设计
2min	学生思考	环境效益	图 3.27　垃圾公园 图 3.28　深坑矿山酒店 设计意图： 通过对建筑垃圾的处置和深坑矿山酒店所带来环境效益、经济效益的讲解，让学生体会到绿水青山的重要性，将绿色环保和可持续发展的理念贯穿课堂
2min	师生互动、学生思考	思考与总结	师生互动：优质骨料的特点。 小结：骨料的定义、分类、来源、效益。 提升：骨料性能中最重要的级配的确定方法。 思维：就建筑垃圾的资源化利用，大家提出方案。 思政总结： 混沌数万年，石立天地间。 圣母补苍天，建桥敢为先。 激涌四海浪，通达八方连。 融为华夏土，伟业后人传。 设计意图： 1）反思这节课优质骨料的特点？ 2）总结提升，加强自主学习。 3）寓教于思政之中

（五）课堂延伸

本知识点的教学设有综合专题试验，在课堂讲解基础上，组织学生自行组队形成学习小组，结合课堂知识，对相关标准进行学习，并形成试验方案。通过专题试验，验证课堂所讲解知识，并对数据进行处理，整理成汇报报告，由各小组进行汇报并点评。通过这种方式，有助于提高学生的自主学习能力、团队协作能力、表达和展示能力，掌握更多的获取知识的手段，强化学生对待实验数据处理与分析精益求精的专业态度。

五、课程思政的实践思考

"大学之道在明明德,在新民,在止于至善。"一门好的课程不仅仅是要实现知识传授和能力的培养,更高层次是能够触动学生们的思想品德。一门课程如何能够触动一个人的灵魂,就需要在课程的育人方面加以设计和思考。师者以立德树人为根本,课程思政就是育人之道的具体体现,实现对学生的精神引领、价值塑造、素质养成。

> 每一堂精彩的授课都需要精心的准备和认真的打磨,唯有认认真真和踏踏实实的准备方能做到授课的行云流水。
>
> ——《混凝土材料学》任课教师　卞立波

§3.4
固体废物处理与处置

一、课程基本信息

课程名称：固体废物处理与处置

课程性质：必修课

适用专业：环境工程、环境科学、市政工程

总学时：32 学时

学分：2 学分

先修课程：环境微生物学、环境工程原理、环境监测

并修课程：水污染控制工程、大气污染控制工程

二、教学目标

（一）知识能力目标

1. 知识目标

本课程面向环境工程、环境科学及市政工程学生，通过课程学习，让学生了解固体废物处理处置技术，理解固体废物处理的减量化、资源化、无害化理念，掌握固体废物的收集、贮存、清运、处理与再利用的全过程。

2. 能力目标

本课程教学将课外实践活动与翻转课堂紧密衔接起来，着重提高学生固体废物综合管理和治理技能，通过课程思政教学与实践环节，着重锻炼学生的实践能力、解决问题能力和团队协作能力，在实践中引发对学科领域热点、难点问题的深入思考，使学生的专业素养得到历练，专业技能得到提升。

（二）德育目标

1. 结合课程专业知识点和课程实践，强化学生环境保护意识，培育学生求真务实、精益求精的工匠精神，踏实严谨、追求卓越的专业品质，引导学生自觉参加垃圾分类、低碳生活、环境保护社会实践，形成行动自觉。

2. 结合固体废物处理与处置领域科学前沿和生产实践最新动态，引导学生加强专业

知识积累，以探究式的教学方法引入科研资源与科研素材，锻炼学生的思维能力，开拓学生的眼界见识，提高专业综合素养。

3.通过专业拓展与时政渗透，以及国内外技术发展情况的对比分析，激发学生的专业进取心与奋斗精神，强化专业责任感、使命感，引导学生加强实践创新，培育爱国主义情怀。

三、课程思政教学设计

（一）课程德育元素与融入设计思路

1.本课程基于固体废物处理减量化、资源化、无害化理念，围绕固体废物分类收集、运输、资源化利用和终端技术处置等知识点，通过开展固体废物管理与资源化回收利用方案设计等的课程实践，引导学生重视固体废物的源头分类，并积极参与到固体废物的分类、回收利用工作中。

2.课程教学紧跟时代发展脚步，贯彻落实党中央、国家战略部署和政策精神，引导学生树立固体废物资源化回收利用、变废为宝的绿色可持续发展理念，强化专业教育、德育教育成果向学生日常行为习惯的渗透。

3.课程突出国内外固体废物管理与综合治理典型案例经验与技术，充分利用课堂和课外学时，最大化丰富和延伸教学内容，通过典型案例的学习，引导学生理论联系实际，不断提高专业实践能力。

（二）教学环节设计与进度安排

本课程的思政教学环节设计与进度安排见表3.7。

表3.7 《固体废物处理与处置》思政教学环节设计与进度安排表

周次	思政教学内容	思政教学环节设计
1	固体废物处理的减量化、资源化、无害化理念	在讲授"城市固体废物的危害与污染控制技术"知识点时，结合国家关于固体废物管理相关部署、政策文件等，引导学生深入理解固体废物处理的减量化、资源化、无害化理念
2	生态文明建设、无废城市建设	在讲授"城市生活垃圾收集与清运系统"知识点时，结合习近平总书记视察北京时做出的"北京市率先建立生活垃圾分类制度，为全国作出表率"重要指示精神，讲解北京市作为垃圾分类工作试点城市的建设要求，以及北京市推进垃圾分类工作的具体举措、工作进展和建设成效，通过北京市垃圾处理工作的今昔对比，引导学生深入理解生态文明城市、无废城市建设，以及垃圾分类清运全过程、精细化管理理念
3	固体废物处理的减量化、资源化、无害化理念，工匠精神	在讲授"垃圾转运站的设计与环境保护""城市固体废物预处理技术"知识点时，穿插丰富详实的案例，融入垃圾处理减量化、资源化、无害化的理念，结合智能科技在垃圾处理的运用，引导学生建立精细化管理理念，培养学生工匠精神

续表

周次	思政教学内容	思政教学环节设计
4	环境保护意识、科技创新意识	在讲授"城市固体废物的耗氧堆肥技术""城市固体废物的厌氧消化技术"知识点时,与学生分享国内外固体废物处理领域先进技术和优秀工程案例,探讨案例在保障固体废物处理无害化、安全性方面的技术优势,强化学生环境保护意识、科技创新意识
5	专业伦理、职业道德教育	在讲授"垃圾热处理技术的原理与工艺"知识点时,结合热处理产生的残渣、烟气的无害化处理,以及排放监测数字化技术手段的讲解,将专业伦理与职业道德教育贯穿融入
7	系统思维构建	围绕垃圾分类管理、可回收垃圾管理,组织学生开展主题演讲、辩论赛,学生查阅资料、开展调研,结合课堂学习的专业知识,对学习成果进行集中展示,锻炼学生的沟通表达、组织协调、分析调研能力,进一步深化所学知识,构建专业学习的系统性思维
8	专业标准规范、环境保护意识	在讲授"垃圾卫生填埋场的设计和关键技术""垃圾卫生填埋场的资源化与无害化处置技术"以及"危险废物和放射线废物的管理"知识点时,强调政策标准的刚性执行,垃圾卫生填埋场的设计施工首先要符合专业标准和规范,在此基础上,统筹考虑垃圾处理的资源化、无害化原则,最大程度地保护生态环境

(三)教学方法

1. 充分利用信息化教学平台,丰富和延伸课堂教学内容

本课程的教学充分借助信息化教学技术,利用泛雅教学、超星学习通等信息化教学平台,紧密结合固体废物处理与处置的理论教学,将行业领域相关规划部署、政策精神,以及固体废物减量化、资源化、无害化和低碳处理技术等典型案例,以文件资源、视频资源的形式发布到教学平台上,建立本课程的德育教学资源信息库,进一步丰富和延伸课堂教学内容,有助于学生更加高效地实现自主学习。

2. 整合学科科研资源,突出鲜明的时代特性

本课程注重学科建设、科学研究资源与专业思想政治教育资源的整合利用,着重围绕首都生态文明城市建设,无废城市、垃圾分类试点城市等建设领域的新理念、新政策、新战略,固体废物处理与处置减量化、资源化、无害化理念,以及低碳处理新型实用技术等方面实施课程思政教学,实现课程德育与专业教学的有机统一,并紧跟时代和学科前沿,实现课程知识体系的更新。

3. 依托课外拓展实践,激发学生主动学习潜能

课程教学注重理论与实践相结合,通过课外拓展实践环节,引导学生开展合作式、探究式学习,激发主动学习的潜能,坚持德育为先,能力为重,培养学生的专业创新精神,提高专业素养和综合能力,努力使每个学生得到充分、全面的成长。

（四）教学成效

1. 构建专业理论教学、社会实践锻炼和工匠技能培养为一体的课程教学体系

本课程坚持德育为先，能力为重，全面发展的教学理念，构建了专业技能教学、思政教学、科技活动、社会实践为一体的课程教学体系，实现了课内到课外的教学延伸、科技实践与工匠技能的无缝衔接，使学生得到专业教育、思政教育、科学研究与创新能力的全面培养。

2. 建立课程资源库丰富学习资源，综合运用现代教学技术方法手段，有效提升学生学习积极性、主动性

本课程搜集梳理了国内外政策法规、参考文献、专业沿革、技术创新、应用情况、工程案例，建立了详实、系统的课程资源库，供学生开展学习时根据需要取用，拓展了课程教学内容的广度和深度。课程充分运用信息化教学平台，综合采取在线抢答、主题研讨、演讲辩论、即时考试、同步督学等方式，提高课堂的互动性、趣味性，实现了对学生学习过程、效果的及时反馈和督导。

3. 绿色环保和可持续发展理念深入人心，学生学以致用，形成行动自觉

本课程思政教学设计紧密联系北京无废城市建设对垃圾分类、资源回收、垃圾处理等方面的最新政策、管理举措、处理技术等，同时结合学科研究热点问题展开探讨，引入国内外先进技术案例，使课程教学目标与北京无废城市建设目标对接起来，在强化学生专业知识能力水平的同时，使学生深刻意识到垃圾减量减排、垃圾分类与资源化回收利用工作的重要性，提升学生的专业素养，为今后从事相关领域的工作做好铺垫，达到学以致用的目的。

四、教学展示

（一）知识点

固体废物的收集、贮存及清运。

（二）德育元素

将"绿水青山就是金山银山"理念融入知识点的教学全过程，引导学生树立绿色环保和可持续发展理念，富有中国心、饱含爱国情，具有专业责任意识，强化志愿参与无废城市建设和生态文明城市建设的社会责任感和使命感。"固体废物的收集、贮存及清运"知识点的课程德育元素与融入思路见图 3.29 所示。

（三）教学方法

1. 教学载体法

基于课程教学方案，借助超星"泛雅教学平台+学习通"载体，实现"线上+线下"

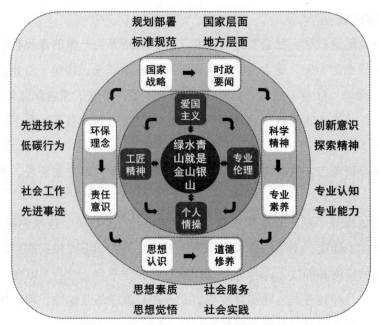

图 3.29 "固体废物的收集、贮存及清运"知识点的课程德育元素与融入思路

教学同步、课程教学有效衔接,实现课程教育教学资源共建共享,确保专业教育教学资源和授课内容的时代性和先进性。

2. 课程任务驱动法

充分利用课程大作业,围绕垃圾分类热点问题,引导学生自主探索垃圾分类的瓶颈问题,培养学生求真务实的科学态度和创新进取的专业精神,提高学生的自主学习能力、分析问题能力、组织协调能力、沟通表达能力及团队合作精神。

3. 项目合作探究法

PBL项目教学实施嵌入式、专题式、体验式的思想政治教育,使课程实现知识传授、能力培养与价值引领的和谐统一,着力培养有社会责任、有创新精神、有专门知识、有实践能力、有健康身心的应用型高级专门人才。

(四)教学过程

《固体废物处理与处置》课程的教学过程中均融入国家发展战略目标、国家政策与管理办法、时事要闻、无废城市治理的绿色低碳发展技术,例如"固体废物的收集、贮存及清运"知识点教学过程简表见表3.8。

(五)课堂延伸

本课程通过设置课外实践作业的形式实现课堂延伸,例如,在"垃圾分类管理和可回收垃圾管理"知识点教学中,要求学生分组开展调研,发现垃圾分类管理与可回收垃圾管理工作中的突出问题、优秀做法,并以主题演讲、设题辩论的形式,开展实践环节

表 3.8 "固体废物的收集、贮存及清运"知识点教学过程简表

时间安排	学生活动设计	教学过程	教师活动设计
20min	互动与提问	复习与导入	1. 提出问题 固体废物分类收集原则和方式？ 2. 时政要闻导入 2016年12月，习近平总书记在中央财经委员会第十四次会议上，强调"普遍推行垃圾分类制度，关系13亿多人生活环境改善，关系垃圾能不能减量化、资源化、无害化处理。要加快建立分类投放、分类收集、分类运输、分类处理的垃圾处理系统，形成以法治为基础、政府推动、全民参与、城乡统筹、因地制宜的垃圾分类制度，努力提高垃圾分类制度覆盖范围"。 3. 案例导入 播放"亚洲多国遭遇垃圾围城"等的视频案例，分析开展垃圾分类工作的必要性，结合时政要闻，讲授生态文明建设，以及北京市在推进垃圾分类工作方面的工作理念、政策精神，通过学习通提问、抢答、评分等课堂活动，增加学习的趣味性，让学生快速融入课堂，并引导学生对无废城市建设的意义及价值进行思考
20min	互动、讨论与分析	提问、讨论与分析，案例分析	1. 讨论与分析 1）固体废物分类收集原则 结合现实中垃圾分类收集原则、《城市生活垃圾管理条例》、垃圾产生的属地活动特点等，向学生展示北京市居民小区生活垃圾分类投放的照片资料，如图3.30所示。让学生分组讨论分析，并由小组代表陈述如何有效实施垃圾分类管理。 图 3.30 北京市居民小区生活垃圾分类投放照片资料 2）固体废物分类收集目的 减少了进入终端垃圾处理的量； 末端以焚烧处理为主； 末端以填埋处理为主； 生活垃圾处理末端以焚烧和生物处理为主。 2. 垃圾收集容器的设计 1）设计背景 解决垃圾箱、桶、站的垃圾外溢现象，垃圾投放（收集）点垃圾外溢现象如图3.31所示。 图 3.31 垃圾投放（收集）点垃圾外溢现象

续表

时间安排	学生活动设计	教学过程	教师活动设计
20min	互动、讨论与分析	提问、讨论与分析，案例分析	2）容器设计计算 （1）生活垃圾产生量 $$Y_N = y_n P_n \times 10^{-3} \times 365$$ 式中 Y_N——第 n 年城市生活垃圾产生量（t/年）； 　　　y_n——第 n 年城市生活垃圾的产率或产出系数（kg/人·日）； 　　　P_n——第 n 年城市人口数（人）。 （2）容器设计计算 容器设计计算原理如图3.32所示。 社区　w：垃圾日产生量 t/d　　服务范围面积大小70m　V_{ave}：垃圾日产体积 m³/d 　　　$w = R \cdot C \cdot Y \cdot P$　　　$V_{ave} = \dfrac{w}{QD_{ave}}$　$V_{max} = KV_{ave}$ 　　　R：人口数，人 　　　C：人均垃圾产量，kg/（人·d）　　Q：容重变化系数，（0.7~0.9） 　　　Y：日垃圾变化系数，（1.10~1.15）　D_{ave}：垃圾平均容重，t/m³ 　　　P：人口变化系数，（1.02~1.05）　K：高峰时体积变化系数 1.5~1.8 　　　N_{ave}：平均设置容器数　　　　　　N_{max}：高峰时设置容器数 不外溢　$N_{ave} = \dfrac{T \cdot V_{ave}}{V \cdot f}$　T：垃圾收集周期；　　$N_{max} = \dfrac{T \cdot V_{max}}{V \cdot f}$ 　　　　　　　　　　　　　　V：单个垃圾容器的容积； 　　　　　　　　　　　　　　f：垃圾容器填充数量，0.75~0.90。 图 3.32　容器设计计算原理 3）容器选型要素 （1）充分利用、无闲置 充分利用、无闲置型垃圾容器如图3.33所示。 机场航站楼内　　　　　　饮水机旁 图 3.33　充分利用、无闲置型 （2）环保素养制约型 环保素养制约型垃圾容器如图3.34所示。 醒目的宣传标志　　透明的垃圾袋　　专属投放口 图 3.34　环保素养制约型

续表

时间安排	学生活动设计	教学过程	教师活动设计
20min	互动、讨论与分析	提问、讨论与分析，案例分析	（3）数字化、智能化管理 智能厨余垃圾容器如图3.35所示。  图3.35　智能厨余垃圾容器 （4）节能低碳环保型 压缩轻质物垃圾设备如图3.36所示。  图3.36　压缩轻质物垃圾设备 （5）集成化智能收集箱 用于收集资源类垃圾、生活垃圾的集成化智能收集箱如图3.37所示。  图3.37　用于收集资源类垃圾、生活垃圾的集成化智能收集箱 4）案例 分组讨论分析国内外垃圾分类投放容器设计的可取之处，与专业理论知识相融合，引发学生的思考，提高学生的学习兴趣，着力培养学生热爱科学、不断探索、精益求精、创新进取的工匠精神。 3. 互动与点评 1）互动 鼓励学生积极参与互动，根据自己了解到的时政新闻回答问题，给予学生适当的课堂互动奖励分，并针对学生的回答提出新的问题，引发学生深入思考。 2）点评 教师在点评过程中，始终关注如何有效促进学生人格与综合素质的发展，将思想政治教育中丰富的内涵融入专业课程教学中。 4. 课程要求 巧妙布置课程大作业，共享课程学习资料，发布课程讨论和公告等

续表

时间安排	学生活动设计	教学过程	教师活动设计
5min	小结	总结	1. 知识 回顾固体废物分类收集的原则、收集容器的设计等知识，呼应课程引入部分，进一步强化思政育人点，进一步提升学生对专业的认知水平，强化绿色环保理念和家国情怀，引导学生为无废城市和生态文明城市建设作出贡献，达到润物细无声的育人效果。 2. 能力 鼓励学生参与课堂互动与讨论，提出疑惑，对疑难问题进行专业分析与讲解，培养学生的逻辑思辨能力，引导学生树立钻研奋进的钉子精神、精益求精的专业精神、追求卓越的探索精神等。 3. 价值观 聚焦无废城市建设、生态文明城市建设要求，引发学生对职业使命的深入思考，注重塑造学生的匠人精神和社会责任意识

学习成果的考察验收，引导学生重视社会问题，提高发现问题、分析问题的能力，运用专业学习成果提出解决问题的方案，激发学生学习与创新潜能。

五、课程思政的实践思考

本课程的主要教学内容与垃圾分类、无废城市建设等社会热点问题结合紧密，这为课程思政建设提供了良好的工作基础。学生学习专业知识，未来走上专业岗位，需要了解掌握国家和地方政府的发展规划、政策导向，深入理解行业标准与规范要求，在理论知识、专业技能、实践创新等多方面提升专业素养和能力水平，成为合格的、优秀的专业人才。本课程从人才培养目标分析入手，明确课程德育目标，进而采取合适的教学方法，制定教学方案，通过课程德育教学改革实践，将行业背景、政策导向、环保理念、职业道德等德育内容和谐融入专业知识的讲授中来，将专业知识与生活实际紧密地联系起来，增强学习的代入感，学生学习更加有兴趣、更加积极主动，有效提高课堂的"抬头率"，从专业知识学习角度，德育元素的融入，有助于学生抓住课程学习的思想与核心，理清学科专业研究的脉络主线，使得专业学习达到事半功倍的效果。

> 教学的价值不在于做了多少年，讲了多少次课，教授了什么内容，而在于在所做的简单的教学过程中投入了多少精力和心血，播撒了多少希望，塑造了多少灵魂。
>
> ——《固体废物处理与处置》任课教师　李颖

§ 3.5
水工程施工

一、课程基本信息

课程名称：水工程施工

课程性质：必修课

适用专业：给排水科学与工程

总学时：48 学时

学分：3 学分

先修课程：土建工程基础

并修课程：水质工程学、建筑给水排水工程

后续课程：水工程经济

二、教学目标

（一）知识能力目标

课程的目的是使学生获得有关水工程的施工原理与方法的基本知识，掌握给排水构筑物工程、给排水管道工程、常用设备安装工程的施工技术、质量标准及验收方法；初步掌握所用材料及施工机具的性能、规格；使学生能够进行水工程施工的技术与组织管理等方面的工作；为今后在水工程施工等方面从事设计、施工和工程管理等工作打下良好基础。

（二）德育目标

1. 了解当前党中央、国家重要会议精神、政策、文件，以及习近平总书记重要讲话精神等对水行业的要求、对水行业发展的长远规划；党和国家领导人对水行业发展的关怀与关心。

2. 了解当前给排水施工方面的国家规范、标准及行业规程，以及对施工技术和管理人员的综合素养要求。拓宽学生专业知识的广度，增强为社会服务的责任感，提高未来从业道德水平。

3. 了解水工程施工技术的国内外发展历史，感受技术的演变与发展过程，了解技术是劳动人民的智慧沉淀与结晶；通过了解西方的技术垄断，提高对刻苦学习重要性的认识，激发爱国能量，转化为奋进动力。

4. 了解新技术、新方法与新工艺，例如相关部门颁布的新技术清单；了解创新精神、工匠精神、人文精神在水工程施工中的体现；了解国家节水行动、绿色施工、可持续发展在水工程施工中的应用；了解以人为本、廉政管理及国际化在施工中的发展。培养创新意识，提高文化素养，培育人文精神。

三、课程思政教学设计

（一）课程德育元素与融入设计思路

在专业知识中有机融入党中央、国家的重要会议精神、政策、文件，习近平总书记重要讲话精神，国家规范、标准以及新技术、新方法与新工艺等，让学生深刻感受到党中央和国家对水项目建设的重视，政府对技术研究与创新的投入，我国给排水事业的快速发展等，从而进一步坚定专业自信、增强求知动力，使课程学习充满正能量。

1. 融入党中央、国家重要会议精神

在有关章节中，引入党的十九大报告中对于生态文明建设等的重要论述，让学生深刻认识党中央和国家对水行业发展、技术创新等方面的重视和支持，从而激励学生深入思考专业的下一步发展，激发努力学习专业知识、建设祖国绿水青山的动力。

2. 结合习近平总书记关于水行业的重要论述

查阅近年来习近平总书记关于水行业的重要论述，特别是水行业未来发展与规划相关内容，以及关于国家节水行动、"四定"的要求，把脚踏实地建设生态文明的要求落实到课程教学中，让学生了解国内外水行业的研究与发展现状，以及我国的发展思路与发展规划。

3. 嵌入给排水施工相关标准与规范等

在课程中穿插讲授相关的标准、规范等，让学生掌握当前在设计施工中应当遵循的标准，应当依据的原则和方法，强化行业标准和规范的学习，将恪守规范、精益求精的要求融入专业知识之中。

4. 穿插给排水施工技术发展史等

施工技术的创新与发展是一代代专业技术人员艰苦卓绝、矢志奉献的智慧结晶，通过对给排水施工技术发展史、相关人物故事的介绍，让学生深刻理解技术创新来之不易，更加认真投入学习专业知识与技能，增长学习韧性和耐力。

5. 精选施工"十项新技术"

在授课时，将具体专业知识点与住房和城乡建设部发布的施工"十项新技术"重要技术要点结合起来，让学生了解国家投入巨资研发施工新型技术不断打破国外的技术封锁的情况，深刻体会技术创新的重要性，激发学生的理论学习和创新实践动力，不断提高政治觉悟和社会责任感。

（二）主要教学环节设计与进度安排

本课程的思政教学环节设计与进度安排见表 3.9。

表 3.9　《水工程施工》思政教学环节设计与进度安排表

周次	思政教学内容	思政教学环节设计
1	反腐倡廉	在讲授土方量计算时，讲述一个老工程师坚持党性，不忘初心，拒绝包工头的贿赂，为国家挽回损失的故事
2	习近平总书记关于水行业发展的重要论述	在讲授施工降水时，融入习近平总书记讲话"节水优先、空间均衡、系统治理、两手发力"，倡导国家节水行动，节水要体现在各个领域，施工降水要得到充分利用
3	工匠精神	在讲解钢筋下料长度计算公式时，融入习近平总书记关于工匠精神的重要论述，勉励学生掌握不同情况下的下料公式，下料时一定要认真、精确，一点也不能马虎
4	美育培养	在讲授混凝土一节时，增加清水混凝土作为外饰面的案例讲解，其特点是减少施工成本而且也很美观，简单朴素也是一种美
5	复杂工程能力培养	在讲授混凝土配比计算时，对计算过程进行详细分析，不同条件下参数选择的要求，一些新技术如高强混凝土、纤维混凝土的应用等，提升学生应对复杂工程问题的能力
6	现行标准与规范	在讲授管道施工时，通过讲授施工标准的发展，以及学校参与修订工作的情况，增强学生学习专业的自信心和自豪感
7	创新精神	在讲授管材时，介绍新型管材，例如 PVC、UPVC、PE、PPR、PAP、GRP 等，让学生了解当前管材种类繁多，还在不断推陈出新，勉励学生要具有与时俱进的创新精神，让新技术能够落地生效，在施工领域发挥重要作用
8	不忘初心	在讲授构筑物及管道验收时，强调坚持质量标准，坚持建设质量好的水厂"让人民喝上放心水"的初心使命
9、10	科技创新	在讲授盾构施工时，讲解国内外投入大量资金和科研力量开展技术创新，让学生加深"科学技术是第一生产力，创新是引领发展的第一动力"重要论断。通过讲解非开挖技术国外技术垄断情况，激发学生的理论学习和创新实践动力，不断提高学生的政治觉悟和社会责任感
11	提升素养	在讲授暂设工程时，结合真实案例故事，让学生领悟"实践出真知"的道理，对专业知识的学习不能停留在书本上，要重视真实项目锻炼，多实践、多学习，不断提升专业素养，争取更大进步
12	绿水青山就是金山银山	在讲解施工组织设计时，融入习近平总书记"绿水青山就是金山银山"的重要论述，引导学生要精心设计、反复论证、优化方案，把绿色施工的理念落实到施工组织设计中

（三）教学方法

1. 问题导入

采用问题导入方式引导学生深入思考，进而引出德育知识点。例如，在讲授施工降水时，向学生提问"为何施工降水所抽水要进行回用？"，再以此问题为切入点，导入思政内容：2014年习近平总书记就保障国家水安全问题发表重要讲话，站在党和国家事业发展全局的战略高度，精辟论述了治水对民族发展和国家兴盛的极端重要性，深刻分析了当前我国水安全的严峻形势，系统阐释了保障国家水安全的总体要求，明确提出了新时期治水的新思路，为我们强化水治理、保障水安全指明了方向。在讲话中，习近平总书记提出了"以水定城、以水定地、以水定人、以水定产""节水优先、空间均衡、系统治理、两手发力"等重要论述，在水工程施工中要贯彻落实党中央精神，开采出来的地下水必须进行回用，缓解水资源短缺问题。

2. 视频教学

在讲授技术方法时，可以通过让学生观看视频的方式导入思政内容。例如，在讲解顶管施工时，通过播放顶管施工的视频、动画，让学生更加直观地学习顶管施工的原理、顶管结构、特点及施工过程，指出在顶管计算时一定要认真，施工时严格按规程执行，不能有一丝一毫的差池。通过播放顶管施工事故视频，例如顶偏、旋转、前端下沉、前端翘起等，引导学生深刻体会工匠精神的重要性。

3. 拓展调研

开展技术发展史调研，在拓展学生知识广度的同时，进一步强化学生的专业自信心、自豪感。例如，在讲到盾构技术时，调研查阅大量资料文献，梳理汇总国内外盾构技术发展历史，形成盾构发展编年史，同时梳理讲解我国相关政策文件，引导学生详细了解盾构技术的国内外发展情况、政府对技术发展的政策支持情况。通过知识拓展，让学生了解到每项技术都来之不易；通过政策解读，让学生认识到技术的发展背后，是党中央和政府的投入与支持。通过这种方式，让学生认识到，在党和国家的正确领导和坚定支持下，施工技术得以又好又快发展，坚定了理想信念和专业自信心。

4. 故事案例

贯穿小故事、小案例对学生进行思想引导。例如，在讲解土方量计算时，讲述了一位老工程师在做一个项目的工程预算时，坚持党性，不忘初心，拒绝了包工头的贿赂，为国家避免损失的故事，引导学生不论在何岗位、任何职务，要坚守原则和底线，廉洁自律，确保工程质量，为国家为社会建造高质量的水厂、建设精品工程。

（四）教学成效

通过党中央、国家重要会议精神、政策、文件，习近平总书记重要讲话精神的融入，进一步强化学生对新时代中国特色社会主义制度的认同，强化生态文明建设、绿色施工的理念；在讲授国家规范、标准，以及新技术、新方法与新工艺的同时，贯穿融入诚信教育、工匠精神、创新精神等德育教育内容，激发学生的学习热情，提升创新实践动力，增强专业责任感、使命感。

四、教学展示

（一）知识点

施工降水的计算。

（二）德育元素

国家节水行动。

（三）教学方法

采用问题导入法。

（四）教学过程

"施工降水的计算"知识点教学过程简表见表 3.10。

■ 表 3.10 "施工降水的计算"知识点教学过程简表

时间安排	学生活动设计	教学过程	教师活动设计
10min	学生倾听、思考	本节内容的引入	1. 向学生提出问题：构筑物施工需要开槽，有地下水时怎么办？ 2. 引出施工排水的分类： 1）明沟排水； 2）人工降低地下水位。 展示基坑降水的设施设备组成图和断面图等，明沟排水的断面见图3.38，基坑边的排水沟见图3.39。 图 3.38 明沟排水的断面　　图 3.39 基坑边的排水沟
10min	学生倾听	问题的提出及知识点的介绍	3. 分析明沟排水的适用及特点： 1）土质较好，渗透性差时； 2）基坑深度小，地下水位较低时； 3）简便，成本低。 4. 向学生提出问题：当其他条件时采用什么方法？ 5. 引出人工降低地下水位，人工降低地下水位现场照见图3.40，人工降低地下水位的系统组成见图3.41。 图 3.40 人工降低地下水位现场照

续表

时间安排	学生活动设计	教学过程	教师活动设计
10min	学生倾听	问题的提出及知识点的介绍	图 3.41 人工降低地下水位的系统组成
5min	学生倾听、提问	问题引入：现场基坑排水要进行利用，原因及分析，引入内容	6.通过问题引入，介绍我国水资源现状，我国大部分城市缺水，北京是一个极度缺水的城市，各行各业都在采取节水的技术和方法。引入习近平总书记近年来关于节水的重要论述，特别是2014年习近平总书记就保障国家水安全问题发表重要讲话，提出了"以水定城、以水定地、以水定人、以水定产""节水优先、空间均衡、系统治理、两手发力"等重要论述。 7.基于"节水优先"，要求我们在水工程施工中要认真实施，开采出来的地下水必须进行回用
60min	倾听、观看降水视（5~10min）	分布阐述水量的计算方法，播放视频，加深理解	8.引入井的概念，通过对各种井的特点及结构的介绍，引出基坑降水与井的关系，提出基坑降水量公式。 9.绘制基坑降水断面图，见图3.42。 10.观看井点降水视频，见图3.43，加深学生对施工时人工降低地下水位的理解，深入理解各参数含义。 $Q = \dfrac{1.366K(2H-S)S}{\lg R - \lg X_0}$ Q—井点系统总涌水量(m^3/d) K—渗透系数(m/d) H—含水层厚度(m) S—降水深度(m) R—影响半径(m) X_0—基坑假想半径(m) 图 3.42 基坑降水断面图 图 3.43 井点降水的视频

时间安排	学生活动设计	教学过程	教师活动设计
5min	倾听、思考、提问	导入地下水如何利用的内容，讲解施工现场水资源利用技术	11. 向学生提出问题：如何利用抽取的地下水？ 12. 总结施工现场各种水资源的利用技术： 基坑降水、中水、雨水。 13. 基坑施工降水回收利用技术： 1）利用自渗效果将上层滞水引渗至下层潜水层中，可使大部分水资源重新回灌至地下的回收利用技术。 2）将基坑降水时所抽取水集中存放，用于生活用水中洗漱、冲刷厕所及现场洒水控制扬尘，经过处理或水质达到要求的水可用于结构养护用水、基坑支护用水，如土钉墙支护用水、土钉孔灌注水泥浆液用水，以及混凝土试块养护用水、现场砌筑抹灰施工用水等。 14. 技术指标： 1）基坑涌水量； 2）降水井出水能力； 3）现场生活用水量； 4）现场洒水控制扬尘用水量； 5）施工砌筑抹灰用水量； 6）基坑降水回收利用率。 15. 适用范围： 适用于地下水埋藏较浅的地区。 16. 介绍基坑施工降水回收利用情况： 例如，现场施工降水用于洗车，见图3.44。 图 3.44　现场施工降水用于洗车

（五）课堂延伸

1. 开展调研交流

针对党的十九大报告中提出的"推进资源全面节约和循环利用，实施国家节水行动，降低能耗、物耗，实现生产系统和生活系统循环链接"，要求学生结合实际，讲解几个生产系统、生活系统节水技术案例，进行交流研讨。

2. 布置课后作业

基坑及管道沟槽的降水计算。

五、课程思政的实践思考

课程思政教学改革实践应始终坚持价值性与知识性相统一，寓价值观引导于知识传授之中,要坚持融入隐性的思想政治教育,在专业知识学习过程中,将德育教育内容润物无声地传授给学生。《水工程施工》是给排水科学与工程专业的一门重要专业课程,优先选取本课程开展课程思政教学改革实践,对其他专业课程的课程思政建设具有很强的借鉴意义和实践价值。通过课程思政建设,学生的综合素养水平得到了提高,对专业更加热爱,社会责任感也得到了加强。今后要立足专业培养目标,将各门课程的德育目标有机地联系起来,进一步优化专业建设视角下的课程思政体系建设,进一步充实和完善各门课程的德育教学方案,为培养专业领域高素质人才建设更好的质量保障体系。

> 学高为师、身正为范,作为一名专业教师,始终牢记党员的初心使命,立德树人、守正创新,不断改进教学方法,革新教学内容,打造精品课程。
>
> ——《水工程施工》任课教师　王俊岭

§ 3.6
水污染控制工程

一、课程基本信息

课程名称：水污染控制工程

课程性质：必修课

适用专业：环境工程

总学时：48 学时

学分：3 学分

先修课程：流体力学、环境监测与评价、环境微生物学、环境工程原理、给排水管道系统

并修课程：城市雨水工程、土壤与地下水污染控制

二、教学目标

（一）知识能力目标

本课程是在介绍城市污水分类与水质指标、水体自净与水污染防治、水质标准基础上，以城市污水和污泥处理系统为主线，讲述常见的污水处理工艺及系统、污泥处理工艺及系统。通过本课程学习，让学生能够掌握污水和污泥物理、生物处理的理论、设计原理、新工艺及新技术，使学生能够根据实际项目的复杂条件，合理正确地选择并确定污水处理工艺，进一步地进行工程设计；辅以课程设计，能够独立进行城市污水处理厂的工艺优选和技术设计，让学生初步具备编制工程设计文件和进行科学研究的能力。

（二）德育目标

建设生态文明是关系人民福祉、关乎民族未来的大计，是实现中华民族伟大复兴中国梦的重要内容。通过课程思政教育，帮助学生理解专业领域相关政策，树立生态文明意识，使学生更好地理解专业课与科学实践的相关性，进一步调动学生的学习积极性，强化学生的时代意识、责任意识、担当意识，培育学生们的社会使命感、职业道德感等。

三、课程思政教学设计

（一）课程德育元素与融入设计思路

在知识传授过程中，把思政育人作为课程教学的要求与点睛之笔，实施课程诊断，修订课程标准，深入挖掘专业课程所蕴含的思政元素和所承载的思政教育功能。选取充满时政要素的报告、大会内容等思政相关内容，通过课堂讲授、视频教学、学习心得分享等多种途径实现课程思政教学，将课程专业知识的学习与政策精神、行业道德等的学习有机结合起来，培育环境工程专业学生的社会使命感、职业道德感和奉献精神。

（二）教学环节设计与进度安排

本课程的思政教学环节设计与进度安排见表 3.11。

表 3.11 《水污染控制工程》思政教学环节设计与进度安排表

周次	思政教学内容	思政教学环节设计
1	时政要素	在课程第一讲中，通过展示我国水体污染现状，讲述水污染危害及其控制工程的必要性。结合党的十九大报告，论述我国生态文明建设的重要性，增强学生的专业信心
2	时政要素	在课程第二讲雨污水的排水体制中，结合合流制、分流制的不同排水体制等提出面源污染控制的重要性，学习习近平总书记关于建设自然积存、自然渗透、自然净化的海绵城市建设战略要求
4	爱国教育	在课程第七讲污水处理方法概述一节的学习中，阐述污水处理的必要性和重要性。贯彻落实党的十九大报告"积极参与全球环境治理，落实减排承诺""为全球生态安全作出贡献"等生态文明建设的重要论述，鼓励学生增强国际视野，学习先进的污水处理技术和理念
7	时政要素	课程第十三讲污水处理方法——活性污泥法中，结合主流生物处理工艺及其新型改进工艺的发展讲述，论述创新精神的重要性。学习贯彻生态环境保护大会精神，鼓励学生学好专业知识，为打好污染防治攻坚战贡献力量
10	时政要素	课程第二十讲污水自然处理方法章节中，讲述湿地、塘等自然体在污水处理中的作用及贡献。学习贯彻生态环境保护大会精神，指导学生准确把握山水林田湖草是生命共同体的系统思想，强化环境工程专业整体性、系统性思维
12	工匠精神	课程第二十四讲污水处理厂的设计中，讲述工匠精神在污水处理厂设计中的具体体现，培育学生们对专业知识一丝不苟的学习态度、精益求精的价值追求

（三）教学方法

通过课程思政教学，将专业知识、方法技能的传授与价值引领、职业素养培育结合起来，在明确课程教学大纲、细化授课内容的基础上，通过视频教学，让学生对生态文明建设、工匠精神产生更加直观、更加深刻的体会和认知；通过撰写报告、学习心得分享等方式，增强学生的专业认同，强化社会使命感，激励学生自觉把个人理想追求融入生态文明建设的事业中。

（四）教学成效

将专业培养目标落实到课程教学目标，并细化至课程教学大纲、课程教学方案中，充分结合学科特色，挖掘思政资源、拓展教学内容，通过课程思政教学，将做人做事的基本道理、专业责任和使命感、社会主义核心价值观的要求、实现中华民族伟大复兴的中国梦与专业知识讲授紧密结合起来，学生进一步端正了学习态度，树立了学习信心和专业发展自信，增进防治污染、建设生态文明的职业使命感、自豪感，提升了学习主动性。

四、教学展示

（一）知识点

污水处理——自然处理法。

了解：污水自然生物处理的主要对象，主要工艺类型等。

掌握：污水自然生物处理的基本原理；稳定塘的类型、特点和设计计算方法；污水土地处理的类型、特点和设计计算方法。

难点：污水生物处理物质循环；人工湿地的净化机理和应用。

（二）德育元素

爱国时政元素：学习国家生态环境保护的战略目标，指导学生准确把握山水林田湖草等自然体是生命共同体的系统思想，增强学生关于环境工程专业的整体思维。

（三）教学方法

以"自然"导入，引出关于污水自然处理方法是什么的疑问？带着疑问进入课堂教学。

1. 启发式课堂讲授：在课堂上提纲挈领地讲解思考问题的脉络，使学生领会到自然处理方法的实质。

2. 案例辅助教学：通过稳定塘、湿地等案例讲解，论述污水自然处理方法发挥的作用和机制。

3. 讨论式教学：将课堂知识与工程实践知识相结合，让学生从工程技术经济角度出发，灵活运用基本理论分析自然处理方法的作用，从而提高学生利用系统思维解决水污染控制问题的能力。

（四）教学过程

"污水处理——自然处理法"知识点教学过程简表见表3.12。

（五）课堂延伸

布置学习生态环境保护大会相关报告内容，撰写学习心得体会并互相交流学习。

表3.12 "污水处理——自然处理法"知识点教学过程简表

时间安排	教学设计	教学过程	教师活动设计
10min	听讲、引入	问题导入	1. 从"自然"二字引入，进行启发式教学。 1）什么是自然处理？ 2）党的十九大报告提出的山水林田湖能否作为自然处理？ 3）自然处理是否是无限的？ 4）为什么要采用自然处理？ 2. 结合示意图讲解什么是自然生物处理，让学生理解自然生物处理的工作原理和工作工程
35min	听讲、回答问题、参与讨论	提出问题，引起讨论，启发学生思考并积极鼓励学生发言	3. 讲授污水处理法中的自然处理法——稳定塘。 从应用角度分类，我国从20世纪60年代末开始，陆续修建了一批稳定塘，其中比较著名的有：湖北省鄂州市以农药废水为处理对象的鸭儿湖稳定塘；处理城市污水，但污水中工业废水比重较大的齐齐哈尔市稳定塘；山东胶州市稳定塘；内蒙古满洲里市稳定塘；新疆克拉玛依稳定塘等。 从分布地区分类，从新疆维吾尔自治区到滨海地区，从北部边疆的内蒙古到南部省份的四川，几乎遍布全国。 4. 稳定塘的净化机理、影响因素、功能、特征及发展趋势。 5. 各种稳定塘工艺的工作原理、功能、构造特点与应用条件
35min	听讲、回答问题、参与讨论	提出问题，引起讨论，启发学生思考，并积极鼓励学生发言	6. 讲授污水处理法中的自然处理法——湿地。北京野鸭湖湿地公园、翠湖湿地公园。 7. 讲述湿地的净化机理。湿地净化机理如图3.45所示。 图3.45 湿地的净化机理 8. 湿地的类型及设计。 1）人工潜流湿地。人工潜流湿地处理系统见图3.46。 图3.46 人工潜流湿地处理系统

续表

时间安排	教学设计	教学过程	教师活动设计
35min	听讲、回答问题、参与讨论	提出问题，引起讨论，启发学生思考，并积极鼓励学生发言	2）自由水面人工湿地。自由水面人工湿地处理系统见图3.47。 图 3.47　自由水面人工湿地处理系统 9. 案例讲解。奥林匹克森林公园人工湿地的设计路径、效果等
10min	讨论与交流	总结讨论	10. 回顾所学内容，回答课堂之初提出的"党的十九大报告提出的山水林田湖能否作为自然处理？自然处理是否是无限的？为什么要采用自然处理？"等疑问。引导学生学习贯彻生态环境保护大会精神，指导学生准确把握山水林田草是生命共同体的系统思想；同时指出山水林天湖草不仅具有生态功能，还具有净化功能。增强学生关于环境工程专业的整体思维。 11. 让学生交流学习心得，总结本次专业知识与思政教学相结合的课程

五、课程思政的实践思考

专业课程的学习既要提高学生未来职业发展的专业知识与技术能力水平，又要增强学生的思想政治素养，开展两者深度融合的教学是同步培养学生专业素养和思想素养的重要途径。教师在教学过程中应有意识地、有计划地对学生进行潜移默化的思想政治教育，课程思政不是要改变专业课程的本来属性，而是要充分发挥课程的德育功能，在专业知识学习中"润物细无声"地融入德育教育。

专业课中的思政教学，应坚持以专业知识教学为主体，德育、智育各司其职又相互融合；应坚持系统性思维开展德育教学设计和实践，由浅入深地达到德育教学目的。教师在课程育人中要充分发挥主导作用，要不断提升自我，提高德育意识和德育能力。

> 教育是有灵魂的，这种灵魂是一种精神上的引领。作为专业教师，这种引领意味着去唤醒、去感动，在学生未来职业生涯中打上真、善、美的烙印。
> ——《水污染控制工程》任课教师　杜晓丽

§ 3.7 面向对象程序设计

一、课程基本信息

课程名称：面向对象程序设计
课程性质：必修课
适用专业：信息与计算科学
总学时：56 学时
学分：2.5 学分
先修课程：C 语言程序设计
后续课程：数据库原理及应用

二、教学目标

（一）知识能力目标

由于面向对象技术的突出优势，目前它已成为开发大型软件所采用的主要方法。本课程开设目的是培养学生面向对象程序设计的思维、了解 Java 的体系架构、掌握 Java 面向对象程序设计的基本方法及简单的 GUI 开发技术，为后续学习、从事软件开发和应用设计打下坚实的基础。

（二）德育目标

以习近平新时代中国特色社会主义思想为指导，将知识传授与价值引领相结合，通过社会热点讨论、案例分析、项目实践等培养学生的爱国主义情怀、社会责任感以及精益求精、追求极致的学习态度，为社会培养一批合格的 IT 工匠。

三、课程思政教学设计

（一）课程德育元素与融入设计思路

按照"知识传授与价值引领、项目实践与能力提升"两条主线将德育元素融入课程教学。在知识传授过程中，选取行业典型案例、人物故事等，引导学生树立正确的人生观、价值观；在项目实践中构建"认识－实践－总结"即从理论到实践，再从实践深化理论认识这一过程，梳理教学知识点，选取几个典型案例，向学生渗透精益求精的工匠精神，从而让程序逐步达到"完美"。

（二）教学环节设计与进度安排

本课程的思政教学环节设计与进度安排见表 3.13。

▌表 3.13 《面向对象程序设计》思政教学环节设计与进度安排表

周次	思政教学内容	思政教学环节设计
1	爱国教育	从 Java 概论引出软件发展对国力的重要性，从中美贸易战中的"中国芯"，激发学生的爱国主义热情和为国争光的学习动力，教育学生奋发图强，为祖国的腾飞，为实现中国梦而努力学习
2	工匠精神	学习通平台分享链接，号召学生学习大国工匠精神，树立正确的人生观、价值观。《大国工匠》纪录片曾在中央电视台播出，分八个专题，讲述着大国工匠的"大勇不惧""大术无极""大巧破难""大艺法古""大工传世""大技贵精""大道无疆"和"大任担当"精神
2	法律意识	从 Java 基本语法规则引入，大到国家的法律法规，小到学校、班级及宿舍等规章制度，只有人人遵守，社会才能和谐，活动才能顺利开展，个人才能得到发展
3	社会交往	通过数组定义的内涵挖掘，即具有相同的数据类型的数的集合，告诫学生物以类聚、人以群分，近朱者赤、近墨者黑，朋友间应传递"正能量"，共同进步
4	社会主义核心价值观	通过程序设计中的选择结构，告诉学生每一条路径结果都不同，要树立正确的人生观、价值观，在人生的每一个十字路口做出正确的选择。 通过程序设计中的循环结构，以名言警句体会重复的力量，告诫学生做事贵在坚持，重复和坚持具有强大的力量
5	团队意识、网络规范	类中是数据与行为的组合，其中包含不同数据类型的变量，从类的定义引入不同的学生构成一个整体，要培养团队意识和集体荣誉感。 类中属性与方法规定访问权限，引出"网络黑客"，分享具体案例，告诫学生要遵守网络规范，共同维护网络安全
6	工匠精神	在学习通上布置主题讨论：收集 IT 行业精英的案例，了解工匠精神在他们身上的诠释，讨论要成为一个合格 IT 人，在编程的过程中怎样寻求精益求精
7	中华传统文化	"继承性"是面向对象程序设计的主要特征之一，子类是在父类的基础上，扩充自己的属性与方法，中华民族具有很多优秀的传统文化，引导学生学习传统文化和身边人的优点，并继承和发扬
8	工匠精神	通过继承实验，从算法和设计两方面体会精益求精的工匠精神
9	哲学理论	讨论：面向对象程序中体现的哪些哲学原理
12	工匠精神	分享会：收集 IT 行业精英的案例，了解工匠精神在他们身上的诠释，讨论要成为一个合格 IT 人，在编程的过程中怎样寻求精益求精
13	工匠精神	通过 GUI 界面编程实例，从算法设计方面体会精益求精的工匠精神

（三）教学方法

本课程实践性很强，课程中采用讲授与上机实践相结合的方式，将思政元素与学生实践有机地结合在一起，潜移默化，同向同行，学生在学习专业知识的同时，还帮助他们树立正确的人生观、价值观，争取为社会培养一批具有"持之以恒、精益求精、开拓创新"精神的新时代工匠。

在教学方法上，主要采用：

1. 课外视频学习与专题讨论相结合

学习《大国工匠》纪录片，了解工匠精神的本质，收集行业精英案例，理解工匠精神在他们身上的诠释，专题讨论要成为一个合格 IT 人，在编程的过程中怎样寻求精益求精？

2. 知识传授与价值引领相结合

将爱国教育、法律法规、哲学观点融入知识讲解中，通过具体案例，强调知识要点。

3. 项目实践与职业素养培养相结合

将精益求精的工匠精神渗透到编程实践中，引导学生在程序设计中力求完美、减少程序"BUG"，努力让每一段程序代码都达到 99.99% 的品质。

（四）教学成效

1. 教学方法的改进

传统教学中，教师花费大量时间教授语法知识，学生学习例题后，照猫画虎，完成课后作业，就题论题，知识学习比较机械，知识综合运用能力无法得到锻炼。利用多元化教学手段，将爱国主义、法律法规、社会交往和工匠精神融入课堂教学中，激发学习积极性和主动性，精神面貌焕然一新，成绩较传统教学班级有所提高。

2. 教学效果的影响

在教学实践中，将工匠精神融入课堂教学，对于教师和学生都产生深远的影响。一方面教师是知识传播者和学生引路人，教师对知识的精益求精态度，在教学过程中潜移默化地影响学生的思想品格，培养像工匠一样的教师，以教师为榜样，逐渐编写高品质的程序代码；另一方面教学中让学生理解和认同工匠精神，孜孜不倦，反复改进，编写近乎完美的程序，同时学生也才能在未来的工作生活中具备优秀的专业精神、职业态度、人文素养，并形成"干一行、爱一行、精一行"的优秀职业品质。

3. 创新能力的培养

为提高学生解决实际问题的能力，培养创新能力，课堂中引入"蓝桥杯"程序设计大赛赛题，激发学生的学习兴趣，增强学生参赛信心，引导更多学生参加各类程序参加程序设计类大赛，以赛促学，培养学生的竞争意识和工匠精神，营造积极向上的学习氛围。

四、教学展示

（一）知识点

继承性、类的构造方法。

（二）德育元素

工匠精神。

（三）教学方法

采用案例教学法，将精益求精的工匠精神渗透到项目实践中，通过分析，引导学生不断修改程序，精益求精，提升代码质量。

（四）教学过程

"继承性、类的构造方法"知识点教学过程简表见表 3.14。

表 3.14　"继承性、类的构造方法"知识点教学过程简表

时间安排	学生活动设计	教学过程	教师活动设计
20min	听讲与回忆，编程	复习与导入	1. 提出问题 人员管理模块是信息管理系统中重要模块，利用类的继承性，实现 Person 类与 Student 类，具体要求如下： 已定义一个 Person 类，包含属性：年龄（age），姓名（name）和性别（sex），对他们进行封装，并提供了相应的 get 方法和 set 方法。现自行设计一个 Student 类，此类为 Person 类的子类，还包含属性学号（id）和成绩（score），及 display 方法用于显示信息，自行编写测试类，要求 name 和 id 是用自己的真实姓名和学号。 2. 自行编制程序实现

20min	倾听，编程	分析/改进程序	3. 分析
			本项目包含三个类——父类 Person，子类 Student 和主类，其结构如图 3.48 所示。
			
			图 3.48　类的结构图
			
			根据类的结构图，设计相应类结构，在主类 main() 方法中，设计 Student 对象进行测试。
			初阶代码示意如下：
			//Person.java
			public class Person {
			　　int age;

续表

时间安排	学生活动设计	教学过程	教师活动设计
| 20min | 倾听，编程 | 分析/改进程序 | ```java
    String name;
    char sex;
    public String getName() {
        return name;
    }
    public void setName(String n) {
        name=n;
    }
    public int getAge() {
        return age;
    }
    public void setAge(int a) {
        age=a;
    }
    public char getSex() {
        return sex;
    }
    public void setSex(char s) {
        sex=s;
    }
}
//Student.java
public class Student extends Person {
    int ID;
    double score;
    public void setID(int id) {
        ID=id;
    }
    public void setScore(double s) {
        score=s;
    }
    void display() {
        System.out.println(name+","+ID+","+age+","+sex+","+score);
    }
}

//testMain.java
public class testMain {
    public static void main(String[ ] args) {
        Student me=new Student();
        me.setName("zhangsan");
        me.setAge(19);
        me.setSex('F');
        me.setID(20190001);
        me.setScore(88);
        me.display();   // 显示各种信息；
    }
``` |
```

续表

时间安排	学生活动设计	教学过程	教师活动设计

20min	倾听，编程	分析/改进程序	}
			4. 程序分析
			1）优点：该程序按要求实现所有功能，测试正确。
			2）缺点：程序的所有测试信息，通过 5 次调用 set*() 方法，较复杂。
			5. 解决办法
			利用类的构造方法进行初始化，增添代码如下：
			//Person.java
			　　public Person() {}
			　　public Person(String n,int a,char s) {
			　　　　name=n;
			　　　　age=a;
			　　　　else age=0;
			　　　　sex=s;
			　　}
			
			//Student.java
			　　Student(Stringn,int id,int a,char s,double sc){
			　　　　super(n,a,s);
			　　　　ID=id;
			　　　　score=sc;
			　　}
			
			testMain.java 主类 main() 方法对比，如表 a 所示。
			
			表 a　testMain.java 主类 main() 方法对比简表
			
			| 修改前
				修改后

---	---

Student me=new Student();
me.setName("zhangsan");
me.setAge(19);
me.setSex('F');
me.setID(20190001);
　　me.setScore(88);
me.display();
	Student me=new Student("zhangsan", 20190001, 19, 'F', 88);
	me.display();
		
		6. 程序进一步分析
		1）类中数据属性如年龄、性别、成绩等在现实生活中具有特定取值范围，在录入数据应保证其有效性。
		2）实际应用中，数据信息的获取有两种方式——数据库获取和手工录入，本程序中 set*() 方法仅适用于数据库获取信息方法，使用不灵活。
		7. 解决办法
		1）数据过滤。
		2）方法重载。
		部分代码修改如下：
		　　public void setAge(int a) {
		　　　　if(a>0&&a<140)age=a;　　// 数据过滤
		　　　　else age=0;
		　　}

续表

时间安排	学生活动设计	教学过程	教师活动设计
20min	倾听，编程	分析/改进程序	```Student(Stringn,int id,int a,char s,double sc){ super(n,a,s); ID=id; if(sc>=0&&sc<=100)score=sc; // 数据过滤 else setScore();}public void setScore() { Scanner reader = new Scanner(System.in); while(true) { System.out.println(" 请输入成绩："); score=reader.nextDouble(); if(score>=0&&score<=100) break; }}```
5min	倾听	总结	8. 总结 1）恰当构造方法，增加程序灵活性。 2）考虑数据的有效性，减少程序"BUG"。 3）程序设计要想达到 99.99% 的品质，需要从设计方法和算法两方面强化，设计要周全，算法要尽善尽美

（五）课堂延伸

1. 学习通平台分享链接——《大国工匠》纪录片，学生自行观看，学习大国工匠精神，树立正确的人生观、价值观。

2. 学习通主题讨论——收集 IT 行业精英的案例，了解工匠精神在他们身上的诠释，讨论要成为一个合格 IT 人，在编程的过程中怎样寻求精益求精？

3. 学习分享会，组织学生针对《大国工匠》以及行业精英案例的学习，分享学习体会。

4. 案例实践——通过某一同学编程实例，学生自行分析讨论修改方案，体会编程过程的精益求精。

精益求精的理念已融入教学过程中的每一段代码中，具体设计见教学展示部分，此处不再重复举例。

五、课程思政的实践思考

课程思政是立德树人的一种新尝试，通过不断挖掘课程中的思政元素，改进教学方法，将价值引领与知识传授有机结合，潜移默化，将爱国情怀深深扎入学生的心中，将工匠精神融入学生的行动中。为实现"知识传授、能力提升和价值引领"的教学目标，需要教师系统梳理知识点，收集德育素材，编写教学案例，形成完善的教学资源。

针对"面向对象程序设计"课程，还需加快推进校企合作，协同育人。企业是工程实践的主阵地与工程师成长的沃土。工匠精神的培养离不开企业的参与。工匠精神与企业真正结合，在教学中带领学生参观企业，听企业讲述产品研发的历程，让学生深刻感受工匠精神的内涵。

> 大学是人生的关键时期——大学生要从懵懂少年成长为职场新人。作为专业教师，倾注真情、用心做好学生的引路人，适时为他们答疑解惑，树立积极的目标，帮助大家顺利走进职场。
>
> ——《面向对象程序设计》任课教师　张健

§ 3.8
老年社会工作

一、课程基本信息

课程名称：老年社会工作

课程性质：必修课

适用专业：社会工作

总学时：32 学时

学分：2 学分

先修课程：个案工作、小组工作、社区工作

二、教学目标

（一）知识能力目标

1. 通过本课程的学习，要求学生了解全球和我国老龄化的现状和趋势，认识开展老年社会工作的迫切性和必要性；

2. 掌握老年社会工作的含义、类型、工作范围及指导原则、基本理论、老年社会工作内容、老年社会工作的方法技巧等，为做好老年社会工作打下扎实的基础。

（二）德育目标

中华优秀传统文化是中华民族的精神命脉，是涵养社会主义核心价值观的重要源泉，也是中华民族在世界文化激荡中站稳脚跟的坚实根基。传承发展中华优秀传统文化，对于提升全民的文化和道德素养、培育民众的正直守信品格、规范公民的道德操守、传递充满正气正义的正能量，具有积极而重要的作用。

通过将我国优秀传统文化融入《老年社会工作》课程教学内容。对学生加强尊老敬老爱老优秀传统文化教育，增强文化自信，帮助学生树立正确的专业价值观，在为老年人服务过程中，发自内心尊重老年人，相信老年人的能力，激发老年人的潜能，建立老年人社会支持体系，更好地为老年人服务，进而为我国养老事业贡献力量。

三、课程思政教学设计

（一）课程德育元素与融入设计思路

中国是文明古国、礼仪之邦，重德行、贵礼仪，中华民族传统美德始终是中华民族赖以生存和发展的道德根基和思想基础，始终是中华民族赖以生存和发展的重要精神支柱和精神动力。党的十九大报告指出，深入挖掘中华优秀传统文化蕴含的思想观念、人文精神、道德规范，结合时代要求继承创新，让中华文化展现出永久魅力和时代风采。从我国传统文化尊亲的孝道出发，教育学生尊重父母，进而扩展到正确看待全社会老年人的社会价值，深层次发掘老年人的潜能，最终达到促进老年人养老观念、养老方式的转变。教育学生在为老年人提供专业服务过程中尊重老人，相信老年人的能力、尊重老年人自己的选择，真正实现"助人自助"的专业理念，进而增强学生的文化自信。

（二）教学环节设计与进度安排

本课程的思政教学环节设计与进度安排见表 3.15。

表 3.15 《老年社会工作》思政教学环节设计与进度安排表

周次	思政教学内容	思政教学环节设计
4	《论语》中孔子关于"孝"的论述	从老年个体心理老化的心理学解释中，适应学说认为的老年人随着年龄的增加、生理结构和功能的衰退，一方面导致人际关系逐渐弱化，另一方面对环境的适应能力降低而导致自尊心和自信心受到打击，从而引起心理的老化。老年人对退休后的生活不适应需要家庭成员帮助引出子女对老年人的孝。子女不仅要满足父母的物质生活而且要真正发自内心地尊重父母
5	传统文化中关于孝的三个层次	从老年社会学理论中的微观层面看，社会交换理论认为的社会互动就是通过资源交换以满足自我需求的行为。老年人退休后对社会的贡献越来越少，收入也越来越少，因此，社会地位越来越低。引出老年人虽然少了很多可交换的社会资源，但是老年人"真正的资源"是子女。真正的孝是子女立身行道、扬名于世，以显父母，这是孝的最高境界。教育学生自己要努力学习，提高自己的能力，取得优秀的成绩，让天下人尊重自己的父母
6	我国农业社会老年人的优势及社会地位	从老年社会保障、我国古代老年社会福利引出传统农业社会老年人的社会地位，正确认识老年人的经济价值、老年人文化价值、知识与道德文化价值、文化传递的价值对人生的启示价值。教育学生正确认识老年人的社会价值
7	从《红楼梦》中贾母的形象看老年人家庭地位	从讲授老年群体需求、个体需求中，引出《红楼梦》贾母多层面需求的讨论： 自我实现需求层面：高雅的审美情韵； 威望需求层面：金字塔尖的老祖母； 爱与亲和需求层面：母爱情结的泛化； 安全需求层面：强烈的防御意识； 生理需求层面：饮食文化的精英。 教育学生认真学习传统文化中关注老年人的各方面需求，从低层次需求到高层次需求，最重要的是对老年人的尊重
11	尊老敬老与社会工作专业价值观要求的一致性	对在老年社会工作主要方法——个案工作方法讲授过程中，在操作和应用层面，社会工作专业价值观可以概括为以下原则：个别化原则、接纳原则、非评判原则、案主自决原则、保密原则。引出我国传统文化中尊老敬老的道德要求，对待老年人要态度和蔼、耐心，尊重老年人的选择，保护老年人的自信心

续表

周次	思政教学内容	思政教学环节设计
12	我国尊老敬老爱老名言名篇分享	在老年社会工作小组工作方法讲授过程中,老年小组工作的作用在于:使老年人获得一种归属感、满足感和有意义的角色;帮助老年成员抵御由于退休而丧失的社会脱离以及由此所带来的孤独感,并获得其他成员的支持,扩展自己的社会支持网络。引出我国尊老爱老名言分享,教育学生在老年小组活动设计过程中要融入和为贵的家庭文化教育理念
13	关于重阳节的来历	从老年社区工作的作用:在帮助社区内老年人凝聚力量,降低老年人的因为缺乏力量及无助感,帮助老年人消除社会对他们的负面印象的讲解过程中,让学生来讲重阳节的来历,进而教育学生在社区服务活动设计中,努力提升老年人的社区意识和社会意识,积极参与社区建设和社区治理,提高老年人的政治意识,加强老年人的社会与政治影响力
14	我国传统养老方式以及养儿防老观念的变化	从老年社区照顾的方式引出我国传统的"养儿防老"的养老观念和家庭养老方式,与现代社会社会化养老观念、养老方式发生的冲突,教育学生在为老年人提供服务的过程中要注意传统的家庭养老方式有它的优势,但是,在现代社会子女数量减少的情况下,帮助老年人转变养老观念,让老人独立起来,丰富自己的生活,营造自己的社交圈子,逐步适应现代养老方式

(三)教学方法

《老年社会工作》课程社会实践性强,学生学完理论知识、工作方法后要走入社会、深入社区为老年人提高专业社工服务。为此,课堂教学采用多种教学方法相结合,调动学生学习积极性。在教学过程中将思政元素与学生学习、社会实践有机地结合在一起,挖掘我国传统文化的社会价值,帮助学生树立正确的专业价值观,为社会培养一批具有尊老敬老爱老情怀的社会工作者。

本课程采用的教学方法主要有:

1. 课堂讲授与小组研讨性学习展示相结合

学生分组根据老年人问题专题、教学时间安排对所研究的课题进行展示,从传统文化中的关于老年人福利出发探讨新时代老年人社会价值的体现方式。

2. 老年人问题课程演讲与教师点评相结合

根据现实生活中老年人经常出现的问题,归纳出60个问题,每个学生研究一个问题,在课堂上将研究成果进行演讲,教师点评,教会学生在老年人服务过程中社会工作者应该秉持的专业价值观及做老年社会工作研究过程中价值观保持中立,相信老年人的自身潜能。

3. 翻转课堂与老年人问题视频相结合

我国传统文化中尊老敬老爱老的相关书籍、名言警句由学生收集并进行宣讲,同时与现代社会中老年人养老问题视频进行比较,分析现代社会中老年人优势地位丧失的原因以及如何提高老年人社会地位。

4. 学生点评与老年人社会价值辩论相结合

在如何处理老年人与子女之间的家庭关系,退休后的老年人如何发挥主观能动性,继续创造社会价值等相关辩题进行辩论,由学生进行点评。通过辩论,转变对老人的消极认知。

5. 专业理论与社区实践相结合

在课堂理论学习基础上,带领学生走入社区进行社区尊老敬老宣传活动,学生自拟宣传材料和条幅,对社区居民进行孝老爱亲宣传,发挥专业优势,提高学生的专业认可度。

6. 社会实践与课程大作业相结合

根据课程大作业的要求,学生走进社区,运用社会工作专业方法为社区老年人提供专业社工服务,完成社区老年人个案服务、社区老年人成长小组服务,在服务过程中体现出我国优秀传统文化的魅力,提高学生专业实务能力。

(四)教学成效

1. 多种教学方法的运用,以学生为主体参与到课堂教学过程中

根据课程实际要求和学生的能力要求,采用多种教学方法,充分调动学生的积极性、能动性和创造性,从收集材料、小组研讨展示到唇枪舌剑的辩论、老年人问题研究、翻转课堂,学生课下精心准备,课堂参与度高,同时将我国优秀传统文化中尊老敬老爱老的道德要求融入教学过程之中,在不知不觉中,潜移默化影响学生树立正确的价值观并将它融入专业服务过程中。

2. 增强学生的专业自信

社会工作专业在我国属于新专业,社会认可度还有待于提高。学生的专业认同度、专业自信还需要提高,本课程通过我国优秀传统文化相关内容的讨论,在文化自信的基础上巩固学生为老年人服务的专业思想,开阔关注老年人个体、群体以及相关老年社会福利政策的视野,为今后从事老年服务增强专业自信,也加强作为社会工作者的专业认同度。

3. 通过社会实践发挥出课程的有效性

通过学生走入社区为老年人提供专业服务实践活动,学生将自己的理论知识用到了实际的社区服务工作之中,不仅检验了自己的学习效果,而且增强了作为社会工作专业学生的实务能力,学会了与老年人、与社区打交道的技巧和能力,同时也得到了社区老年人、社区居委会以及街道办事处的大力欢迎,加强了学校与社会的联系。

四、教学展示

(一)知识点

老年社会学理论——微观层面的老年社会学理论。

(二)德育元素

传统孝道的三个层次。

（三）教学方法

讲授、讨论——老年人可交换的资源就是自己的子女，子女的优秀才是老年人真正的可用来交换的社会资源的思想渗透到社会交换理论的资源。引导学生审视自己的学习、做人，提高对自己的标准，做优秀的大学生，才是真正做到了"孝"。

（四）教学过程

"微观层面的老年社会学理论"知识点教学过程简表见表3.16。

表3.16　"微观层面的老年社会学理论"知识点教学过程简表

时间安排	学生活动设计	教学过程	教师活动设计
10min	倾听	复习与导入	1.课程回顾：有关老年人的心理学理论。 1）个体心理老化的心理学解释：脱离学说、适应学说； 2）个体老年期的心理学理论：人格类型理论、埃里克森的人格发展八阶段论、皮克的人生后半期七阶段发展论； 3）老年人的心理变化：老年人智力的变化、老年人记忆的变化、老年人性格的变化、老年人情绪的变化； 4）老年人常见的心理与精神问题：老年人常见的心理问题、老年人常见的精神疾病
30min	倾听、讨论	讲解	2.本节课教学内容：老年社会学理论中微观层面理论——脱离理论、活动理论、连续性理论、相互作用理论、角色理论、社会交换理论。 1）脱离理论认为：老年人因活动能力的逐渐下降和生活中各种角色的丧失，而希望摆脱要求他们具有生产能力和竞争能力的社会期待，愿意扮演比较次要的社会角色，自愿地脱离社会。 讨论：老年人自愿脱离的好处（对个人、对社会）？ 　　　老年人脱离社会后带来的不适有哪些？ 2）活动理论认为：活动水平高的老年人比活动水平低的老年人更能够感到生活满意和更能适应社会。从社会角色→社会活动→自我认识→生活满意度。用新的角色取代失去的角色、在新的社会参与中重新认识自我。 讨论：即使老年人愿意参与活动，都能胜任吗？个体差异性问题。 3）连续性理论认为：中年期的个性和生活方式将保持一种连续性而持续到老年期，因此，如果一个老年人在老年时仍能保持中年时代的个性和生活方式，那么他将会有一个幸福的晚年。连续性并非越多越好，更不是越少越好，适度的连续性才能导致高生活满意度。 讨论：外部环境对老年个体有哪些影响？ 4）相互作用理论认为：环境、个体及其相互作用对个体的衰老具有重要影响。其包括：象征性相互作用理论、标志理论、社会损害理论、社会重建理论。 讨论：社会工作者怎样帮助老人做到环境与个体的有效互动？ 5）角色理论认为：角色是个人与社会相互接纳的一种形式，老年人角色变化的显著特征是发生了不可逆转的角色丧失或中断，因此成功的老年生活在很大程度上取决于个人能否适应改变了的角色和任务。预防、减缓老年人衰老的有效方法是协助老年人正确认识角色转换的客观性，积极寻找、适应新的角色。 讨论：社会工作者怎样帮助老年人寻找、适应新的角色？ 6）社会交换理论认为：社会互动就是通过资源交换以满足自我需求的行为。老年人的贡献越来越少，收入也越来越少，因此地位越来越低。提高老年人地位的根本途径是保持并提高老年所拥有的可用于交换的社会资源

时间安排	学生活动设计	教学过程	教师活动设计
30min	倾听、讨论	讲解	讨论：老年人可交换的社会资源有哪些？ 物质财富？健康？美丽？能力？成就？ 子女是不是老年人可交换的资源？ 传统文化中孝道的三个层次： ①曾子："孝有三，大孝尊亲，其次弗辱，其下能养。" 《礼记·祭义》 ②孟子说："孝子之至，莫大乎尊亲。" 《孟子·离娄上》 ③"身体发肤，受之父母，不敢损伤，孝之始也。" ④"立身行道，扬名于后世，以显父母，孝之终也。" 《孝经》 ⑤孟郊《游子吟》中的"谁言寸草心，报得三春晖"。 ⑥孟子曰："老吾老，以及人之老；幼吾幼，以及人之幼。天下可运于掌。" 《孟子·梁惠王上》 （1）关于孝的三个层次讨论：大孝尊亲，其次弗辱，其下能养，只给与老年人物质生活满足，并不能做到真正的孝，大孝在于尊重父母。 （2）孝的最终境界是：立身行道，扬名于后世，以显父母。从自身出发，努力学习，取得优秀的成绩，让天下人尊重自己的父母。 （3）推己及人：由自己推广到别人，我们不仅爱自己的父母还要爱天下所有的老人。尊重老人，相信老年人的能力
5min	倾听	总结	3. 总结 1）关于微观层面的老年社会学理论都有其合理之处也有其不足。 2）社会工作者帮助老人时一定要坚持个别化原则，因为每个老年人的情况、境遇是不同的。 3）老年人可交换的资源不仅仅有物质财富、健康、美丽、能力、成就，最重要的可交换的资源是子女。作为子女就要不断努力提高自己的道德修养、增强学习能力，通过自己的努力，创造出优秀的成绩，让天下人尊重自己的父母，这是"孝道"最终境界。 4）推而广之，就要尊重父母、尊重老人、尊重天下所有的老年人。为老年人服务过程中才可能和老人建立良好的专业关系，才能真正帮助老年人解决问题

（五）课堂延伸

1. 社区尊老敬老宣传活动，每个组完成一次社区尊老敬老宣传，做好条幅及宣传品。

2. 社会实践——社区老年人成长小组服务。

3. 社区老年个案服务：调查社区老年人需求，在老年人个案计划中，从尊老敬老出发，激发老年人潜能，尊重老年案主自决权利。

五、课程思政的实践思考

中华优秀传统文化是中华民族历经磨难而生生不息的历史积淀与思想宝库，是中华文明赓续传承、屹立于世界文化之林的"基因密码"。在党的十九大报告中，习近平总书记提出"没有高度的文化自信，就没有中华民族的伟大复兴"，时代的进步与发展要求继承和弘扬我国优秀传统文化,坚定文化自信。正如习近平总书记所说,中国传统思想文化"体现着中华民族世世代代在生产生活中形成和传承的世界观、人生观、价值观、审美观等,其中最核心的内容已经成为中华民族最基本的文化基因。这些最基本的文化基因,是中华民族和中国人民在修齐治平、尊时守位、知常达变、开物成务、建功立业过程中逐渐形成的有别于其他民族的独特标识"。

通过此次《老年社会工作》课程思政的建设,将我国尊老敬老爱老的优秀传统文化融入课堂教学过程中,让学生从自己对待父母的态度审视自己对父母的孝,了解我国孝道的三个境界,既要满足父母的物质需求,还要在态度上和颜悦色对待父母,更重要的是让自己发自内心地尊重父母,感恩父母的养育之恩。在此基础上,推己及人,尊敬、爱护、善待全天下所有的老人。

《老年社会工作》课程走进社区进行社会实践,通过尊老敬老爱老的传统文化教育,社会工作专业学生能够更容易理解老年人的处境,尊重老年人的自我选择,运用所学的专业知识、专业理论、专业技巧走入社区为老年人提供专业服务。学生通过社会工作个案工作方法帮助社区有困难的老年人解决问题,运用社会工作小组工作方法开展老年人成长小组服务,扩大社区老年人社会交往和现代科学文化知识的学习,帮助社区老年人建立自信,调动老年人参与社区发展建设的热情。

通过课程思政建设,学生专业社工服务能力得到提高、社区老年人的需要得到满足、社区工作老年工作成效得到提高。因此,今后的《老年社会工作》课程在加强学生传统文化教育的同时还可以加大社会实践的力度,不仅要"走出去",还要"请进来",可以把社区老年人、社区老年工作者请进课堂,让学生更近距离了解老年人需要,也发挥老年人的经验优势帮助学生积累工作经验,加强校地合作,为老年人服务水平的提高和社会工作专业发展做出更大贡献。

> 教育不是夸夸其谈、浮光掠影,教育是关乎人的灵魂的塑造,教育是一种良知的守望。只有甘于宁静,方能以致远。教师职业说到底就是良心职业,有了良心,才有对学生的爱;有了良心,才有对家长的负责;有了良心,才有对教育事业的无私奉献。
>
> ——《老年社会工作》任课教师 晁霞

§ 3.9
房地产估价

一、课程基本信息

课程名称：房地产估价

课程性质：必修课

适用专业：工程管理、工程造价、工商管理

总学时：32学时

学分：2学分

先修课程：房屋建筑学、工程经济学

并修课程：建筑与装饰工程造价、房地产开发经营

二、教学目标

（一）知识能力目标

通过本课程学习，使学生熟悉房地产估价基本理论；掌握主要的房地产估价方法；具有一定的实务能力，能够运用所学估价理论与方法阅读常见估价目的下不同类型房地产价格评估，并初步掌握估价报告撰写要求。

（二）德育目标

1. 落实立德树人根本任务，树立社会主义核心价值观

结合房地产及其价格、市场体系的基本规律和理论基础，引导学生深入理解马克思主义、中国特色社会主义理论体系中关于地租、地价、区位和房地产价格规律等相关内容,将中国特色社会主义思想和中华民族优秀传统文化在房地产领域的延伸展示给学生，使学生在学习专业知识、专业技能的同时实现内化和传承，帮助学生理解、认同并树立社会主义核心价值观。

2. 提升学生专业能力，培养良好的职业道德操守

帮助学生结合所学知识对房地产估价内容、市场热点问题和房地产制度与政策形成正确的认知，使学生掌握科学规范的房地产估价理论方法，并运用到未来的工作和生活中。掌握房地产市场价格分析、定价策略的技术工具和手段，为学生其他相关课程的学

习和毕业论文（设计）打下良好基础；结合职业技术规范，引导学生正确认识行业发展中出现的各种现象，培育形成良好的职业道德操守，培养有社会责任感、有创新精神、有实践能力全面发展的高素质专业人才。

三、课程思政教学设计

（一）课程德育元素与融入设计思路

1. 凝练知识点，将思政元素融入专业知识教育

在《房地产估价》专业课程教学中，引入马克思主义劳动价值论、马克思主义地租地价理论以及习近平新时代中国特色社会主义思想、党的十九大报告等系列文件中"房子是用来住的""实现人民群众对美好生活的向往"等思政元素，使《房地产估价》课程与社会主义核心价值观更加紧密地结合起来，发挥专业教育的知识教育、能力本位和价值引领作用。

2. 挖掘结合点，引导学生树立正向价值导向

1）引导学生了解我国土地及房地产行业的相关制度与市场背景，梳理我国房地产及土地价格相关制度的发展历程，特别是改革开放前后的相关政策变化，使学生对我国房地产市场及土地市场的发展有清楚的认知。

2）结合 1999 版和 2015 版国家房地产估价技术标准的发展演变，对比英美等国房地产估价规范，引导学生分析国内外房地产与土地的相关政策及房地产估价技术标准，体会社会主义土地所有制的合理性与房地产价格构成及估价方法的科学性。

3）分析历年来我国房地产价格宏观调控政策的实施效果及应用难点，使学生正确认识近年来我国房地产价格快速上涨及房地产制度改革中出现的不正常现象，充分展现我国相关政策制定方向的科学性，坚定不移听党话、跟党走。

3. 操练融入点，在重构课程教学环节中践行思政教育

1）通过设计案例分析、小组研讨、项目实操、技能竞赛和情景模拟等教学环节，在专业实践中充分挖掘学科中蕴含的思想政治教育资源，培育学生求真务实、实践创新、精益求精的工匠精神。

2）结合市场热点问题，剖析房地产评估"市场法、收益法、成本法、假设开发法"四大方法在实际评估中的难点和问题。例如，租售比倒挂对收益法的影响、商业地产价格反超住宅价格背景假设开发法待开发用途的选择、地王频现背景下土地招拍挂底价如何评估等。提高学生的实务能力同时，引导学生正确对待市场经济建设中的价格波动与体制机制的不足。

3）教师要深刻把握并引导学生主动认知房地产估价行业现状的形成原因、发展和努力方向，全面系统地了解房地产估价师、土地估价师、资产评估师等六大评估师制度及相关行业，深化学生对专业内容的理解，引导学生用积极的态度去面对行业发展过程中的各种问题，树立正确的从事技术服务的专业估价师的职业荣誉感、社会使命感，强化独立、客观、公正的职业操守。

（二）教学环节设计与进度安排

本课程的思政教学环节设计与进度安排见表 3.17。

表 3.17 《房地产估价》思政教学环节设计与进度安排表

周次	思政教学内容	思政教学环节设计
1	职业道德观	在第一章第一节"房地产估价概况"讲授过程中，由估价关键要素之———估价当事人，引出房地产估价师的职业要求；由估价关键要素之———估价依据，引出我国房地产估价技术标准，帮助学生理解房地产估价内涵，房地产估价师职业要求及职业道德准绳
2	职业道德观	在第一章第二节"行业发展概况"讲授过程中，由英国、美国、日本房地产估价行业的发展背景，到我国房地产估价行业发展历程，再到房地产估价行业地位、服务领域、产值等，了解国内外房地产估价行业发展概况及相关行业概况。对比国内外房地产制度政策及估价体系，结合我国房地产估价行业发展现状，剖析制度改革的必然性和政策方向的科学性，正向反映中华人民共和国成立以来房地产行业的绩效表现，特别是改革开放以来我国在房地产取得的重大的改革成就，引导学生主动思考行业内恶性价格竞争等各类不正常现象及其成因，正确理解并找寻解决对策，使学生真实地感受到政策和制度的改革及完善对于现实生活的影响
3	运用马克思劳动价值论解读价格内涵及特征	在第二章"剖析房地产产权"部分，第一节"房地产估价对象"讲授过程中，由房地产是实物、权益、区位的有机结合，分析房地产权益构成及类型，引导学生了解房地产产权制度体系的形成及主要特点。第二节"房地产价格内涵及特征"讲授过程中，通过马克思政治经济学理论有关价值与价格的关系阐述由土地"虚幻价值"造成的房地产及土地价格来源的特殊性，解释房地产商品的价格特征，在向学生传授知识的同时引导学生学习马克思主义的观点、理论和方法，帮助学生形成好的思维模式，提高专业知识和个人技能，更好地应用到未来的工作和生活中
5	运用专业知识正确理解社会热点问题	在第三章"市场法"讲授过程中，引入某知名写字楼抵押价值评估案例，结合可比实例选择及比较修正，要求学生掌握市场法的运用关键步骤，通过次级贷危机等房地产金融危机案例，引导学生深入比较和思考国内外房地产抵押价值评估方法的选择及审慎估价原则的运用
8	运用专业知识正确理解社会热点问题	在第四章"收益法"讲授过程中，引入李泽楷盈科中心案例，结合租售比，深入剖析各种方法的结果差异，由租售比倒挂，引导学生思考如何衡量房地产市场泡沫，如何看待我国房地产市场的泡沫，如何在市场出现泡沫的情况下解决市场法和收益法评估结果差异较大的问题
11	运用专业知识正确理解社会热点问题	在第五章"成本法"讲授过程中，引入中石油境外上市土地资产评估案例（国有资产保护）等案例及国家拆迁补偿条例，引导学生掌握征收补偿价格构成；结合马克思级差地租和绝对地租理论及国家拆迁补偿条例等，对比国内外拆迁"钉子户"特点，引入海南三亚小产权房强拆案例和相关文献，组织学生讨论分析，引导学生对拆迁补偿政策制度形成全面系统的了解，分析拆迁征收价格构成的科学性及收益分配机制

续表

周次	思政教学内容	思政教学环节设计
14	职业道德观	在第六章"假设开发法"讲授过程中，引入融创集团农业展览馆地王项目，结合假设开发法基本估价原则，分析招标投标政策、地王频现的主要原因及土地招拍挂中各宗地招拍挂底价评估方法，以及恶意流拍等不良现象出现的经济原因，以积极地分析引导学生对市场热点问题形成正确认知，鼓舞学生形成良好的职业道德操守
16	职业道德观	在第八章"房地产估价实务"讲授过程中，结合主语城等估价案例报告，学生以小组形式分组研讨，剖析报告中的亮点与不足，总结市场比较法等各方法的易错点和各种违反职业道德的操作手法，引导学生树立良好职业观

（三）教学方法

1. 线上线下混合教学

本课程早在 2007 年已获评校级优秀网络学堂，近年将该课程移至蓝墨云班课和超星学习通平台，依托学校移动云学堂，开展线上线下混合教学。将教学用 ppt、相关学术论文、房地产估价规范（国标）、房地产估价案例报告、相关课程视频等辅助学习资料上传至移动云学堂，以便学生随时下载学习，并在网络上开展答疑、讨论、作业等活动。

2. 案例教学法

本课程大量采用实际估价案例进行估价方法的讲解、估价报告的点评和找差错练习等，针对每种房地产评估方法安排有一至两个典型案例，每个案例提供两种以上的方法进行对比分析，引导学生深入理解专业知识，并透过案例体会职业要求，强化职业操守。

3. 小组研讨与课堂辩论赛相结合

围绕市场特点问题和实战项目，安排学生开展分组讨论、课堂辩论赛，帮助学生提高思辨能力和对热点问题的认知。比如，关于"区位"的知识点，先提供一个案例所在的区位图片，请学生分组描述该项目所在地的区位条件，然后小组交换点评。课堂辩论赛主要围绕"买房还是租房""未来房价是不是如葱价"等问题展开 2~3 次课堂辩论。

4. 实操实践

学生自选某个房地产项目作为待估对象，开展现场踏勘，运用市场法、收益法、成本法、假设开发法等进行房地产估价，并最终按照《房地产估价规范》的要求形成符合实战要求的房地产估价报告。在课堂上学生分组分析实战案例，指出案例中存在的不足。在每章学习后，采用随堂做、小组比赛的方式布置作业，提高学生课堂投入度。同时，作为课堂的有效延伸，引导学生参加全国大学生房地产策划大赛和土地估价技能与创新大赛，围绕大赛中与估价相关的技术部分，开展课上课下的辅导与讲解。

（四）教学成效

本课程所面向的学生正值本科生三年级第二学期，对于专业基础课有一定的了解，完全知晓课堂要求，课程思政教学的融入使得在讲授专业知识，培养提升学生专业能力、形成过硬的专业技能的同时，提高了学生对社会现象的认知和判断能力，增强了学生的正能量，形成良好的职业道德操守。本课程以农村集体用地入市、租购并举、保障性住房等社会热词作为课堂互动的切入点，将各种思政元素融入专业知识教学，比如，在案例中融入马克思地租地价房价理论、习近平新时代中国特色社会主义思想、党的十九大报告关于住房制度改革与土地使用制度改革的相关精神等，帮助学生了解国家政策的同时，又能引导学生对房地产市场和社会热点、难点问题形成正确的判断和认知。另外，通过国内外相关政策的对比分析，引导学生正确认识近年来房地产价格快速上涨及房地产制度改革中出现的不正常现象，充分展现我国相关政策制定方向的科学性。

课程教学成效显著，以本课程为参赛课程，授课教师获评北京市青年教学名师、房地产估价行业优秀青年教师，所教授学生荣获全国大学生房地产策划大赛特等奖。

四、教学展示

（一）知识点

评估结果的比较分析与处理方式。

（二）德育元素

引导学生形成正向价值导向，分析判断市场中的不正常现象及其成因；正确理解党和国家系列政策中关于稳定房价、促进房地产市场健康发展的精神和原则；强化学生的思辨能力和运用收益法进行房地产价格评估的实践能力，培养卓越的房地产估价师。

（三）教学方法

1. 案例分析法

李泽楷盈科中心售卖案例和海淀某写字楼抵押价格评估案例对比分析。

2. 小组研讨法

请学生围绕上述两个案例，查阅资料、搜集证据，提出本组观点并开展项目实战训练。

3. 课堂辩论赛

请学生分组准备，围绕"租房好还是买房好？""未来房价是否如葱？"开展课堂辩论赛。

4. 翻转课堂和实战演练

请学生提前观看任课教师录制的相关视频和教师概要性介绍的收益法基本原理，围绕开课时学生自选的待评估项目，开展课下实战演练、课上小组汇报实战演练，教师点评、学生修改并最终完成完整的评估报告。

(四) 教学过程

"收益价格与市场价格差异"知识点教学过程简表见表3.18。

表3.18 "收益价格与市场价格差异"知识点教学过程简表

时间安排	学生活动设计	教学过程	教师活动设计
7min	学生倾听，观看图片，思考、提问、互动	由案例引入本节核心内容	1. 引论——提出问题 由前述估算，通过案例引导学生发现问题：李泽楷盈科中心售卖案例和海淀某写字楼抵押价格评估案例中市场法评估所得的比准价格与收益法所得的收益价格两者数值存在明显差异，为什么？ 2. 观看图片，思考答案 给出思考题如图3.49所示，让学生从图中找线索。 **图3.49 思考题** 3. 引导学生从租售比不正常的角度分析原因
10min	倾听、回答	知识点讲解、案例解析、图片展示	4. 收益价格与市场价格差异大的市场原因 1) 原因分析。 得出结论：租售比不正常。 2) 引导学生查阅资料提出租售比不正常的具体表现和原因。 3) 向学生展示教师搜集到的数据资料，反映境内外不同城市的情况，引导学生正确认知当前我国房屋租赁市场中存在的若干问题及其价格管控的有效手段
15min	倾听、思考	理论讲解、案例讲解、图片分析	5. 分析收益法与市场法评估结果的处理方式 1) 结合豪景大厦评估报告引导学生思考收益法与市场法评估结果的处理方式的区别。 2) 比较分析评估报告相关表述
5min	互动、提问	课堂演练、成果点评	6. 课堂演练与成果点评 1) 布置视频学习任务和小组实战演练的任务。 2) 组织学生分组展示小组实战演练的成果，教师和其他小组点评、找问题，学生课下修改形成估价报告
8min	辩论、思考、总结	情境代入、课堂辩论、思政深化	7. 课堂辩论 组织课堂辩论赛，理清学生对相关市场热点问题的思考。请学生分组准备，围绕"租房好还是买房好？""未来房价是否如葱？"开展五分钟课堂辩论。 8. 对本节课内容进行总结

（五）课堂延伸

1. 布置视频学习任务和小组实战演练的任务，要求学生课下学习已录制的视频，并参照讲解内容开展实战演练，于下次上课时开展小组讨论。

2. 请学生分组准备，围绕"租房好还是买房好？""未来房价是否如葱？"搜集材料、形成辩论观点，准备课堂辩论赛。

3. 在学习通平台阅读"补充阅读"资料中的收益法相关资料并开展小组讨论，记录小组讨论学习笔记，阅读任务包括但不限于收益法学术论文文献、《中华人民共和国房地产估价规范》和《基本术语》中收益法的相关内容、某写字楼房地产估价案例报告全文。

五、课程思政的实践思考

本课程的课程思政建设思路和内容，如对学生价值观的引领、对党和国家制度政策的宣传和讲解、对学生卓越能力的培养等，其实早已在以往的教学中进行了实践，通过课程思政建设，将这些"散落的珍珠"贯穿成线，形成目标更加明确、思路更加清晰、方法更加可行的课程教学体系，在课程思政的建设过程中，应当特别注意：一是要以知行合一为基础，力求贴近生活，把握热点，入情入心，引起学生共鸣，提升学生社会责任意识；二是要坚持理论和实践相结合，把握房价、房改等时代热点问题，综合体现工程技术和人文精神，培养学生综合素养；三是要强化人才培养的结果导向，结合专业人才培养要求，对专业岗位、实训项目、核心素养进行认真分析，设计课程教学方案；四是要综合运用教学方法，通过线上线下混合教学、案例研讨、小组学习、实战项目演练、虚拟仿真等方式，增强学生的学习兴趣，提高课程教学质量和教学效率。

本课程作为一门交叉性、理论与实践结合紧密的专业技术课，其课程思政建设通过房地产估价行业及制度体系发展的国内外比较，全面梳理与房地产估价有关的不正常现象与认识，运用思政理论方法，引导学生正确解读建设机关政策制度，充分认知党的政策方向的科学性。结合现代信息技术，重新优化课堂教学组织过程，将思政元素合理融入课堂教学，提高思政教育实效；激励学生通过案例分析、延伸性学习、小组学习等多种方式，掌握房地产估价理论方法，能够运用基本方法开展相关实践，并重新优化课堂教学组织过程，激励学生敢于竞争、追求卓越。将行业协会管理人员、企业专家引入课堂思政教育中，通过小组学习，调动所有学生的积极性，使其主动搜寻与课程相关的内容；以案例为点，以房地产估价全过程为轴线，以房地产市场为面，点线面结合，全方位培育学生的能力素养，课堂理论教学与案例分析、现场踏勘、报告点评、毕业设计、学科竞赛相结合，形成了全方位立体化课程教学体系。

任教多年，在不放弃、不言败中跟学生共同成长，我日益感受到教师这份职业的神圣与责任。在祖国高等教育改革的关键时期，教师不仅要以德立学，甘做朴实无华的"扫地僧"，更要宽严相济，做好学生的引路人。以爱心、耐心、责任心上好每堂课，以学生的全面发展、终身发展为目标，通过课程思政等多种方式，在传授专业知识的同时，引导学生树立正确的价值观。让我们一起，不辜负这个精彩的时代，让青春在奋斗中飞扬。

——《房地产估价》任课教师　周霞